카멀라 해리스,
차이를 넘어 가능성으로

이민자의 딸에서 새로운 최초를 만드는 리더로

카멀라 해리스,
차이를 넘어 가능성으로

댄 모레인 | 양진성 옮김

KAMALA'S WAY

김영사

카멀라 해리스, 차이를 넘어 가능성으로

1판 1쇄 인쇄 2023. 3. 6.
1판 1쇄 발행 2023. 3. 20.

지은이 댄 모레인
옮긴이 양진성

발행인 고세규
편집 이혜민　디자인 이경희　마케팅 고은미　홍보 이한솔
발행처 김영사
등록 1979년 5월 17일 (제406−2003−036호)
주소 경기도 파주시 문발로 197(문발동) 우편번호 10881
전화 마케팅부 031)955−3100, 편집부 031)955−3200 │ 팩스 031)955−3111

값은 뒤표지에 있습니다.
ISBN 978-89-349-5115-5　03340

홈페이지 www.gimmyoung.com　　블로그 blog.naver.com/gybook
인스타그램 instagram.com/gimmyoung　이메일 bestbook@gimmyoung.com

좋은 독자가 좋은 책을 만듭니다.
김영사는 독자 여러분의 의견에 항상 귀 기울이고 있습니다.

내 모든 것인 클라우디아에게

| 차례 |

1

시아말라의
딸

Shyamala's Daughter

카멀라 해리스가 지금의 자리에 오르는 데 가장 큰 역할을 한 은인으로 꼽을 만한 사람은 누구일까? 아마도 1964년 가을, 26세에 캘리포니아 오클랜드의 카이저 병원에서 그녀를 낳은 인도 이민자일 것이다. 카멀라가 태어난 날이 선거 2주 전이었고, 그 장소가 캘리포니아였다는 점은 우연이 아니다. 이 아이를 사회 진보와 정치 투쟁의 산증인으로 키워내기에 그해 캘리포니아는 완벽한 시기이자 완벽한 장소였다.

소녀는 다문화 환경에서 씩씩하고 예리하며, 까다롭고 열성적이며, 똑똑하고 다양한 면을 지닌 여성으로 자라났다. 카멀라 해리스는 놓치는 것이 거의 없었고 잊어버리는 것은 더더욱 없었다. 그녀에게는 처음부터 정치 여정을 함께해온 충실한 지지자들도, 가족만큼 가까웠다가 떨어져 나간 사람들도 있다. 카메라가 꺼지면 자신을 도울 수 없었던 사람들에게도 공감과 친절을 보이지만 그녀를 잘 안다는 사람들에게는 냉정하고 계산적이라는 평가도 받는다. 카멀라 해리스는 전국적으로 활동하지만 사생활은 거의 드러내지 않는다. 그녀는 요리를 좋아하고 고급 식당에서 저녁 식사를 즐기는 식도락가로, 다소 상반된 면모를 지니고 있다. 한번은 그녀가 고른 새크라멘토 국회의사당 맞은편의 소규모 가족 경영 캐리비안 레스토랑에서 점심 식사를 한 적이 있는데, 그녀는 다양한 향신료 이야기를 하며 나와 달리 천천히 음식을 먹었다. 카멀라 해리스는 그녀의 어머니를 빼닮았다. 그녀와 가까이서 일해본 사람들은 일주일만 함께 지내보면 그녀가 2009년에 세상을 뜬 시아말라 고팔란 해리스에게 물려받은 지혜로 똘똘 뭉친 사람임을 알 수 있다고 회상한다. 카멀라 해리스가 가장 자주 반복해서 하는 말은 잘 알려져 있다. "당신은 많은 부분에서 최초가 될 테지만 마지막은 아닐 것이다." 때로 인생에서 중요한 순간을 마주할 때마다 해리스는 자신의 어머니를 떠올리며 그녀가 곁에 있었으면 좋겠다고 생각한다.

카멀라 해리스는 2020년 여성 역사의 달에 어머니를 기리며 인스타그램에 글을 남겼다. "내 어머니, 시아말라 고팔란 해리스는 자연의 힘이자 내 인생의 가장 큰 영감의 원천이었다. 어머니는 여동생 마야와 내게 열심히 일하는 것이 얼마나 중요한지, 우리에게 잘못을 바로잡을 힘이 있다고 믿는 것이 얼마나 중요한지 가르쳐주셨다."[1]

시아말라 고팔란은 152센티미터가 겨우 넘는 작은 체구였다. 그녀는 인도의 최상위 계급 고위 공무원 가정에서 4형제의 맏이로 태어났다. 시아말라가 태어난 지 9년째 되던 해인 1947년에 그녀의 나라는 영국으로부터 독립을 쟁취했다. 그녀는 1958년, 열아홉 살때 뉴델리에 위치한 어윈여자대학에서 가정과학 공부를 마치고 아버지의 지원으로 더 수준 높고 의미 있는 교육을 받기 위해 버클리로 떠났다. 이후 영양학과 내분비학으로 박사학위를 받았고 그로부터 10여 년 후에는 유방암 연구로 인정받았다. 그녀는 학술 저널에

100편 이상의 연구 논문을 발표했으며, 그 업적으로 476만 달러의 연구비를 받았다.

"내 어머니는 정치적 행동주의와 시민의 리더십을 자연스럽게 받아들이는 가정에서 자랐다." 카멀라 해리스는 2019년 자서전《우리가 가진 진실The Truths We Hold》에 이렇게 썼다. "어머니는 할아버지, 할머니의 영향으로 열정적인 정치의식을 키워왔다. 어머니는 역사, 투쟁, 불평등에 대한 의식이 뚜렷하고 뼛속 깊이 정의감으로 가득한 분이었다."[2]

1962년 가을, 시아말라 고팔란은 흑인 학생 모임에 참석했다. 그날의 연사는 자메이카에서 온 젊은이로, 경제학을 공부하던 대학원생 도널드 재스퍼 해리스였다. 그 역시 1961년 자메이카에서 교육을 위해 버클리로 온 사람이었다. 그는 경제학자들이 '이단'이라고 말할 정도로 약간 급진주의자였다. 그는 미국 대학들이 선호하는 전통적인 경제 이론을 따르지 않았다. 도널드 해리스는 〈뉴욕 타임스〉와 나눈 인터뷰에서 강연 후에 자신을 찾아온 고팔란이 전통 사리를 입고 있었는데, "그곳에 있는 남녀를 통틀어 가장 인상적인 차림새였다"라고 말했다.[3] 도널드는 그녀가 매력적이라 생각했고 몇 번 더 만나 이야기를 나눴다. 그의 말처럼 "나머지 이야기는 알려진 대로다."

고팔란과 해리스는 자메이카가 영국으로부터 독립한 다음 해인 1963년에 결혼했다. 1963년 11월 1일, 킹스턴 글리너에서 결혼을 발표했는데 알려진 바로는 두 사람 모두 박사과정을 밟는 중이었다. 카멀라 데비는 1964년에, 마야 락슈미는 그로부터 2년 후에 태어났다. 데비는 힌두교에서 어머니 여신, 락슈미는 부와 미, 행운의 연꽃 여신이다. 시아말라는 2004년 〈로스앤젤레스 타임스〉와의 인터뷰에서 딸들에게 인도 신화 속 여신의 이름을 지어준 것은 아이들이 문화적 정체성을 지켜가길 바라는 마음에서였다며 이렇게 말했다. "여신을 숭배하는 문화에서 아이들은 강한 여성으로 자라나죠."[4]

1960년대 중·후반, 카멀라 해리스의 부모는 시민권 운동에 활발히 참여했다. 해리스도 유모차를 타고 시위 현장에 나갔다. 그녀는 당시 가족 이야기를 하면서 말했다. "유모차에 타고 있던 내가 난리 법석을 부리자 어머니가 뭘 원하느냐고 물었다." 아기 해리스는 이렇게 대답했다.

"다-유(자유)!"

도널드 해리스도 많은 학자들처럼 초기에는 버클리대학, 어바나 샘페인의 일리노이대학, 노스웨스턴대학, 위스콘신대학으로 옮겨 다니다가 1972년에 베이 주변 지역과 스탠퍼드대학으로 돌아왔다. 학생 신문 〈스탠퍼드 데일리〉는 그의 경제 철학을 마르크스주의라고 묘사했다. 사실이든 아니든 고전주의자가 아니었던 것만은 확실하다. 이 점은 그의 고용 계약에 위험 요소로 작용했다. 1974년에 그의 교환교수직 임기가 끝나자 스탠퍼드대학의 몇몇 경제학 교수는 그를 전임 교수로 추천하기를 꺼렸다. 급진정치경제학연합은 도널드 해리스를 지지했고 〈스탠퍼드 데일리〉에서 이 이슈를 다루었다. 학생들은 250명 이상이 서명한 진정서를 제출하며 마르크스주의 경제학자를 경제학부에 고용하기로 '정식 약속'할 것과 학부 교수의 수를 세 명으로 유지하며 도널드 해리스를 전임, 종신 교수로 추천할 것을 요구했다. 도널드 해리스는 "스탠퍼드대학에 남아 있고 싶은 열망도 바람도 없다"라고 썼다.[5] 하지만 그는 결국 고용되었고 스탠퍼드대학 경제학부 최초의 흑인 종신 교수가 되었다. 그는 1998년까지 스탠퍼드대학에 남아 학생들을 가르치다가 은퇴했다. 도널드 해리스는 지금도 명예 교수직을 유지하고 있다.

시아말라와 도널드는 1969년에 별거했다. 당시 도널드는 위스콘신대학에서 가르치고 있었고, 카멀라는 다섯 살, 마야는 세 살이었다. 카멀라의 부모는 1972년 1월 이혼 서류를 제출했다. 카멀라 해리스는 자서전에서 "두 분이 조금만 더 나이가 들고 감정적으로 성숙했다면 결혼 생활을 유지할 수 있었을 것이다. 하지만 두 분은 너무 어렸다. 아버지는 어머니의 첫 남자 친구였다"라고 썼다.[6]

도널드 해리스는 2018년에 쓴 에세이에서 카멀라와 마야와의 가까웠던 관계가 양육권 분쟁 이후로 "갑작스럽게 단절"되었다고 아쉬워했다.[7] 그는 양육권 조정에서 아버지는 아이들을 제대로 양육할 수 없다는 캘리포니아주의 잘못된 가정(특히 '다 아일란da eyelans 출신의 니그로'인 친부는 '자기 자식을 아침 식사로 잡아먹어버리고 말 거다!'라는 '양키의 전형적 사고방식'을 바탕으로 한 가정)을 비난했다. 그는 "그럼에도 나는 아이들에 대한 애정을 절대 포기하지 않겠다"라고 썼다.

최종 이혼 판결은 1973년 7월 23일에 났다. 시아말라가 물리적 양육권을 가졌지만 도널드는 2주에 한 번씩 주말에 딸들을 만나고 여름에는 60일 동안 데려갈 수 있었다. 그는 딸들을 자메이카로 데려가 친척들과 만나게 하고 어렸을 때 자신이 알던 세상을 보여주었다. "나는 자메이카를 자주 방문해 아이들의 삶을 풍요롭고 복합적으로 만들어줌으로써 이런 메시지를 매우 구체적인 언어로 전달하고 싶었다."

도널드 해리스는 "나중에 아이들이 더 잘 이해할 수 있는 나이가 되면 극빈과 극부가 양극화된 '가난한' 나라의 경제와 사회생활의 모순에 대해서도 설명해주고 싶었다. 나 자신도 자메이카 정부와 함께 일하면서 그런 상황을 개선하는 데 필요한 정책을 수립하고 조절해가면서 말이다"라고 말했다.

아버지의 그런 노력에도 카멀라에게는 어머니에게서 배운 교훈이 더욱 깊이 새겨졌던 것 같다. 카멀라의 자서전을 보면 그녀가 어머니에게서 많은 영향을 받았음을 알 수 있다. 아버지에 관해 언급한 부분은 12쪽도 채 되지 않는다. 그녀는 2003년 인터뷰에서 "아버지는 좋은 사람이었지만 그다지 가깝게 지내지는 않았다"라고 언급했다.[8]

캘리포니아주 법무부 웹사이트에 소개된 공식 전기에 따르면 카멀라 해리스는 "타밀 출신으로, 인도 첸나이에서 미국으로 건너와 UC버클리대학 대학원에 진학한 유방암 전문가 시아말라 고팔란의 딸"이라고 자신을 소개하고 있다.[9] 이 전기에 아버지에 관한 언급은 없다.

◆——————◆

도널드 해리스는 자메이카 조상에 관한 에세이에 해밀턴이라는 이름의 조상이 있었지만 미국 건국의 아버지 중 한 명이자 노예해방론자인 알렉산더 해밀턴과는 아무 관련이 없다고 썼다. "내 뿌리는 친할머니인 미스 크리쉬(크리스티아나 브라운이며, 기록에 의하면 농장과 노예 주인이고 브라운 마을의 설립자인 해밀턴 브라운의 후손이다)로 거슬러 올라간다."[10] 해밀턴 브라운은 1775년경 아일랜드의 앤트림 카운티에서 태어났고 젊었을 때 카리브해의 섬 자메이카로 옮겨 갔다. 새로운 정착지에서의 그에 관한 첫 기록은 1803년에 그가 흑인을 다른 사람들에게 팔았다는 내용이다. 그 후 30여 년간, 브라운은 잔혹한 자메이카 노예제도의 자발적 참여자이자 가해자로 살았고 침례교도와 감리교도가 이끈 노예해방 운동에 노골적으로 반대했다.

그 시대에 그의 출신지에서는 흔히 있었던 일로, 그는 백인의 번영을 위한 길을 걸었다. 사우샘프턴대학의 역사 교수 크리스터 페틀리는 자신의 저서 《자메이카의 노예 소유주Slaveholders in Jamaica》에서 "노예 관리는 고용 수단이었고, 백인에게 노예 소유는 독립과 더 큰 자유를 위한 자산 증식 방법이었다"라고 언급했다.[11]

실제로 해밀턴 브라운은 자메이카 사회에서 성공 가도를 달리며 입법부인 하원의 한 자리를 차지했다. 그는 변호사로서 50개 이상의 사유지를 관리하며 중개인, 양수인, 집행관, 관리인, 매니저, 관재인, 신탁 관리자 등으로 활동했다. 페틀리는 자메이카에서 부동산 소유주는 200여 명의 노예를 소유했다고 썼다.

백인들은 설탕, 피멘토(작고 빨간 고추―옮긴이), 커피를 재배하는 거대한 농장을 소유했고 흑인 노예들은 노동력을 제공했다. 자메이카 노예들의 노동력으로 생산한 설탕은 대서양 횡단 무역의 중심이었고 "항구에 정박해 있던 노예 선박의 3분의 1 이상이 영국계 미국 선박이었다"라고 페틀리는 쓰고 있다.[12] 자메이카의 노예경제가 한창 번창했을 때 8,000명에서 1만 명의 백인에게 속박된 흑인 노예가 35만 4,000명에 달했다.

페틀리는 "자메이카에서 백인과 여성 노예의 성관계는 흔한 일이었고 법적 지위는 모계 쪽을 따랐기 때문에 노예에게서 태어난 아이들은 아버지의 지위에 상관없이 노예가 되었다"라고 썼다.[13]

해밀턴 브라운이 약 220년 전에 흑인들을 노예로 만들며 저지른 구체적 폭력 행위는 역사에 기록되어 있지 않다. 그가 어떤 DNA를 지녔는지는 유전자 검사 없이는 알 수 없는 일이다. 하지만 페틀리는 "백인의 성적 기회주의는 그들의 강압적 힘과 높은 사회적 지위를 보여주는 중요한 흔적이다"라고 쓰고 있다.[14]

브라운은 민병대 간부도 맡았다. 1830년대 초, 노예들이 반란을 일으켰을 때 그는 민병대와 반란 진압에 투입되었다. 민병대원들은 반란자의 소재를 파악하는 일도 맡았다. 반란자 10명은 교수형에 처해졌고, 13명은 300대의 채찍질을 당했다.

페틀리에 따르면 "브라운은 반란을 진압하는 데 열성적이었고 자신이 한 일을 자랑스러워했다."[15]

1833년, 노예 반란 이후, 영국 정부는 노예해방 운동에 굴복해 자메이카의 노예를 해방하는 법률을 통과시켰다. 그 후 브라운은 부족한 농장 인력을 충당하려고 아일랜드에서 노동자들을 수입해 왔다. 1842년, 그는 후손에게 더 많은 재산을 남겨주지 못한 것을 미안해했고 자신의 재정적 파산은 '자메이카 부동산 시장 붕괴' 때문이었다고 한탄했다.[16] 그는 1843년에 사망했다.

———◆———

시아말라와 도널드 해리스는 버클리와 오클랜드에 살았는데, 당시 이스트 베이 도시들은 여러 면에서 국가 정치 변혁과 자유 연설 운동의 중심지였다. 베트남전 반전 운동, 환경결정론의 부상, 인종차별 반대, 초범 재소자 권리 운동 등 시대의 소용돌이에 휩쓸려 있었다.

카멀라 해리스는 2020년 민주당 전당대회에서 조 바이든의 부통령 후보 지명을 수락하면서 이렇게 말했다. "부모님은 1960년대 민권운동 당시, 정의를 위해 행진하며 가장 미국적인 방식으로 사랑에 빠졌다. 나는 유모차에 앉아 오클랜드와 버클리의 길거리를 행진하며, 위대한 존 루이스가 '바람직한 골칫거리'라고 부른 것에 빠져든 사람들을 지켜보았다."[17]

정신없던 시절이었고 매우 심각했다. 주 방위군이 UC버클리대학 캠퍼스에 정기적으로 투입되었고, 지상과 헬리콥터에서 최루탄을 쏘아댔다. 1969년 경찰은 국민 공원으로 알려진 공터에서 벌어진 시위에서 비무장 시위대에게 총을 쏘았고 시위자 한 명이 사망했다.[18] 1966년에는 휴이 뉴턴과 보비 실이 공동으로 정당방위를 위한 블랙팬서당BPP: Black Panther Party을 설립했다. 오클랜드 경찰이 길거리에서 유색인종을 멈춰 세우는 걸 목격한 팬서당원들은 공공연히 총을 들고 다녔다. 젊은 흑인들이 합법적으로 총을 소지하자

카멀라 해리스, 차이를 넘어 가능성으로

당국은 바짝 긴장했다. 1967년 5월 로널드 레이건이 주지사가 된 직후, 뉴턴과 실은 베레모와 검은 선글라스, 가죽 재킷 차림에 장전하지 않은 총을 휴대한 채 20여 명의 팬서당원을 이끌고 새크라멘토에 위치한 캘리포니아주 의사당으로 들어갔다. 〈새크라멘토 비〉는 '무장한 블랙팬서의 의사당 난입'을 헤드라인으로 실었다. 팬서당원들이 의사당으로 간 것은 장전된 총기 소지를 금지하는 법안에 반대하기 위해서였다. 부유한 오클랜드 힐 출신의 공화당 하원의원이 입안한 이 법안에는 의사당 내 총기 반입을 금지하는 조항도 포함되어 있었다. 이 법안은 공화당과 민주당의 압도적 지지로 통과되었다.

미국총기협회의 협조를 얻은 레이건 주지사는 입법부의 승인을 얻은 바로 다음 날 법안에 서명했다. 그는 "오늘날 시민들이 장전된 무기를 소지하고 길거리를 활보할 이유는 없다"라고 말했다.[19] 이는 캘리포니아주 최초의 총기 규제 조치 중 하나였다. 그 밖에도 더 많은 조치가 있었고, 나중에 미국총기협회에서 그 조치들을 막으려 했지만 대부분은 성공하지 못했다.

새 법이 생긴 후에도 오클랜드 거리는 분쟁과 위험으로 넘쳐났다. 1967년 10월, 경찰은 시내에서 휴이 뉴턴을 막아 섰다. 총격전이 벌어져 존 프레이 경관이 총에 맞아 사망했다. 복부에 총을 맞은 뉴턴이 살인 혐의로 기소되자 '휴이를 석방하라'는 슬로건이 걸렸다. 뉴턴은 고의 살인 혐의로 유죄판결을 받고 수감되었지만 주 항소법원이 유죄판결을 뒤집었다. 세 번의 재판 후 앨러미다 카운티 검찰청은 그에 대한 재심을 포기했다. 그는 다시 자유의 몸이 되었지만 그리 오래 자유를 누리지는 못했다. 그는 매춘부를 살해하고 남자 재단사를 권총으로 때린 혐의로 기소되었다.

뉴턴은 1960년대에 카리스마 있는 지도자였고 감옥에서는 사이비 종교의 우두머리 같은 존재였다.[20] 하지만 앨러미다 카운티 지방검사 토머스 오를로프의 견해는 달랐다. 오를로프는 뉴턴이 매춘부를 살해하고 권총으로 가격했다고 기소했고 일부 승소했다. 나중에 앨러미다 카운티 검사장이 된 오를로프는 "내가 본 휴이 뉴턴은 그냥 갱단이었다"라고 말했다.[21]

뉴턴은 산타크루스에 위치한 캘리포니아대학에서 박사학위까지 받았지만 1989년 웨스트 오클랜드 거리에서 마약을 구입하다가 총에 맞아 불의의 죽음을 당했다.[22]

◄──────►

시아말라 고팔란은 미국에서 새로운 정치 문화의 탄생을 목도하면서 딸들에게 인도의 문화유산을 가르치고 지구 반 바퀴를 돌아 그들의 조부모를 만나게 했다. 하지만 미국의 밑바탕에 깔려 있는 인종, 성별에 관한 인식은 어쩔 수 없었다. 시아말라는 자신의 두 딸이 미국에서 흑인으로 여겨진다는 사실을 충분히 이해했다. 해리스는 "그녀는 두 흑인 딸을 키우고 있었다"라고 자서전에 썼다.[23]

시아말라는 버클리 흑인 문화센터 레인보 사인의 목요일 저녁 모임에 딸들을 데리고 다녔다. 그곳에는 뉴욕 하원의원이자 최초의 흑인 대통령 후보인 셜리 치점, 재즈 가수, 음악가이자 민권 지도자

니나 시몬, 시인 마이아 앤절로 등이 게스트로 참여했다.

해리스는 2020년 소셜 미디어에 "이번 #흑인역사의달에 지난 일에 얽매이지 말라고, 무엇이든 가능하다고 가르쳐준 레인보 사인과 내 어머니에게 박수를 보내고 싶다"라는 글을 남겼다.[24]

하지만 시아말라에게도 그 교훈이 항상 적용되는 건 아니었다. 시아말라와 UC버클리대학에서 함께 일했던 동료, 미나 비셀 박사는 시아말라가 승진을 대가로 남자를 따라간 적이 있다고 회상했다. 싱글맘으로 열두 살 카멀라와 열 살 마야를 키우던 시아말라는 1976년 몬트리올에 위치한 맥길대학에서 가르치며 유대인 종합병원에서 유방암 연구를 할 수 있는 일자리를 구했다.

시아말라는 어릴 때부터 여러 곳을 옮겨 다니며 살았다. 그녀의 아버지는 인도의 고위 공무원으로 시아말라가 어렸을 때 첸나이, 뉴델리, 뭄바이, 콜카타 등지에서 근무했다. 새로운 기회를 찾아 캘리포니아에서 퀘벡으로 이주하는 것이 시아말라에게는 자연스러운 일이었을 것이다. 하지만 큰딸에게 캐나다 이주는 위협이나 마찬가지였다. 카멀라는 회고록에서 "2월, 햇볕 잘 드는 캘리포니아에서 눈이 3.6미터나 쌓여 있고 프랑스어를 쓰는 외국 도시로, 그것도 학기 중간에 이사를 간다는 건 생각만으로도 괴로웠다"라고 밝혔다.[25] 시아말라는 큰딸을 프랑스어권 학교 노트르담데네주초등학교에 입학시켰고 나중에는 퀘벡에서 가장 오래된 영어권 학교인 웨스트마운트고등학교에 보냈다.

웨스트마운트고등학교에서 카멀라 해리스는 응원단에 들어갔고 '미드나이트 매직'이라는 댄스 팀을 만들었다.[26] 친구 다섯 명과 함께 집에서 만든 반짝이 의상을 입고 1980년대 초반 팝 음악에 맞춰 춤을 추었다. 그녀는 녹록지 않은 현실에 대해서도 알아갔다.

몬트리올에서 고등학교에 다닐 때 완다 케이건과 카멀라 해리스는 가장 친했지만 10대 시절 친구들이 종종 그렇듯 졸업 후 연락이 끊겼다. 그러다 2005년에 다시 만나게 된다. 케이건은 캘리포니아주에서 검사장으로 선출된 최초의 흑인 여성이 〈오프라 윈프리 쇼〉에 출연해 자신의 경험을 이야기하는 모습을 지켜보았다.

케이건은 해리스에게 전화를 걸었다. 두 사람은 카멀라, 마야, 시아말라와 케이건이 같이 살던 시기를 포함해 함께 나눈 추억과 지난 일을 되짚어보며 긴 대화를 나눴다. 당시 케이건은 가정 학대를 피해 집에서 나와 있었다.

케이건은 다음과 같이 회상했다. "해리스는 당시 대화에서 '내가 겪은 일을 보며' 검사가 되기로 결심했다고 말했다."²⁷ 케이건은 해리스의 가족과 함께 지낸 시절은 당시 얼마 안 되는 좋은 기억이었다고 말했다. 그녀는 〈뉴욕 타임스〉에 자신의 이야기를 처음으로 공개하며 해리스 가족은 함께 요리하고 저녁 식사를 했다고 말했다. 대개는 인도 음식이었는데 그때까지 먹어본 적 없는 훌륭한 음식이었다. 이는 그녀에게 특별한 시간이었다. 해리스의 집에서 케이건은 그저 '임시로 남의 집에 머무는 사람'이 아니라 가족의 일원으로 환영받았다. 시아말라는 케이건에게 상담을 받으라고 권유했다. 그때의 경험이 너무나 소중했던 케이건은 자신의 딸 이름을 마야라고 지었다. 몇십 년 전 몬트리올에서 있었던 10대 소녀들의 유대에 관한 이야기는 2020년 대선 캠페인의 일부가 된다.

고등학교 졸업 앨범을 보면 해리스가 얼마나 미국으로 돌아오고 싶어 했는지 알 수 있다. 그녀는 행복을 '장거리 전화 통화'로 묘사했고, 가장 소중한 기억으로 '캘리포니아, 앤절로, 80년 여름'이라고 적었다. 졸업 사진에서 환하게 웃고 있는 해리스는 곧 워싱턴 D.C.에 있는 역사적인 흑인 대학, 하워드대학에 입학할 예정이었다. 해리스는 졸업 앨범에 자신의 여동생에게 "멋지게 해내, 마야!"라고 격려의 글을 남겼다. 마야는 나중에 정계에 입문한 카멀라 해리스의 최측근이 된다. 시아말라의 딸은 자신에게 가장 큰 영감의 원천이었던 자연의 힘에 경의를 표한다. "특히 어머니에게 감사를 보낸다."

1. 시아말라의 딸

2

바로
그 아이

That Little Girl

카멀라 해리스를 이해하려면 먼저 캘리포니아 정치의 독특한 모순을 이해해야 한다. 캘리포니아주는 다양한 얼굴을 지닌 곳이다. 캘리포니아주의 일부 지역은 미국에서 골수 공화당인 주 못지않게 보수적이다. 또 어떤 지역은 미국에서 가장 진보적인 주에 버금간다. 역사에 흔적을 남기고 싶은 정치인이라면 해리스처럼 캘리포니아주의 다양한 면모를 다룰 줄 알아야 한다. 앞으로 알게 되겠지만 해리스가 지금의 자리에 올라설 수 있었던 것은 거기에 능했기 때문이다.

하지만 무엇보다 인종에 대한 캘리포니아주의 모순적 역사를 이해해야 한다. 그 역사는 해리스가 태어나던 날부터의 기록을 통해 자세히 알 수 있다.

선거일이던 1964년 11월 3일은 시아말라 고팔란 해리스가 첫딸을 출산한 10월 20일로부터 2주가 지난 날이다. 새내기 부모로서 갓 태어난 아기보다 선거 결과에 촉각을 곤두세울 정도로 시아말라 해리스와 도널드 해리스는 그날 밤 중대한 사건을 목도했다. 린든 존슨 대통령은 애리조나주 공화당 상원의원 배리 골드워터를 누르고 압승을 거뒀다. 한동안 그가 목표로 세운 위대한 사회 및 시민권 정책을 펼칠 권한을 얻은 셈이었다. 16년 만에 처음으로 민주당이 캘리포니아주에서 승리를 거두었고, 린든 존슨의 득표율은 거의 60퍼센트에 달했다.

샌프란시스코 베이를 가로질러 '책임 있는 진보주의자'로 선거운동을 펼친 30세의 흑인 남성 윌리 루이스 브라운 주니어는 1940년부터 주 하원의원 자리를 지켜온 아일랜드계 정치인을 상대로 승리를 거두었다. 그해 초에는 필립 버턴이 보궐선거에서 의회 의석을 얻었다. 그의 남동생 존 버턴도 하원 의석을 차지하면서 브라운은 버턴 정치기구의 창립 위원이 되었고, 이는 후에 '버턴-브라운 기구', 그 후에는 '윌리 브라운 기구'로 불리게 된다. 어떤 이름으로 불리든, 그 기구는 향후 수십 년 동안 샌프란시스코 정치를 지배했다.

하녀와 웨이터의 아들로 태어난 브라운은 댈러스에서 동쪽으로 135킬로미터 거리에 위치한, 주민 수 3,600명에 차별적이고 불평등한 마을인 텍사스주 미니올라에서 자랐다. 1951년 짐 크로(당시 흑인에 대한 사람들의 편견을 반영한 흑인 캐릭터로, 흑인을 조롱하고 경멸하는 뜻으로 부르기 시작해 점점 남부의 흑백 분리 정책, 인종차별법을 의미하게 됨―옮긴이)의 남부를 탈출해 낡아빠진 신발을 신고 마분지 여행 가방에 소지품을 넣어 샌프란시스코에 도착했을 때 그의 나이는 열일곱 살이었다. 그가 샌프란시스코에서 유일하게 아는 사람은 삼촌 램버트 '이치' 콜린스였다. 실크 슈트를 입고 다이아몬드 반지를 끼고 다니는 사치스러운 도박꾼이던 삼촌은 브라운에게 그가 지배하게 될 도시에 대한 첫 교훈을 가르쳤다.

시아말라 고팔란, 도널드 해리스와 그 밖의 많은 사람들처럼 브라운도 기회를 찾아 서쪽으로 왔다. 그 기회는 교육을 의미했다. 브라운은 샌프란시스코주립대학에서 관리인으로 일하면서 공부했고, 텐더로인 지구에 위치한 캘리포니아 헤이스팅스대학에서 법학 학위를 받았다. 지금과 마찬가지로 당시에도 텐더로인은 우울하고, 소외되고, 중독으로 영혼이 망가진 이들과 이민자의 마을이었다. 다운타운 로펌에 취직할 수 없었던 브라운은 악덕 범죄로 기소된 고객을 담당했다. 20세기 후반에 그가 캘리포니아주에서 가장 영향력 있는 정치인 중 한 명이 되면서 이후 수십 년 동안 상황이 바뀌었다.[1] 카멀라 해리스는 몇 년 후, 그의 모습을 가까이서 지켜보면서 그녀의 부모가 정착한 캘리포니아주의 기만 가득한 정치적 이분법을 다루는 법을 배워나간다.

<hr />

그 선거일은 캘리포니아주 유권자들이 제14호 법안의 운명을 결정짓는 날이었다. 이 법안은 부동산 소유주가 매각할 대상자에게 부동산을 매각할지 여부에 대해 '절대적 선택권'을 갖고, 부동산 소유주가 부동산을 매각할 대상을 선택하는 과정에서 주정부가 어떤 식으로든 개입하지 못하도록 하는 내용을 담고 있다. 270단어에 불과한 이 법안은 부동산 이자와 아파트 소유자들에게 조달받은 자

금으로 마련되었다. 이 법안의 목적은 단순했다. 명시적으로 언급되지는 않았지만 백인 부동산 소유주가 흑인을 교외로 몰아내려는 의도가 담긴 것으로, 수십 년이 지나 트럼프 대통령이 2020년 대선 유세에서 언급하기도 했다.

캘리포니아주에 등록된 모든 유권자를 대상으로 한 공식 투표자 안내서를 보면, 제14호 법안을 지지하는 이들의 주장은 다음과 같았다. "정부가 부동산 소유주에게 비용을 지불할 수 있는 사람 누구에게나 부동산을 임대 또는 매각하라고 요구할 수 있다면 부동산 소유주가 성별, 연령, 혼인 상태, 재정 부족 등을 이유로 임대 또는 매매를 거부하는 것을 금지하는 법을 입법부가 통과시키지 못하게 하면 되는 것 아닌가?"[2]

진보주의자인 캘리포니아주 검찰총장 스탠리 모스크는 이에 반대했다. "이는 편견을 합법화하고 부추기는 법안이다. 이 나라가 시민권을 향해 전진하는 시점에 이 법안은 캘리포니아주를 미시시피주나 앨라배마주처럼 만들고 폭력과 증오 분위기를 조성할 것이다."[3]

많은 도시와 마찬가지로 버클리도 오래전부터 이어져온 차별로 양분되어 있었다. 보통 유색인종은 그로브 스트리트(지금은 마틴 루서 킹 주니어 웨이로 바뀌었지만) 동쪽 지역에서 집을 임대하거나 구매할 수 없었다. 유칼립투스와 참나무가 늘어선 언덕 동쪽은 백인들이 사는 곳이었다. 해리스 가족은 아파트를 임대해 살고 있었다.

제14호 법안은 럼퍼드 공정 주거법에 대한 반발이었다. 1963년 에드먼드 G. '팻' 브라운 주지사가 서명한 럼퍼드 공정 주거법은 원하는 곳에 집을 임대할 권리를 보장하고 공공 주택에서의 차별을 금지했다. 보수적인 상원의원들은 단독주택을 대상에서 제외하며 법안 내용을 완화했고, 결국 공정 주거법은 회기 마지막 날 밤에 통과되었다.

해리스 가족이 살았던 버클리 아파트와 웨스트 오클랜드 지역은 그 법안을 발의한 윌리엄 바이런 럼퍼드 하원의원의 지역구에 속했다. 또 다른 공립대학인 UC샌프란시스코대학을 졸업한 약사 출신의 럼퍼드는 1948년 베이 지역에서 선출된 최초의 흑인 국회의원이었다.[4]

부동산 중개업자들은 캘리포니아주를 주거 개방(주택 매매에서의 차별 금지—옮긴이)에 대한 전국적 결전의 전장으로 여겼고 구술 역사 자료에 따르면 럼퍼드는 "그들은 소위 '진보적인' 캘리포니아주가 이 법안을 물리친다면 다른 지역에서도 그렇게 할 가능성이 매우 높다고 생각했다"라고 말했다.[5]

결과는 그리 좋지 않았다.

캘리포니아 주민들이 압도적인 표 차이로 린든 존슨을 뽑고 윌리 브라운을 새크라멘토 의사당에 앉힌 날, 제14호 법안도 65 대 35로 승인되었다. 진보 성향인 샌프란시스코를 포함한 58개 중 57개 카운티에서 유권자들이 투표에 참여했다. 해리스 가족이 사는 앨러미다 카운티에서는 유권자 60퍼센트가 법안에 찬성했다.

하지만 제14호 법안은 오래가지 못했다. 1966년, 캘리포니아주 대법원은 이 법안이 모든 시민은 평등하게 보호받아야 한다는 미국 헌법에 위배된다며 폐지했다. 1967년 5월 29일, 연방대법원은 이

법안이 수정헌법 14조를 위반했다는 데 5 대 4의 근소한 표 차이로 동의했다.[6]

윌리엄 O. 더글러스 대법관은 별도로 이렇게 썼다. "이 법안은 자전거나 자동차, 주식 증명서, 통나무집 별장을 매매할 때 흑인이나 중국인, 일본인, 러시아인, 가톨릭교도, 침례교인, 혹은 일부 백인을 배제한 채, 원하는 사람에게만 팔 권리가 있다고 주장하는 것과는 차원이 다르다." 이는 이웃을 백인으로만 유지하려는 "교묘한 차별의 한 형태"다.

더글러스는 제임스 매디슨의 말을 인용하며 "제14호 법안이 캘리포니아 주민들의 의지에 관한 문제라고 주장하는 사람들에게 이렇게 대답하고 싶다. '정부의 진정한 힘이 어디에 있든 항상 억압의 위험은 있다'"라고 썼다.

해석하자면, 헌법은 정당한 사유가 있을 때 고삐 풀린 다수로부터 소수를 보호한다.

반대자들은 국민의 뜻 운운하며, 법원이 이미 통과된 법안을 비판해서는 안 되며, 그런 문제는 국회의원이나 국민이 투표로 결정해야 한다고 주장했다.

몇십 년 후 캘리포니아주 검찰총장이 된 카멀라 해리스는 평등결혼 합법화를 주장할 때 그 논거의 변형된 버전을 이용했다. 하지만 그보다 먼저 해리스는 인종 문제에 관한 중대한 결전의 결과를 직접 경험하게 된다.

버클리 교육감 닐 V. 설리번은 하버드대학 출신으로, 그의 어머니는 뉴햄프셔주 맨체스터의 아일랜드 빈민가에서 교육받는다는 것이 어떤 건지 잘 알고 있었다. 그는 학내 인종차별 폐지 운동을 선도하기도 했다.

인종차별주의자들이 인종 통합 명령을 회피하려고 공립학교를 전부 폐쇄해버린 후, 1963년 설리번은 케네디 정부를 대표해 버지니아주 프린스 에드워드 카운티에서 학교를 다시 여는 일에 한창이었다. 백인 부모들은 자녀를 특수 사립학교에 보냈지만 흑인 아이들은 갈 곳이 없었다. 설리번의 업무는 무척 고되었다. 이웃들은 설리번이 임대해 살고 있는 집 계단이나 베란다에 정기적으로 쓰레기를 투척했다. 폭탄 위협도 있었고, 심지어 그의 집 창문을 통해 엽총을 쏜 사람도 있었다. 하지만 그는 학교를 다시 열었고, 미국 법무장관 로버트 F. 케네디는 그의 형인 존 F. 케네디 대통령이 암살당한 후, 1964년 프린스 에드워드 카운티에 있는 설리번을 방문했다.

설리번은 나중에 "아이들은 로버트 케네디를 좋아했고, 그에게 절실하게 필요했던 용기를 북돋아주었을 것이다"라고 썼다.[7]

설리번은 1964년 9월부터 버클리 교육위원회에서 일했다. 처음에는 그 일도 많은 위험 요소를 안고 있었다. 그동안 애써온 학교 통합 문제를 전부 재고해야 할 상황까지 갔지만 교육위원회 위원들의 노력이 빛을 발하기 시작했다. 덕분에 설리번은 그의 임무를 완수할 수 있었다. 1967년 5월, 설리번은 버클리 교육위원회에서 이렇게 말했다. "1968년 9월이면 이곳 학교에서 인종차별 정책은 완전히 철폐되어 새 역사가 만들어질 것입니다."

설리번은 마틴 루서 킹 주니어가 1963년 3월 워싱턴에서 했던 연설에서 영감을 받아 쓴 책《지금이 바로 그때Now Is the Time》에서 "지금이 바로 민주주의의 약속을 실현해야 할 때"라고 말하며 버클리에서의 경험을 기록했다.

설리번과 친구가 된 킹 박사는 1967년 9월 1일 설리번의 저서 서문에 "나는 학교가 이 대단한 노력을 반드시 기울여야 하고 앞장서서 해낼 수 있다고 믿는다"라고 썼다.[8] 하지만 킹 박사는 그 결과를 보지 못하고 세상을 떠났다.

암살과 시민 봉기가 일어났던 1968년, 설리번은 약속을 지켰다. 흑인 아이들은 버스를 타고 버클리의 아파트에서 언덕 위 학교에 다녔고, 언덕 위 백인 아이들은 버스를 타고 언덕 아래 학교에 갔다. 버클리는 학교 흑백 인종 통합을 이뤄낸 미국 도시 중 규모가 가장 큰 곳이었다.

"증오의 글로 가득한 우편물이 난무하고 백인의 편견에 친숙한 중소 도시, (백인이든 흑인이든) 인종차별주의로 가득한 도시로 둘러싸인 한 도시에서 과연 이 정책이 성공을 거둘 수 있을까?"[9]

"버클리에서는 '그렇다'라는 답변이 울려 퍼진다"라고 설리번은 썼다.[10]

카멀라 해리스는 1968년에는 버스에 타지 않았다. 당시에는 너무 어렸고, 유치원에 입학하던 해인 1969년에도 부모님이 버클리에 있는 몬테소리학교에 보내는 바람에 버스를 탈 일은 없었다.

1970년 가을이 되자 카멀라는 아파트에서 3.7킬로미터 떨어진 곳에 있는 사우즌드오크스초등학교에 입학해 버스를 타고 다녔다.[11] 차별 정책이 폐지되기 전에, 사우즌드오크스초등학교 학생의 11퍼센트가 흑인이었는데, 1970년에는 40퍼센트 이상으로 늘어났다.

설리번은 "우리가 어른들을 변화시킬 수 있을지는 모르겠지만 아이들은 바꿀 수 있다. 우리 아이들이 정의를 삶의 한 축으로 받아들이는 사회에서 자라 정의를 전파하기를 바란다"라고 썼다. 결코 쉽지 않지만 고귀하고 열망 가득한 바람이었던 것은 분명하다.

◆————◆

그로부터 50여 년 후, 대통령 선거 열기가 한창일 때 해리스는 미국인을 당시의 역사적 순간으로 데려간다. 인도 출신 어머니와 자메이카 출신 아버지를 둔 딸, 검사에서 정치인으로 변신한 그녀는 미국 플로리다주 마이애미의 에이드리엔 아슈트 공연예술센터의 큰 무대 위에서 침묵을 지키지 않았다.

캘리포니아주 초선 상원의원인 해리스는 도널드 트럼프 대통령의 퇴진을 내세운 경선에서 민주당 대선 후보 간 1차 토론회 도중 약 한 시간 동안 토론을 벌이다가 "인종 문제에 대해 발언하고 싶다"라고 말했다.[12]

진행자였던 MSNBC의 레이철 매도는 그녀에게 30초 내로 끝내달라고 부탁했다. 해리스는 미소를 지으며 마음을 차분히 가라앉혔다. 2019년 6월 27일에 그녀가 하려던 연설은 30초보다 조금 더 걸렸다.

해리스는 그녀보다 22세 연상이며 한참 윗세대 사람이고 전 부통령이자 선두 주자인 조 바이든을 향해 돌아섰다. 해리스는 부드럽게 시작했다. 그녀는 바이든이 인종차별주의자라는 것을 믿지 않았다고 말했다. 그녀는 잠시 뜸을 들이며 그 말이 사실일 수 있다는 암시를 내비쳤다. 그러고는 갑자기 방향을 바꾸었다. 바이든이 들려준, 정치가 시민을 존중하던 시절의 이야기, 자유주의자였던 그가 델라웨어주 상원의원으로서 옛 민주당원이었던 제임스 O. 이스틀랜드 미시시피주 상원의원, 허먼 E. 탤미지 조지아주 상원의원과 함께 일하던 시절의 이야기는 낭만적으로 들리기까지 했다. 하지만 그들은 인종차별주의자였다. 그들은 공립학교에서 흑인과 백인을 분리하는 제도를 없애기 위한 강제 버스 통학 정책을 막는 법안을 함께 마련했다. 해리스는 "마음이 아프다"라고 말했다.

해리스는 "당시 서민 출신으로 캘리포니아주에서 통합 공립학교에 다니던 어린아이가 있었고 매일 버스를 타고 학교에 갔다. 그 아이가 바로 나다"라고 말했다. 이 발언은 그날 토론의 시그너처가 되었다.

그 후로 며칠간 해리스의 지지자와 비방자는 이 발언이 '정치적으로 교묘하게 계획된 공격이었다' 혹은 '미국 대통령 후보로 지명받아 민주당 최고가 되고 싶은 욕심에 비겁하고 생각 없이 순간적으로 튀어나온 발언이었다'를 두고 설전을 벌였다. 카멀라 해리스는 최소한 자신이 다문화 국가인 미국의 전형이자 인종차별주의자와의 싸움을 통해 어렵게 얻어낸 정책의 직접적 수혜자로서 그런 주장을 펼칠 권리가 있다고 말했다. 그런 긴장 상황은 제쳐두고라도, 그 정치 에피소드가 보여주는 사건에서 그녀가 자란 시대 상황은 잘 드러나지 않는다.

그 순간 해리스에게는 민주당 지지 기반, 특히 흑인 유권자에게 지지를 얻어 입지를 굳히고 선두 주자인 바이든을 괴롭혀 선두로 치고 올라가려는 의도가 분명 있었다. 1분 정도는 효과가 있었다. 그 순간 해리스의 선거 캠프는 해리스가 어린 시절 양 갈래머리를 하고 무표정하고 단호한 얼굴로 찍은 사진을 트위터에 올렸다.[13] 바이든 캠프는 방어에 나섰다. 해리스의 선거 캠프는 양 갈래머리를 한 소녀의 얼굴과 '그 아이가 바로 나'라는 문구가 찍힌 티셔츠를 판매했다. 티셔츠 가격은 29.99달러에서 32.99달러였다.

해리스는 온전한 승리를 염두에 두고 대통령 선거에 입후보했다. 그러려면 선두 주자부터 물리쳐야 했다. 해리스가 중도 하차한 것을 실수 탓으로 돌릴 수도 있겠지만, 그건 그녀의 통제 범위를 넘어서는 요인 때문이었다. 첫 투표가 실시되기도 전에 그녀의 선거운동은 갑자기 중단되었으나 해리스는 깊은 인상을 남겼다. 해리스에게는 항상 강렬한 무언가가 있다.

바로 카멀라 해리스의 방식이다.

3

고 육 , 인 종 차 별 ,
학 살

An Education, Apartheid, and a Slaughter

하워드대학이 설립된 지 150년 후, 그리고 그녀가 졸업한 지 31년 후인 2017년 5월 13일, 해리스 상원의원은 모교의 졸업식에서 연설했다. 해리스는 다른 많은 하워드대학 동문들처럼 모교에 충성스럽고 모교에 대해 말할 때면 큰 애정을 드러낸다. 해리스는 자신보다 먼저 졸업식 연설을 하러 온 위대한 하워드대학 졸업생들(작가 토니 모리슨, 서굿 마셜 대법관 등)의 이야기부터 시작해 하워드대학의 모토인 진실과 봉사를 강조했다. 도널드 트럼프의 이름을 언급하지는 않았지만 누구를 가리키는지 분명한 말도 남겼다.

"흑인과 갈색 피부 사람들을 불평등으로 망가진 집단 감금 체제에 가둬두려는 미국인들이 설치는 이때 진실과 봉사를 이야기하십시오. 남자, 여자, 어린아이가 자신이 숭배하는 신 때문에 공항에 억류되는 이때 진실과 봉사를 이야기하십시오. 가족과 함께 있던 이민자들이 학교 앞과 법원 밖으로 끌려 나오는 이때 진실과 봉사를 이야기하십시오."

미국 역사에서 특별한 위치를 차지하고 있던 하워드대학은 해리스가 급부상하면서 더더욱 입지를 군혔다. 학교명은 올리버 O. 하워드의 이름을 따서 지었는데 그는 남북전쟁 당시 육군 소장으로 난민, 자유민, 유휴지 관리국의 장을 맡았다. 그는 400만 명을 노예해방령으로 자유의 몸이 되게 하고, 그들에게 결혼과 토지 소유, 생계유지, 투표, 교육의 권리를 주기 위해 남북전쟁에서 싸웠다. 하워드는 이전에 노예였던 사람들이 사회에서 제 역할을 할 수 있도록 가르칠 교사와 도움을 줄 사람을 교육하는 데 중요한 역할을 했다.

흑인 혐오자이자 술꾼에, 음모론에 시달리던 앤드루 존슨 대통령은 1867년 3월 2일 하워드대학을 설립하는 법안에 서명했다. 이날은 의회가 존슨의 1차 재건법 거부권을 무효화한 날이자 하원이 그를 탄핵하기 1년 전이었다. 하워드대학에서 30여 년간 역사 교수로 일해온 레이퍼드 W. 로건은 존슨 대통령의 인종차별주의적 견해를 고려하면 그가 이 법에 서명한 게 "이타적 결정은 아니었을 것"이라고 했다. 그는 존슨이 자신이 서명한 법안의 의미를 깨닫지 못했을 것이라고 썼다.

2020년 11월 7일, 조 바이든이 장기전이 된 대통령 선거의 승리를 선언한 날, 부통령 당선자 카멀라 해리스는 여성참정권 획득 100주년을 기념해 흰옷을 입고, 흑인 여성들이 창설한 미국 최초의 여학생 단체 '알파 카파 알파'를 기리기 위해 진주 귀걸이를 착용한 채 연단에 올라섰다. 해리스는 자신보다 앞서간 여성들(셜리 치점, 힐러리 클린턴, 그리고 다른 많은 사람들)의 정신을 기리면서 재능과 추진력, 어느 정도의 행운만 있다면 어떤 여성이든 자신이 바라는 사람이 될 수 있다는 약속을 생생하게 구현해낸 모습이었다. 해리스의 부상은 1908년에 창설된 여학생 단체 알파 카파 알파에 특히 중요한데 이 단체는 물론이고 흑인 여성들이 창설한 '디바인 나인'의 다른 회원들도 바이든 - 해리스 득표에 추진력이 되어주었다.

해리스는 델라웨어주 윌밍턴에 모인 군중에게 말했다. "오늘 밤 저는 그분들의 투쟁, 결단력, 그리고 지난 일은 내려놓고 앞으로 무엇을 이룰 수 있는지 바라보는 비전의 힘을 떠올려봅니다." 많은 하워드대학 동문이 그 장면을 지켜보았다.

캐런 기브스는 워싱턴 D. C. 교외의 자택에서 그 장면을 보고 있었다. 그녀와 해리스는 하워드대학 시절 옆방에 살면서 친해졌다.

기브스는 아이들의 대모인 여성을 지켜보며 들었던 생각을 이렇게 요약했다. "더할 나위 없는 충만감, 자부심, 감사의 마음이 넘쳐 흐른다. 너무나 감동적이다."

하워드대학은 백악관에서 4킬로미터도 채 되지 않아 걸어서도 갈 수 있는 거리에 있다. 시장, 상원의원, 대법관, 노벨상 수상자를 배출했고, 이제 백악관에 입성할 사람까지 나왔다. 해리스는 하워드대학을 선택한 다른 사람들과 마찬가지로 얼마든지 다른 일류 대학에 진학할 수 있었다. 하지만 그녀는 역사적인 흑인 대학을 선택했다. 자신과 닮은 사람들이 있는 곳에서라면 출신에 상관없이, 차지할 자리를 놓고 싸울 필요 없이, 있는 그대로의 모습으로 존경받을 것이기 때문이다.

변호사이자 하워드대학 졸업생인 론 우드는 로스앤젤레스 자택에서 그녀의 연설을 지켜보았다. "우리는 카멀라를 통해 드디어 해냈다. 이루 말할 수 없이 기쁘고 희망이 솟구쳐 오른다."

카멀라 해리스, 차이를 넘어 가능성으로

버클리와 오클랜드에서 자랐고, 아기 때부터 시위에 참가했던 카멀라 해리스는 1980년대 중반 하워드대학에 입학했다.

해리스는 학생회 선거 연설에서 유서 깊은 흑인 대학의 동문들, 특히 대학 교육을 받은 여성으로 구성된 단체 알파 카파 알파를 앞에 두고 말했다. "우리는 금요일 밤에 춤을 추고 토요일 아침에는 시위를 할 것이다." 해리스는 자서전《우리가 가진 진실》에서 다음과 같이 썼다.[1]

어느 날이든, 캠퍼스 한가운데 서 있으면 오른쪽에서는 풋풋한 댄서들이 스텝을 연습하고 음악가들이 악기를 연주하는 모습을 볼 수 있었다. 왼쪽으로 고개를 돌리면 비즈니스 스쿨에서 서류 가방을 든 학생들이 걸어 나오고, 흰 가운을 입은 의대생들이 실험실로 들어갔다. 한데 모여 웃거나 진지하게 토론하는 학생들도 있었다…. 그런 모습 때문에 하워드는 아름다웠다. 모든 시그널 하나하나가 우리는 젊고, 재능 있고, 흑인이며, 그 무엇도 우리의 성공을 방해하게 놔두어서는 안 된다고 말해주는 것 같았다.[2]

해리스는 1986년에 정치학 및 경제학 학위를 받고 졸업했다. 그 해 하워드대학 졸업 앨범을 보면 설리 치점이 그 무렵 직업적으로 성공을 거두었음을 알 수 있다. 윈턴 마살리스와 런 DMC도 잘해나갔다. 1984년 나이 어린 학생들은 전국 알코올 소비 연령을 18세에서 21세로 높인 것에 분노했고, 하워드대학 학생들은 3,000달러가 넘는 개인용 컴퓨터를 사용했다. 학생들은 백인이 지배하는 남아프리카공화국에서 사업을 벌인다는 이유로 코카콜라 불매운동을 벌였다. 1986년 1월 20일, 미국은 처음으로 마틴 루서 킹 주니어를 기렸다. 그날 제시 잭슨 목사는 하워드대학에서 킹 박사에 관해 연설했다.

＊━━━◆━━━＊

해리스와 캐런 기브스는 함께 쇼핑했고, 집에서 보내준 물건을 나눠 쓰기도 했으며, 일요일마다 워싱턴의 여러 교회에 예배를 드리러 갔고 함께 요리도 했다.

"해리스는 제 요리를 비웃곤 했어요. 제가 좀 싱겁게 먹거든요"라고 기브스는 말했다.[3]

해리스는 델라웨어에 있는 기브스의 집을, 기브스는 오클랜드에 있는 해리스의 집을 방문했다. 기브스는 아이들의 대모가 되어달라고 부탁할 정도로 해리스를 높이 평가했다. 해리스는 대모가 되는 영광을 받아들였다. 요즘도 기브스는 시아말라가 가르쳐준 대로 버터에 계피를 넣고 튀긴 녹색 사과 요리를 할 때면 그녀를 떠올린다. 하워드대학에서 해리스와 기브스는 각자 검사와 변호사가 되겠다는 목표에 집중했고, 결국 두 사람 모두 꿈을 이뤘다. 기브스는 "우리는 그곳에서 성년이 되었고, 자신이 어떤 사람인지 알게 되었다. 그곳은 흥분의 도가니였다. 젊고 재능 있는 흑인이 가득했다"라고 말했다. 해리스 상원의원은 브렛 캐버노 대법관 후보자의 상원 법사위원회 인사청문회에 기브스를 초대했다. 해리스는 적대적인 증인을 심문하는 데 익숙했기 때문에 자신이 어떻게 하고 있는지에 대해 오랜 친구의 의견을 듣고 싶어 했다. 기브스는 해리스가 캐버노에 대한 심문을 능수능란하게 해냈다고 평가했다.

하워드대학에 있는 동안, 해리스는 앨런 크랜스턴 상원의원 사무실에서 인턴십을 했는데, 나중에 상원의원이 되었을 때 크랜스턴의 자리를 이어서 사용했다. 해리스는 인종차별 반대 행진에도 나섰다. AP통신은 남아프리카공화국의 지도자 데즈먼드 M. 투투 주교가 1984년 레이건 대통령 재선 직후 하워드대학 연설에서 "레이건 정부가 남아프리카공화국과 협력해 그의 조국에서 인종차별을 지속시켰다"라고 비난했다며 1984년 11월 7일 보도했다.[4] 투투는 레이건 대통령 시절의 미국 정책은 고국에서 "흑인들에게 순전한 재앙"임이 판명되었고 레이건의 정책으로 남아프리카공화국 체제는 "억압을 강화"하고 "더욱 비타협적이 되었다"라고 말했다.

당시 해리스의 고향인 캘리포니아주에서 권력자들은 남아프리카공화국 정권을 실각시키기 위해 나섰다. 영향력 있는 공화당원 한 명이 그런 노력에 큰 역할을 담당했다.

수년 동안 로스앤젤레스 출신의 주 의회 의원이었고 나중에 하원 의원이 되는 맥신 워터스는 캘리포니아주의 대규모 공직자 연기금 관리자들이 남아프리카공화국에서 사업을 하는 회사들에 투자한 연기금 펀드를 회수하는 법안을 추진했지만 성공하지 못했다. 캘리포니아주 국회의장 윌리 브라운은 할 수 있는 방법을 전부 동원해 돕고 있었다. 1985년 6월, 브라운은 캘리포니아대학 교육위원회에 남아프리카공화국에 있는 대학 연기금 펀드를 회수할 것을 요청했다. 브라운은 최고 권력을 행사할 만한 위치에 있었고 대학의 재정을 통제할 수 있었지만 위원회는 그의 요청을 거부했다. 공화당 조지 듀크미지언 주지사는 처음에는 교육위원회의 결정에 동의했다.

학생들이 인종차별 정책에 계속 항의하자 브라운은 주지사 사무실로 갔다. 그는 일부러 주지사가 점심 식사를 하는 의사당 지하 구내식당으로 찾아갔다. 브라운은 고급 식사를 선호했고 절대 지하 식당에서 혼자 점심을 먹는 사람이 아니었다. 듀크미지언은 흰 빵으로 만든 참치 샌드위치로도 만족했지만 브라운은 가장 싫어하는 음식이 참치였다. 캘리포니아주 국회의장 브라운은 자신의 자서전 《베이식 브라운Basic Brown》에서 다음과 같이 썼다. "우리는 그날 점심 식사를 하면서 1915년 튀르키예가 자행한 아르메니아인 대학살을 비롯해 많은 이야기를 나누었다. 당시 듀크미지언의 가족도 끔찍한 고통을 받았기 때문에 그의 삶에서 그 사건은 공포 그 자체였다. 나는 아르메니아 국민들과 당시 남아프리카공화국 흑인 시민들

카멜라 해리스, 차이를 넘어 가능성으로

의 유사점에 대해 언급했다."5

듀크미지언은 태도를 바꾸기 시작했다. 1986년 중반, 듀크미지언의 비서실장인 스티븐 먹서머는 캘리포니아대학 총장에게 전화를 걸어 주지사가 자금 철회 조치에 대한 반대 입장을 재고하고 있다고 말했다.

그 후 듀크미지언은 자신의 친구 레이건 대통령에게 호소했다. 레이건이 주지사 시절 가장 가까이 지내던 국회의원이 듀크미지언이었다. 레이건 대통령에게 보낸 편지에서 듀크미지언은 "남아프리카공화국의 인종차별 정책에 대해 압력을 강화해야 한다"고 촉구했다. 그는 편지에 '듀크'라고 서명했다.6

1986년 7월 16일, 듀크미지언은 교육위원회 위원들에게 이렇게 썼다. "이 위기의 순간에 우리는 남아프리카공화국의 흑인들에게 등을 돌려서는 안 된다. 경제 규모가 세계 7위인 캘리포니아주는 변화를 이끌어낼 수 있다. 우리는 자유를 위해 일어서야 한다. 인권 침해가 어디서 일어나든 맞서 싸워야 한다."7

이틀 뒤 듀크미지언이 참석한 가운데 위원들은 태도를 바꿔 남아프리카공화국에서 사업을 하는 기업에 투자한 수십억 달러의 연기금 보유 자산을 회수하기로 의결했다.

맥신 워터스 의원은 새크라멘토에서 1986년 남아프리카공화국에서 운영되는 회사에 투자한 국영 연기금 지분을 강제로 매각하는 법안을 재도입했다. 듀크미지언의 정치자금 출처인 주요 기업들은 열심히 입법 반대 로비를 벌였지만 입법부는 공화당의 표결로 법안을 통과시켰다. 워터스의 법안에 서명하던 날, 듀크미지언은 그동안 자문해보았던 질문을 던지며 호소했다. "우리의 권리, 개인의 자유가 거부당할 때 세계가 우리에게 등을 돌린다면 기분이 어떻겠는가?"[8]

해리스가 고향에서 벌어진 사건에 주의를 기울였다면 새크라멘토에서 어떤 일이 일어났는지 똑똑히 보았을 것이다. 캘리포니아주는 국가가 아니라도 운동을 이끌 수 있음을 다시 한번 증명했다. 넬슨 만델라도 그 점에 주목했다.

1990년, 해리스가 앨러미다 카운티 지방검사로 부임한 해, 남아프리카공화국 당국은 27년간 감옥 생활을 한 만델라를 석방했다. 그해 6월, 만델라가 오클랜드 대경기장에 승리의 모습을 드러내자 6만 명의 사람들이 "자유, 자유"를 외쳤다. 오클랜드에 들른 만델라는 자금 회수를 위해 싸우며 남아프리카공화국을 압박한 캘리포니아주의 정치 지도자들을 칭송했다.[9]

몇 년 후 브라운은 "이번에 우리가 해낸 것만큼 세계적으로 큰 영향을 미친 행동은 없었다고 생각한다. 우리는 넬슨 만델라의 감옥 열쇠를 쟁취한 것이다"라고 말했다.[10]

———————◆———————

시아말라는 마야와 함께 오클랜드로 돌아와 버클리에서 연구직을 얻었다. 카멀라도 집으로 돌아오기로 했다. 다음 목적지는 샌프란시스코 시내에 위치한 UC 헤이스팅스대학 로스쿨이었다.

카멀라는 1987년 로스쿨에 입학했다. 듀크미지언이 주도한 선거운동에서 캘리포니아주 유권자들이 진보 대법관 세 명을 몰아낸 다음 해였다. 듀크미지언은 민주당 지명자 세 명을 보수파로 교체해 향후 30년간 법정에 설 대법관의 과반수를 공화당 지명자로 채웠다.

카멀라 해리스가 다닌 로스쿨은 성공한 변호사를 많이 배출했다. 그중 맥그레거 스콧은 조지 W. 부시 대통령과 도널드 트럼프 대통령 재임 당시 새크라멘토에서 연방검사로 일했다. 또 J. 크리스토퍼 스티븐스는 2012년 오바마 대통령 재임 당시 리비아 주재 미국 대사로 임명되었다. 스티븐스는 2012년 9월 11일, 벵가지 영사관 테러 공격 당시 사망했다. 카멀라 해리스는 UC헤이스팅스대학 로스쿨 흑인 학생회 회장이 되었다. 하지만 로스쿨에서 카멀라를 알았던 사람들은 그녀가 그다지 뛰어난 학생은 아니었다고 말한다. 카멀라는 최우등이나 준최우등, 우등 등으로 졸업하지 못했다.

그녀의 로스쿨 동기이자 친구, 선거운동 후원자인 매슈 D. 데이비스 샌프란시스코 변호사는 "카멀라가 언젠가 검사장이나 검찰총장, 상원의원, 부통령이 될 거라고 기대할 만한 점은 전혀 없었다"라고 말했다.[11]

◆━━━◆

카멀라 해리스의 UC헤이스팅스 시절이 끝나가던 1989년 1월 17일, 캘리포니아주와 미국은 새로운 모습의 지옥을 맛보게 된다.

중오심 가득한 젊은이 패트릭 퍼디가 전투복을 입고 스톡턴의 클리블랜드초등학교 운동장에서 아이들을 겨냥해 공격용 자동소총

47

AK-47을 발사했다. 그가 발사한 106발로 교사와 아이들 5명이 죽고 29명이 부상을 입었다. 대부분의 희생자 부모는 동남아시아의 분쟁 지역을 떠나 약속된 자유의 땅, 미국으로 온 사람들이었다. 퍼디는 이후 자신의 머리에 총을 쏴 자살했다. 그가 미국에서 총기 난사로 대량 살상을 저지른 최초의 사람은 아니었다. 아이들을 목표로 삼은 그 특별한 악행은 이후 수십 년 동안 더 많은 학교에서 반복되었다.

북쪽으로 약 80킬로미터 떨어진 곳에 위치한 새크라멘토에서 민주당 의원들은 오랫동안 중단되었던 공격 무기 금지 법안을 부활시키는 것으로 대응했다. 당시 총기 규제 찬성론자였던 존 반 드 캠프 법무장관은 법안을 마련하기 위해 태스크 포스를 구성했다. 리처드 이글하트도 옹호자 중 한 명이었는데, 그는 앨러미다 카운티 검사장의 수석검사였다. 이글하트는 법 집행부 직원들과 함께 작업하며 법안을 구체화하는 데 필요한 전문 지식을 제공했다. 그는 법안 지지에 대한 반발을 우려했던 정치인들의 지지도 얻어냈다. 이글하트는 당시 "우리는 의욕을 가지고 잘해나갔다"라고 말했다.[12]

듀크미지언 주지사가 당선될 당시, 1982년 선거에서 그의 민주당 경쟁자 톰 브래들리 전 로스앤젤레스 시장[13]이 엄격한 총기 규제법 발의를 지지했기 때문에 듀크미지언은 총기 규제 법안에 쉽게 서명할 입장이 아니었다. 그러나 선출직 임기가 끝나갈 무렵, 그는 스톡턴 학살로 큰 충격을 받았다.

듀크미지언은 네 개 국어로 진행된 아이들 장례식에 참석한 2,000명 앞에서 연설했다. "이 슬픔은 여러분만의 것이 아닙니다."

그곳에 참석한 윌리 브라운은 주지사가 눈물 흘리는 모습을 보았다. "여러분의 슬픔은 우리의 슬픔입니다. 여러분의 고통은 우리의 고통입니다. 이 끔찍한 비극으로 캘리포니아 주민들은 충격과 슬픔에 빠져 있습니다."[14]

듀크미지언은 공격용 무기 소지를 제한하기로 했다. 미국총기협회와 캘리포니아주 총기 소유자의 격렬한 로비에도 입법부는 미국 최초로 공격용 무기 소지를 금지하는 조치를 단행했다. 클리블랜드 초등학교에서 학살이 일어난 지 4개월 뒤, 듀크미지언은 이 법안에 서명했다.

"이 법안이 스톡턴의 학교 운동장에서 비극적인 죽음을 맞이한 아름다운 다섯 아이의 생명을 되살릴 수는 없지만 이 법안과 준비 중인 또 다른 정책이 우리의 용감하고 용기 있는 법 집행 공동체에 도움이 되기를 바라고 또 기원합니다."[15]

새 법률에는 허점이 있었다. 특정 모델을 금지하자, 총기 제조사들은 총기를 살짝 변형해 팔았다. 그러나 캘리포니아주에서는 1989년 공격용 무기 금지 조치를 시작으로 총기 옹호론자들의 입지가 약해지기 시작했다. 2000년 미국총기협회는 정치자금으로 캘리포니아주에서 37만 3,000달러를 썼다. 하지만 해리스가 캘리포니아주 검찰총장으로 선출된 2010년 미국총기협회 보고서를 보면 캘리포니아주 선거운동에 지출한 돈은 0달러였다. 캘리포니아주 유권자 대다수는 강력한 총기 규제를 지지했기 때문에 그곳에 돈을 쓰는 것은 낭비라고 생각했을 것이다.

그 후 몇 년간 캘리포니아주 입법부는 법을 강화해 한 번에 10발

이상 발사되는 자동소총을 불법으로 규정했다. 또 다른 법에는 총기 구입자 전원에 대한 신원 조회, 값싼 권총 판매 제한, 알코올 남용자나 가정 폭력 전과자의 총기 사용 금지, 대학 캠퍼스에서 총기 휴대 금지, 1개월당 구매 총기 수 제한, 법적 총기 소유 자격자에 한한 탄약 판매 허용 등을 규정했다. 그 밖에도 더 많은 제약이 생겨났다.

카멀라 해리스는 경력을 시작할 즈음부터 자격 없는 사람이 총을 들었을 때 얼마나 잔인한 비극을 초래할 수 있는지 배웠다. 검사로서 카멀라는 총기를 소지하면 안 되는 사람들이 총기에 손을 대지 못하도록 하는 캘리포니아 주법의 적극적 집행자가 된다.

4

정치의
맛

A Taste of Politics

─────◇─────

검사들은 일하면서 인생의 달콤한 면을 보게 되지 않으리라는 사실을 잘 안다. 그렇더라도 앨러미다 카운티의 범죄 세계는 유독 두드러진다. 신입 검사인 카멀라 해리스가 앨러미다 카운티 지방검찰청으로 처음 출근한 1990년, 앨러미다 카운티의 관청 소재지인 오클랜드의 살인 건수는[1] 146건으로 그 전해에 세운 기록을 넘어 사상 최고치를 기록했다. 그 수치는 1992년에 165명으로 다시 최고 기록을 세웠다. 그로부터 몇 년 전에는 감옥에서 살해된 마약왕의 말이 끄는 장례식 행렬이 오클랜드 거리를 지날 때 1,000여 명의 조문객이 몰려들었다.[2]

오클랜드 출신의 첫 흑인 캘리포니아주 대법관을 기려 이름 붙인 공공 건물, 와일리 W. 마누엘 법정 주위에는 아침이면 교통 위반 딱지를 처리하려고 기다리는 사람들이 길게 구불구불 줄을 서곤 한다. 오클랜드 경찰청과 앨러미다 카운티 교도소는 다리로 연결되어 있다. 형사사법부 건물은 샌프란시스코 베이 동쪽 해안을 에두르는 고속도로와 매우 가깝고, 1989년 10월 17일 로마프리타 지진 때 이중구조의 사이프러스 고속도로가 무너져 내리면서 63명 중 42명이 사망한 곳에서도 멀지 않다.

정신력이 강한 버클리 지식인의 딸, 카멀라 해리스 지방검사는 어렵기로 악명 높은 캘리포니아주 사법시험을 두 번째 시도 만에 합격한 후 25세에 이곳에서 일을 시작했다.

30년 후 대통령 선거 첫 공식 연설에서 카멀라는 검사가 되기로 결심한 계기에 대해 이렇게 설명했다. "나는 우리 사회에서 목소리를 내지 못하는 약자들이 포식자의 가장 빈번한 표적이 된다는 것을 깨달았다."[3]

카멀라는 법원 문을 열고 들어가 지방검사 사무실이 몰려 있는 2층까지 계단으로 올라가거나, 마음이 내킬 때는 배심원, 피고인, 증인, 변호인 등과 함께 엘리베이터를 타기도 했다. 경찰들은 증언하기 전에 몇 분간 잠을 청하기도 했다. 많으면 재판 다섯 건을 한꺼번에 진행하기도 했다. 알파 카파 알파와는 너무나 동떨어진 세계였다.

1988년 로스쿨 학생이던 카멀라는 앨러미다 카운티 지방검찰청 법률 사무원으로 일했는데, 사무원 자리는 법정 경험을 쌓을 수 있고 유급이었기 때문에 인기가 많았다. 야심 있는 검사 지망생이 다수 지원하기 때문에 추첨으로 뽑는다는 사실은 잘 알려져 있다. 캘리포니아 주지사이자 미국 대법원장인 얼 워런은 당시 앨러미다 카운티 검사장이었고 레이건 행정부의 법무장관 에드윈 미즈 3세도 앨러미다 카운티 지방검찰청 출신이다. 캘리포니아주 대법관 밍 친과 캐럴 A. 코리건도 마찬가지다. 정오가 되어 카멀라 해리스와 다른 검사 지망생들이 간단한 점심을 챙겨 법률 도서관으로 가면 거기서 고위 검사들이 사건을 설명하고 재판 전략에 대해 조언해주곤 했다.

당시 해리스의 사수였던 앨러미다 카운티 검사장 낸시 오맬리는 "카멀라 해리스는 여러 사람들 사이에서 조금 눈에 띄었다. 특히 자신감이 남달랐다"라고 말했다.[4] 해리스는 늘 활기찼고, 까다로운 사건을 기꺼이 맡았으며, 놀라운 집중력을 발휘했고, 성공하기 위해 열심히 나아갔다. 그녀는 자신에게 필요한 교육을 어디서 받아야 하는지 미리 파악했다. "해리스는 고참들이 말할 때 매우 주의 깊게 귀 기울였다."

다른 신인 검사들과 마찬가지로 해리스도 경범죄를 다루었고, 그 중 많은 수가 파급력이 큰 사건과 흉악 범죄의 초기 단계에 해당하는 사건이었다. 해리스는 6개월 동안 프리몬트, 헤이워드 지방법원을 교대로 돌고 나서 1991년 12월에 다시 와일리 W. 마누엘 법원으로 돌아갔다. 이때 배운 질문 기술은 상원의원이 되었을 때 많은 도움이 되었다.

젊은 검사라면 1991년 10월 워싱턴에서 벌어지고 있는 일을 무시할 수는 없었을 것이다. 조 바이든 상원의원이 법사위원장을 맡고 있을 때, 클래런스 토머스 대법관 후보자 인사청문회가 열렸다. 전부 백인이자 남성으로만 가득한 법사위원회에 법대 교수 애니타 힐[5]이 모습을 드러냈다. 그녀는 교육부와 고용평등기회위원회에서 토머스를 상사로 모실 때 그가 데이트 압력을 가했고 포르노 영화 이야기를 꺼냈다고 증언했다. 위원회의 남성 위원들은 힐을 모욕하고 그녀의 증언을 축소하려 했다. 토머스는 청문회를 '신종 괴롭힘'이라고 비난했다.

법사위원회는 토머스에 대한 추천 없이 그의 지명 건을 상원으로 보냈고, 상원의원들은 52 대 48로 토머스의 임명을 확정했다. 바이든은 반대표를 던졌지만, 애니타 힐의 말을 믿은 많은 여성이 그의 역할에 대해 분노했다.

그로부터 1년 후인 1992년 10월, 카멀라 해리스는 소년법원 업무를 맡았다. 그쪽 일은 매우 까다로웠다. 오클랜드에서는 지역 학군의 절반 인원에 해당하는 5만 3,000명의 학생이 표준 시험에서 50퍼센트 이하의 성적을 받는 등 골칫거리였다.[6] 무단결석은 수도 없이 많았다. 캘리포니아주 의회는 1990년 오클랜드가 파산 위기에 처하자 오클랜드 학교 재정 상태를 감독할 신탁관리소를 설치했다.[7] 소년법정에서 일어나는 모든 일은 비밀에 부쳐진다. 카멀라 해리스가 처리한 사건은 종결되었지만 그녀는 다수의 아이들이 성적으로 학대받고 착취당한다는 이야기를 자주 들어왔다. 해리스는 나중에 정책과 법률에 영향을 미칠 만한 위치에 올랐을 때, 그리고 선출직을 고려할 때 당시의 경험을 활용했다.

◆━━━━◆━━━━◆

1992년 11월 7일 선거일 밤에 카멀라 해리스는 자신의 자동차 코롤라를 몰고 샌프란시스코 베이브리지를 건너 민주당원 축하 파티가 열리는 놉 힐의 페어몬트 호텔로 갔다. 빌 클린턴은 대통령으로 선출되었고, 바버라 복서와 다이앤 파인스타인[8]은 각자 미국 상원의원 선거에서 거둔 승리를 만끽했다. 두 상원의원 중 진보 성향이 더 강한 복서는 1991년 민주당원들과 토머스 인준안을 논의하자고 요구하며 상원으로 행진한 일곱 명의 민주당 하원의원 중 하나[9]였는데 화요일 정기 전당대회에서 이미 종결된 사건이라며 거부당했다. 복서는 애니타 힐에 대한 희롱과 토머스의 인준 문제로 유권자들의 열기를 북돋으며 '여성의 해'인 1992년 선거를 승리로 이끌었다.

붐비는 페어몬트 연회장에 있던 당시 27세의 카멀라 해리스가 2016년에 미국 상원의원으로서 복서의 자리를 대신하고 상원 법사위원회 위원이 될지는 아무도 상상하지 못했을 것이다. 27년 후, 샌프란시스코 교외 멘로파크 출신의 심리학자 크리스틴 블레이시 포드는 트럼프의 두 번째 대법관 지명자 브렛 캐버노가 10대 시절 자신에게 성폭력을 행사했다고 용기 내서 증언했다. 토머스 인사청문회와 닮은꼴이었고, 결과는 같았다.

민주당은 1973년 역사적인 낙태권 판결 '로 대 웨이드' 사건에 대한 캐버노의 견해를 요구했지만 답변을 이끌어내는 데는 성공하지 못했다. 카멀라 해리스는 앨러미다 카운티 지방검찰청에서 보낸 시간과 거기서 배운 기술을 활용해 이 복잡한 문제를 헤쳐나갔다.

"남성의 신체에 대해 결정을 내릴 수 있는 권한을 정부에 부여하는 법에 대해 생각나는 게 있나요?"[10]

캐버노는 제 말에 걸려 넘어졌다. "그런 건 모르겠습니다. 지금 당장은 그런 법이 생각나지 않습니다, 의원님."

해리스는 새크라멘토를 거쳐 갔기에 그 청문회에 다다를 수 있었다.

1994년, 카멀라 해리스의 삶에 변화가 생겼다. 미국에서 가장 재능 있는 정치인이자 캘리포니아주 국회의장 윌리 브라운이 그녀의 삶에 끼어든 것이다. 그 관계는 대등하지 않았다. 그는 카멀라보다 30년 선배였다. 두 사람 모두 추진력과 지적 능력이 뛰어났고, 바닥부터 시작해 크게 성장했다. 물론 텍사스주 출신으로 짐 크로 시절을 겪은 브라운의 인생이 훨씬 더 고되었을 테지만 말이다.

브라운은 지배적인 위치에 오르기 위해 자신을 알려야 했기 때문에 〈샌프란시스코 크로니클〉의 칼럼니스트 허브 캐언과 깊은 우정을 쌓았다. 캐언은 나에게 그의 성공 비결 하나를 들려주었다. 당시 샌프란시스코에는 이렇다 할 유명 인사가 없었기 때문에 허브 캐언은 새 인물을 만들어내야 했다. 그렇게 해서 그의 세 단락짜리 칼럼은 샌프란시스코에서 50년간 반드시 읽어야 할 칼럼이 되었다. 그는 그곳의 챔피언, 도시에 대한 질책, 계층의 결정권자, 무계층 사람들을 통해 샌프란시스코라는 도시를 그려냈다. 거기에 가장 큰 역할을 한 인물이 그의 친구 윌리 브라운이었다. 그들은 금요일이면 '르 센트럴 비스트로'에서 섬섬 식사를 하고 파리 여행도 했다.[11] 영리하고 말솜씨가 뛰어나며,[12] 새 페라리를 타고 윌크스 배시퍼드 양복과 페도라를 착용하는 멋진 스타일리스트였던 브라운은 메이시 백화점 광고에 등장할 것 같은 말쑥하면서도 불손하고, 우울하며, 재미있고, 절대 질리지 않는, 칼럼의 단골 소재였다.

1994년 3월 22일, 브라운은 캐언에게 특히 풍부한 소재를 제공했다. 브라운은 자신의 예순 번째 생일 파티를 억만장자 론 버클의 집 '그린에이커스'에서 열었다. 베네딕트 협곡의 신록이 우거진 약 60,495제곱미터(1만 8,300평)의 땅에 건설한 약 3,305제곱미터(1,000평) 규모의 빌라로 그 집의 원래 소유주는 무성영화 스타 해럴드 로이드였다. 버클과 브라운은 친구였고, 한동안 버클은 브라운을 변호사로 고용했다. 1990년대 내내 버클은 그린에이커스에서 클린턴 대통령과 다른 저명한 민주당원들을 위한 정치자금 모금 행사를 주최했다. 〈로스앤젤레스 타임스〉는 이곳을 기금 모금의 베르사유라고 불렀다. 캐언은 브라운의 예순 번째 생일 파티에 바브라 스트라이샌드가 참석했고 클린트 이스트우드가 "국회의장의 새 여자 친구인 카멀라 해리스에게 샴페인을 뿌렸다"고 보도했다. 브라운과 해리스의 관계를 꽤 공개적으로 소개한 셈이었다.

관계가 이어질 때 브라운은 카멀라 해리스에게 BMW를 선물해 주었으며, 두 사람은 함께 파리 여행을 하고, 아카데미 시상식에도 참석했다. 1994년 해리스는 브라운의 수행원들과 보스턴에도 동행했다. 보스턴에 있을 때, 브라운은 뉴욕의 억만장자 도널드 트럼프에게서 전화를 받았다. 트럼프는 로스앤젤레스를 염두에 둔 호텔 프로젝트를 논의하고 싶어 했고, 브라운과 해리스를 포함해 그의 친구들을 뉴욕으로 데려오려고 보스턴으로 전세기를 보냈다. 금박을 입힌 전세기 객실 벽에는 값비싼 그림이 걸려 있었으며, 당시 트럼프의 아내였던 말라 메이플스가 남편에게 남긴 메모도 있었다. 브라운과 트럼프는 플라자 호텔에서 함께 점심 식사를 했다. 로스앤젤레스 거래는 성사되지 않았다. 트럼프와 해리스는 당시에 만나

카멀라 해리스, 차이를 넘어 가능성으로

지 않은 것으로 보이지만 그때 그녀는 와일리 W. 마누엘 법원에서 멀리 떨어져 있었다.

◀━━━━━━▶

1994년, 윌리 브라운은 의회에서 연임 횟수 제한 규정에 직면한다. 사건의 시작은 1986년으로 거슬러 올라가는데, 조지아 출신 사업가들이 어느 국회의원을 설득해 새우 가공 공장 건설을 허용하는 법안을 제출하도록 하고, 돈을 건네면서 입법을 추진했다. 그 법안은 하원과 상원 모두 통과되었다. 하지만 새우 가공 공장이나 사업가는 존재하지 않았다. 모두 실체가 없었고 FBI의 함정수사에 걸린 것이었다. 이 스캔들은 1988년 FBI 요원들이 의원 몇 명의 의사당 사무실을 수색하면서 공개되었다.[13] 스캔들을 취재했던 다른 기자들과 마찬가지로 나도 브라운이 타깃일 거라고 생각했는데, 그 짐작은 맞았다. 입법자, 로비스트, 그 밖에 12명이 유죄판결을 받거나 유죄를 인정했다. 그러나 브라운은 규칙과 법을 잘 알고 있었고 어느 곳에서도 선을 넘지 않았다. 하지만 그것 말고도 다른 지속적인 대가가 있었다. 보수주의자들은 이 스캔들을 이용해 1990년에 국회의원의 연임 횟수를 제한하는 법안을 발의했다. 스스로를 '국회의 아야톨라(시아파 고위 성직자 칭호—옮긴이)'라고 칭했던 브라운의 퇴진이 우선 목표였다. 브라운의 노골적인 이미지를 사용한 선거 우편물이 캘리포니아주의 보수 지역 유권자들에게 발송되었다. 샌프란시스코 유권자들은 이 연임 횟수 제한 조치에 압도적으로 반대

4. 정치의 맛

했지만 주 전체에서 52 대 48로 통과되었다. 1994년 선거는 브라운의 마지막 국회의원 선거였다. 그의 최후는 그의 예상보다 훨씬 더 갑작스러웠다.

1994년, 피트 윌슨 주지사는 캘리포니아주 재무국장 팻 브라운의 딸이자 제리 브라운의 누이인 캐슬린 브라운을 누르고 재선에 성공한다. 사형 제도 지지, 제187호 법안으로 알려진 불법 이민 반대, 그리고 제184호 법안보다 더욱 가혹한 삼진아웃 버전을 포함하는 내용이 유세장을 달구었다. 캘리포니아 교정치안담당관협회와 미국총기협회가 후원한 삼진아웃법[14] 때문에 상점에서 물건을 훔친 죄로 유죄판결을 받은 많은 사람이 종신형을 선고받았다. 분석가들은 캘리포니아주가 앞으로 10만 명에 달하는 죄수를 수용하려면 감옥을 25개는 새로 지어야 할 거라고 예측했다.

전국적으로는 뉴트 깅그리치가 이끄는 공화당이 미국 하원을 장악했다. 캘리포니아주에서는 공화당이 25년 만에 처음으로 의회를 뒤집고 41 대 39로 우세를 보였다. 12월에 입법부가 소집되면 윌리 브라운이 국회의장 자리를 잃게 된다는 뜻이었고 그럴 것으로 예상되었다. 그래도 아직 브라운이 좌지우지할 수 있는 알짜배기 일자리는 남아 있었다.

1994년, 브라운이 실업수당 지급을 거부당한 사람들의 진정을 담당하는 주 위원회 책임자 자리에 카멀라 해리스를 앉히자 그녀는 앨러미다 카운티 지방검사를 그만두었다. 그 직위의 임기는 브라운이 권력을 내려놓게 될 시점 이후인 1995년 1월 1일에 끝날 예정이었다. 그래서 11월 말, 브라운은 캘리포니아주의 메디칼Medi-

Cal(빈곤층을 위한 캘리포니아주 의료 프로그램—옮긴이) 계약을 감독하는 별도의 시간제 이사회에 해리스를 앉혔다.[15] 그녀는 7만 2,000달러의 연봉을 받고, 입법자에게 지급되는 급여도 받았다. 해리스는 두 사람의 관계가 끝나고도 3년 뒤인 1998년까지 그 자리를 지켰다. 내가 카멀라 해리스에 관한 글을 처음 쓴 건 해리스가 그 직책을 수락했을 때였다. 당시 그녀는 인터뷰를 거절했고, 브라운의 사무실에서는 내 전화를 피했다. 공화당원들은 항의했지만 저지할 힘이 없었다.

당시 브라운의 뒤를 이어 국회의장이 된 공화당 하원의장 짐 브룰트의 대변인 필 페리는 "이런 직책은 반드시 수락하지 않아도 무방하다"라고 했다.[16]

◆━━━◆

브라운은 국회의장 자리를 조용히 떠나지 않았다. 1994년 12월 5일 국회의장 투표가 있던 날, 나는 기자 신분증을 보여주고 국회회의장에 들어갔다. 서기가 신분증을 확인한 후, 로스앤젤레스 동부의 한 마을에서 온 공화당 하원의원 폴 호처를 들여보내자 그는 주먹으로 책상을 내리치며 "브라운!" 하고 소리쳤다.[17] 결국 표는 40 대 40으로 양분되었고 국회는 혼란에 빠졌다. 1년 동안 브라운은 공화당 측근들을 국회의장에 임명하고 통제력을 유지했다. 공화당은 1996년에 가까스로 자신들의 진정한 의장을 세우는 데 성공했지만 1996년 선거에서 패배했고 그 이후로 다시는 다수석을 되찾지 못했다.

그 무렵부터 국회에서 브라운의 모습이 보이지 않았다.

1995년 31년 동안 샌프란시스코 국회를 대표해온 브라운은 현직 시장인 프랭크 조던에게 도전하기로 했다. 전직 샌프란시스코 경찰 서장인 프랭크 조던은 두 번째 임기에 도전하는 중이었다. 카멀라 해리스는 브라운이 시장 선거운동을 할 때 종종 곁을 지키며 기금 모금과 전략 수립 과정에 참여했으며, 선거운동 방법을 자세히 배웠다. 조던이 로스앤젤레스 디스크자키 두 명과 함께 벌거벗은 채 샤워장에 들어가는 장면을 연출하지만 않았어도 어떻게든 승리했 을지 모른다. 디스크자키들과 벌거벗고 찍은 시장의 민망한 사진은 〈샌프란시스코 이그재미너〉에서 선거를 앞둔 주에 최소 5일간 연 속 1면을 차지했다. 조던은 자신은 아주 깨끗한 사람이라고 말하며 웃어넘기려 했고 브라운에게 숨길 것이 아무것도 없는지 증명해 보 이라고 요구했다. 하지만 효과는 없었다.

브라운은 피셔맨스워프 근처 연합 회관에서 선거 날 밤 승리를 자축하는 파티를 열었다. 승리한 브라운에게 해리스가 다가가 금 박으로 '지방검사 시장'이라고 새긴 야구 모자를 선물했다. 두 사람 모두 활짝 웃었다. 1995년 12월 12일의 일이었다. 12월 14일, 캐언 은 해리스를 "새 영부인이 되기를 기다리는 사람"이라고 묘사하는 기사를 실었다.[18] 하지만 그럴 일은 없었다.

브라운은 아내이자 아이들의 어머니인 블랑시와 몇 년 전부터 별 거했다. 그는 자신이 다른 여자들과 사귄 사실을 숨기지 않았다. 하 지만 브라운과 블랑시는 이혼하지 않았고 앞으로도 이혼하지 않을 터였다. 그 점이 확실해지자 해리스와 브라운은 헤어졌다.

시작과 마찬가지로 그들의 마지막도 1995년 크리스마스 다음 날, 허브 캐언의 세 단락짜리 칼럼으로 실렸다.

캐언은 〈샌프란시스코 크로니클〉에 "브라운 시장 당선인은 '모두 끝났다'라며, 주말 동안 앨러미다 카운티 지방검사 카멀라 해리스와의 오랜 관계가 끝났다는 소식을 전했다"라고 썼다.[19]

사생활을 노출하길 꺼리는 해리스에게 자신의 사생활을 다룬 캐언의 칼럼은 불편하기 짝이 없었을 것이다. 하지만 그 관계는 처음부터 대등하지 않았다. 브라운은 온갖 권력을 쥐고 있었다. 브라운은 해리스가 경력을 쌓기 시작할 때 자신의 영향력을 이용해 오랜 전통이 된 정치 멘토링과 후원을 해주며 해리스의 앞길을 위해 문을 열어주었다. 어느 누구도 진정으로 홀로서기하는 사람은 없다. 필 버턴은 젊은 시절의 윌리 브라운을 도왔다. 하지만 일단 열린 문으로 들어간 해리스는 자신만의 길을 개척해나갔다. 그녀는 계속 전진했고 2014년에 결혼했다. 브라운에 관해 공개적으로 언급하는 일은 오래전에 그만두었고 자서전에서도 그에 대해 언급하지 않았다. 2019년, 80대가 된 브라운은 라디오 인터뷰에서 여전히 카멀라 해리스에 대해 언급하며 자신은 그녀만큼 그 관계에 헌신적이지 않았다고 말했다.[20] 브라운은 그건 어디까지나 자신의 입장에서 하는 이야기임을 분명히 했다. "진짜 연애였다. 나는 나를 사랑했고 그녀도 나를 사랑했다."

1996년 1월 8일, 브라운의 취임식 날, 샌프란시스코주 기념관 앞 마틴 루서 킹 주니어 기념 도심 광장으로 7,500명이 몰려들었다.[21] 행사용 연단에 특별히 설치해둔 전화벨이 울렸다. 한 교환원이 잠시 대기하라고 말했다. 브라운은 기분이 상한 척 자리로 돌아갔고, 샌프란시스코의 상징적인 목사이자 시민권 지도자 세실 윌리엄스가 잠시 행사를 대신 진행했다.

그때 전화를 건 사람의 목소리가 들려왔다.

"윌리?"

"아니요, 저는 세실 윌리엄스입니다, 대통령님."

브라운은 자리에서 연단으로 달려가 수화기를 들었다.

"여기 함께 계셨더라면 좋았을 걸 그랬어요. 정말 믿기 어렵겠지만 여긴 눈도 오지 않고 공화당원도 없습니다."

브라운은 자신의 오랜 친구이자 공화당원들의 주도로 이루어진 정부 폐쇄 조치를 놓고 깅그리치 의장과 치열한 공방전을 벌인 클린턴 대통령에게 말했다.

"제 목소리가 청중에게 들리나요?" 클린턴이 물었다.

크고 정확하게 들렸다.

클린턴은 브라운이 '인내심과 결단력, 절대 굴복하지 않는 태도'를 갖춘 사람이라고 찬사를 보낸 후 이렇게 말했다. "저는 오늘날 우리가 직면한 가장 큰 이슈는 여러분의 세계관이라고 생각합니다. 우리가 그리는 미래에는 공동체의 일원이 전부 포함되어야 합니다."

카멜라 해리스, 차이를 넘어 가능성으로

"샌프란시스코는 지역사회에, 그리고 다양성이 곧 우리의 힘이라는 생각에 헌신하고 있습니다. 미국 전체가 그런 사고를 포용하기를 바랍니다."

"우리가 오늘 워싱턴에서 벌이는 이 위대한 사투는 예산 균형을 둘러싼 싸움이 아닙니다. 우리가 승자독식 국가가 될지, 모두에게 승리할 기회를 주는 국가가 될지에 관한 문제입니다."

대통령과 나눈 통화는 당시 미국 정치에서 브라운이 차지하고 있던 위상을 보여주었다. 클린턴의 태도는 따뜻하고 우아했다. 그의 말은 여러 샌프란시스코 주민들의 자아상을 반영했다. 당시는 트위터, 구글, 우버, 페이스북, 줄 등 수백 개의 신생 기업으로 샌프란시스코의 부가 폭발적으로 증가하고 빈부 격차가 심화되기 몇 년 전이었다. 안 그래도 수십 년 동안 비싼 집값을 자랑해온 샌프란시스코의 집값은 2000년대에 성층권 수준까지 치솟는다. 허브 캐언이 알고 있던 샌프란시스코라는 도시는 이제 경찰, 교사, 멋진 레스토랑에서 고급 요리를 나르는 웨이터, 기술자를 목적지까지 태워다주는 우버와 리프트 운전자에게 엄청난 비용을 지불해야 하는 곳이 된다. 브라운 시장과 그의 후임자들은 고층 빌딩 붐을 불러일으키지만 도시의 노숙자 인구수도 위기 수준에 이른다.

그런 변화가 한데 몰려오고 있었다. 그날 브라운은 어른이 된 자신의 세 자녀와 손주 한 명 등 최소 인원만 무대 위에 오르게 했다. 그는 한 손을 들어 취임 선서를 했고, 다른 한 손은 수년 전 텍사스주 미니올라에서 그의 어머니가 가지고 다녔던 성경책 위에 올려놓았다. 성경책을 든 사람은 그의 아내 블랑시였다.

1995년, 해리스는 앨러미다 카운티 지방검찰청으로 돌아가기로 한다. 20년 전에 휴이 뉴턴을 기소했던 토머스 오를로프는 앨러미다 카운티 검사장이 되었고 해리스가 돌아온 것을 환영했다.

오를로프는 해리스에 대해 "그녀는 매우 똑똑하고 품위 있는 사람이다. 배심원들은 그녀를 좋아했다. 당시 검사가 150명이었는데, 해리스는 그중에서도 매우 훌륭한 검사였다"라고 말했다.[22]

해리스는 중범죄 혐의가 있는 사람들을 기소하느라 바빴다. 엽총 살인 사건을 맡아 유죄판결을 받아냈고 범인을 감옥에 집어넣었다. 또 다른 사건에서는 12건의 무장 강도 짓을 저지른 세 사람을 기소했다. 가끔은 캘리포니아주에 도입된 삼진아웃법을 이용해 재범자에게 중형을 구형했다. 그녀가 맡은 사건이 언론의 관심을 끈 적은 거의 없었지만 간혹 예외도 있었다. 메스암페타민(흔히 필로폰이라 불리는 마약—옮긴이)과 럼주를 섞어 마신 남자가 긴수 나이프로 여자친구의 두피를 10센티미터 크기의 정사각형으로 도려낸 사건이 있었다. 남자는 전에도 그런 일을 시도했다가 칼날이 무뎌 실패한 적이 있었다. 여자는 살아났지만 남자는 종신형을 선고받았다.

1996년 〈샌프란시스코 크로니클〉에서 해리스는 선고 후 "범인이 저지른 행동에 적당한 형량이었다. 지극히 가학적인 범죄였다"라고 말했다.[23]

낸시 오맬리 현 검사장은 해리스가 특히 어린 성폭력 피해자를 잘 다룬다는 것을 알았다. 해리스는 피해자를 진정시키고 안심시켰

카멜라 해리스, 차이를 넘어 가능성으로

다. 그중 몇 명은 해리스가 자신이 겪은 일을 잘 이해해주었다고 생각해 사건이 종결된 지 한참 후에 다시 연락하기도 했다.

해리스와 오맬리는 젊은 검사들의 직업 선택에 대해서도 이야기를 나누었다. 그녀에게는 야망이 있었다. 앨러미다 카운티의 나이 많은 상사이자 캘리포니아주에서 공격용 무기를 금지시키기 위해 로비했던 리처드 이글하트는 샌프란시스코 검사장 테런스 할리넌 밑에서 일하고 있었는데, 해리스에게 일자리를 마련해주었다. 그때가 1998년이었다. 이번에는 충분히 납득이 가는 자리 이동이었다.

한번 정치의 맛을 본 해리스는 아직 목이 말랐다.

5

그녀를
겨냥하다

Setting Her Sights

＊ ──── ◇ ──── ＊

카멀라 해리스는 1998년 초에 몸담았던 앨러미다 카운티 지방검찰청을 떠나 베이브리지를 가로질러 서쪽으로 120.4킬로미터를 운전해 샌프란시스코 형사 사법 정치의 중심지로 갔다. 지방검찰청, 경찰청, 법원, 검시관이나 보안관 사무실, 그 밖의 여러 기관이 모두 '홀'이라 부르는 건물을 함께 사용했다. 건물 바로 뒤, 주차장 맞은편은 교도소였다.

감찰관과 검사, 변호인단은 서로 각을 세우면서도 무너져가는 건물에서 일하는 불편함을 함께 나눴다. 영화 〈더티 해리〉 시리즈를 비롯해 크고 작은 영화의 세트로도 유명한 저스티스 홀은 늘 붐비는 화장실과 잦은 정전으로 악명 높았다. 전등은 깜박거리고 엘리베이터는 시도 때도 없이 멈추는 바람에 범죄자와 경찰 모두 다음번 있을 일망타진으로 홀이 붐빌까 걱정할 정도였다.

다운타운에서 사우스비치까지 거대한 주거용 타워, 새로 지은 콘도, 변호사와 금융업자가 차지한 고층 건물, 미국에서 경관이 가장 좋기로 유명한 야구장 등이 투박했던 동네에 속속 들어섰다. 하지만 브라이언트 스트리트와 홀 주변의 도로 경관은 변함이 없었다. 지금도 이곳에 가면 자동차 정비소와 보석금 보증 사무소, 그래피티로 덮인 벽이 몰려 있으며, 공유 작업 공간과 전략적으로 위치한 대마초 조제소를 불시에 맞닥뜨리게 된다.

리처드 이글하트는 해리스를 감독관 자리에 앉히고 전체 사법 처리 과정을 돕는 일을 맡겼다. 그건 무척 힘든 업무였다. 총책임자였던 테런스 할리넌 검사장은 평생을 바쳐 싸워 이길 능력을 증명했음에도 여전히 힘든 시간을 보내고 있었다.

1995년 윌리 브라운이 샌프란시스코 시장에 당선되던 해, 샌프란시스코 감독관으로 임명된 할리넌은 4선 검사장이던 알로 스미스를 자리에서 끌어내리고 지방검사 경력 20년의 전직 검사 빌 파지오를 물리쳤다. 할리넌이 이기려면 〈샌프란시스코 크로니클〉 편집위원회의 반대를 이겨내야 했다. 그는 '정치적 공격'이라고 주장했지만[1] 10년 전 그의 법률 의뢰인이었던 승무원이 친자 확인 소송을 제기했다는 사실이 뒤늦게 밝혀졌다.[2] 결국 할리넌의 친자로 판명되었고 그는 책임을 졌다.

급진파인 할리넌은 1952년 진보당 후보로 미국 대통령 선거에 출마한 베이 지역 좌파의 상징적 인물, 빈센트 할리넌의 아들이다. 흑인 여성이며 신문 발행인 샬로타 배스가 빈센트의 부통령 후보였다. 나이 많은 아버지는 자신의 아이들이 급진적인 의견을 고수하려면 싸울 줄 알아야 한다고 생각했다. 테런스 할리넌은 아버지 무릎에서 배운 대로, 주먹을 불끈 쥐고 기꺼이 싸울 의지를 내비쳤고 능력을 발휘해 '카요(복싱 용어로 상대 선수를 쓰러뜨리는 것—옮긴이)'라는 별명도 얻었다. 할리넌은 아버지의 정의감도 물려받았다. 해리스가 태어나기 1년 전인 1963년, 할리넌은 미시시피주에서 흑인 유권자 등록을 하는 동안 주변을 어슬렁거리며 쓰레기를 버렸다는 이유로 체포되었다. 그 혐의는 기각되었지만 그는 인종차별에 항의하다가 몇 번 더 체포되었다.

할리넌은 UC헤이스팅스대학 로스쿨을 졸업하고 사법시험에 합격했다. 윌리 브라운과 존 버턴이라는 두 젊은 국회의원이 그의 됨됨이에 대해 우호적인 발언을 해주었지만 사법시험을 주관하는 캘리포니아주 당국은 범죄 경력과 투쟁적 성향을 이유로 1966년에 법률행위를 할 수 있는 면허 발급을 거부했다. 캘리포니아주 대법원은 사법시험 당국의 결정을 무효화했고,[3] 할리넌은 마약 사범(샌프란시스코에서는 1960년대 후반과 1970년대에 관련 사업이 호황을 누렸다), 좌파 인사, 연쇄살인범 후안 코로나 등의 사건을 맡으며 경력을 쌓아나갔다.

〈워싱턴 포스트〉는 변호인에서 검사장이 된 할리넌의 험난한 변천 과정을 상세히 보도하면서 "록 가수 재니스 조플린이 자신의 전기 《진주Pearl》에서 헤로인 과다 투여로 죽을 뻔했다고 고백했는데도 할리넌은 그 사실을 강하게 부인했다"라고 언급했다.[4] 교묘한 부정 아닌 부정이었다.

◆━━━━◆━━━━◆

할리넌은 시의 최고 검사가 되었지만 자신의 과거를 잊지 않았다. 그는 살인 사건에서 사형 구형을 거부했고, 전임자가 기소한 남성의 형 집행을 막으려고 했으며, 의료용 마리화나가 합법화되기 전에 사용을 지지했고, 캘리포니아주의 삼진아웃법에 따라 종신형을 구형하기를 거부했다. 샌프란시스코에서는 그 어떤 것도 문제가 되지 않았다. 유권자들은 그에게서 무엇을 얻을지 잘 알고 선출했던 것이다. 그러나 그의 사무실에서 벌어진 혼란은 문제가 되었다.[5]

두 검사가 사무실에서 현행범으로 체포되었는데, 할리넌은 여자는 놔두고 남자만 해고해 나중에 부당 해고 혐의로 고소당했다.

할리넌은 취임 직후, 검사 14명에게 그동안의 근무에 감사하며 해고하겠다는 간결한 메모를 보냈다. 그중 한 명은 킴벌리 길포일이라는 26세의 신입 검사였다. 할리넌은 자신의 결정과는 무관하다고 주장했지만 해고 통지를 받은 사람들은 그의 정적인 파지오에게 기부금을 냈다. 할리넌은 그저 자신만의 팀을 꾸리고 싶었을 뿐이었다.

윌리 브라운의 정치 고문인 잭 데이비스의 생일 파티에서 할리넌과 그가 해고한 검사의 친구 사이에 싸움이 벌어졌다. 〈샌프란시스코 크로니클〉의 정치 칼럼니스트 필 매티어와 앤디 로스는 주먹을 휘두를 수밖에 없었던 이유에 대한 할리넌의 설명을 인용했다.[6] "달리 선택의 여지가 없었다. 가만히 있을 수는 없었다. 나는 검사장이니까." 매티어와 로스는 그들의 나이, 몸무게, 키, 권한 등을 열거하며 농담조로 '비교표'를 만들어 덧붙였다. 할리넌에 대해서는 "좌파를 이끌고 있지만 몇 표만 더 얻을 수 있다면 우파로 갈 수 있는 사람"이라고 썼다.

도움이 필요하다고 느낀 할리넌은 앨러미다 카운티 지방검찰청으로 눈을 돌려 리처드 이글하트를 제3 수석검사로 임명했다. 이글

5. 그녀를 겨냥하다

하트는 캘리포니아주의 공격용 무기 금지법을 통과시키기 위해 전문가로서 조언을 제공한 최고의 검사였고, 삼진아웃법에 관해서도 널리 존경받는 전문가였다. 이글하트는 이어 해리스를 고용했다.

할리넌은 〈샌프란시스코 크로니클〉에 "그녀는 훌륭한 검사이며 평판도 좋다"라고 말했다.[7]

샌프란시스코 근무 첫날부터 해리스는 자신을 능가할 사람은 없다는 인식을 심어주었다. 1995년 할리넌에게 패한 뒤 검사장을 그만두고 변호사로 활동하던 파지오는 오클랜드 근무 시절부터 해리스와 알고 지냈다. 당시 변호인단은 형사 사법 업무를 담당하던 다른 직원이나 해리스와 저녁 식사를 함께하곤 했다. 샌프란시스코 살인·기소 팀의 한 친구는 베이 건너편에서 온 지 얼마 안 되는 신입 검사 시절의 해리스에 대해 파지오에게 다음과 같이 말했다.

"당시 큰 살인 사건을 수사 중이어서 재판이 열리기 전 주말에 출근했습니다. 사무실에 들어가니 해리스가 중범죄 관련 업무를 보고 있었어요. 그녀를 만난 건 처음이라 소개를 하자 해리스는 자신이 신입이라서 사전 심리를 준비하러 왔다고 말했습니다."[8]

샌프란시스코에서 일하기 시작한 지 얼마 되지 않아 할리넌은 해리스를 직업범죄부 부수석으로 승진시켰다. 파지오는 강도죄로 장기 복역 중인 의뢰인을 변호하고 있었고, 마약 복용자인 그의 의뢰인은 샌프란시스코의 유명 전과자 치료 커뮤니티인 들랜시 스트리트로 이송될 예정이었다.

"그래서 나는 카멀라와 할리넌 두 사람을 만났다. 카멀라는 지방 검사였다. 그녀는 보호관찰관도 아니고 사회복지사도 아니었다. 사람들을 기소하고 감옥에 넣는 검사였다."

할리넌은 해리스를 돌아보며 어떻게 생각하느냐고 물었다. "그녀는 '이 남자는 들랜시 스트리트로 가면 안 된다고 생각한다. 그는 폭력적인 강도 짓을 저질렀으니 주 교도소에 남아 있어야 한다'라고 말했다." 파지오의 의뢰인은 징역 6년의 제안을 받아들였다.

해리스는 할리넌의 1999년 재선 도전을 지지했다. 그러나 2000년 1월, 주지사 그레이 데이비스가 해리스의 상사 이글하트를 고등법원 판사로 임명했다. 할리넌은 해리스를 부수석으로 승진시키지 않고 검찰청 근무 경력이 없는 변호사 대럴 살로몬 쪽으로 마음을 굳혔다. 해리스는 그 선택을 뒤집으려고 항의했으나 성공하지 못했다.

살로몬은 킴벌리 길포일부터 다시 고용했다. 샌프란시스코 출신으로 민주당 유력 인사의 딸인 길포일은 샌프란시스코의 감리위원회 위원 개빈 뉴섬의 여자 친구였다. 두 사람이 결혼한 후, 뉴섬은 샌프란시스코 시장이 되었고 그녀는 〈폭스 뉴스〉 앵커가 되었으며 뉴섬과 이혼했다. 몇 년 후 그들의 정치적 운명은 묘하게 꼬여 길포일은 도널드 트럼프 주니어의 여자 친구이자 트럼프 대통령의 주요 대리인 겸 후원금 모금자가 된다. 살로몬이 자리를 잡자 해리스는 이제 움직일 때가 되었다고 생각했다.

✦━━━✦

샌프란시스코의 시 검찰청은 아동 학대와 위탁 양육 등 가족 문제를 감독한다. 검찰청 검사들은 그것을 '꼬마법 섹션'이라고 조소적으로 불렀다. 가족 및 아동 부문을 강화하고 싶었던 샌프란시스코시 검사 루이즈 렌은 해리스를 고용해 이를 맡겼다.

법에 개인적이거나 감정적인 부분은 없다. 하지만 가족법 관련 사건을 다루려면 법을 이해하면서 치료사와 사회복지사 역할도 할 줄 아는 특별한 검사가 필요하다. 렌은 해리스에게서 '심장과 연민을 갖춘 지적인 검사'의 모습을 보았다고 말했다.[9] 어느 날, 해리스가 테디베어 인형을 안고 사무실에 불쑥 들어와 렌에게 아이들이 입양될 법정으로 함께 가자고 부탁했다. 두 여성은 그곳에서 아이들에게 입양 기념품으로 테디베어를 나눠주었다.

헤이스팅스에서부터 친구로 지내온 매슈 D. 데이비스는 해리스와 계속 연락을 주고받고 있었다. 그는 해리스가 2000년에 샌프란시스코 검찰청에서 다시 일하게 되자 연락을 해 왔다. 데이비스는 달라진 해리스의 모습을 보고 놀랐다.

"해리스는 매력적인 사람이 되어 있었다. 그녀는 로스쿨을 졸업한 후에도 놀라운 속도로 계속 성장해나갔다. 그녀는 더욱 확고한 세계주의적 견해를 갖게 되었고 매우 집중하는 모습이었다." 해리스의 지지자가 된 데이비스는 이렇게 말했다.[10]

해리스는 시 검사 사무실에 오래 머물지 않았다. 그녀는 선출직에 출마하기로 한다.

6

굵직한
인물 되기

Becoming a Boldface

1990년대 후반과 2000년대 초반, 카멀라 해리스의 이름은 범죄자를 기소하는 일상적인 업무보다 사회면에서 훨씬 더 자주 언급되었다.

앨러미다 카운티 지방검사인 해리스는 1996년에 샌프란시스코 현대미술관 이사가 되어 더 큰 계획을 실현해나갔다. 윌리 브라운은 자서전《베이식 브라운》에서 정치가 지망생을 위해 조언을 건넨다. "흑인, 여성, 남성 모두 정치인으로 성공하려면 백인 커뮤니티를 넘나들 수 있어야 한다." 특히 그는 흑인 여성들에게 구체적인 조언을 한다. "교향악단, 박물관, 병원 같은 사회, 문화, 자선 기관 이사회에서 활동하며 기초를 다지는 게 좋다."[1]

해리스가 미술관 이사의 지위를 이용해 영향력 있는 사람들과 접촉한 것은 분명하다. 하지만 그녀는 이를 좋은 일을 할 기회로도 활용했다. 해리스는 지금은 오클랜드 시장이 된 리비 샤프를 방문했다. 그는 당시 웨스트 오클랜드의 작은 빅토리아풍 사무실에서 마커스 포스터 교육 연구소를 운영하고 있었다. 연구소의 이름이 된 마커스 포스터는 오클랜드 교육감이었는데 1973년 11월 6일 급진적인 심비오니스 해방군에게 잔인하게 암살되었다. 연구소는 오클랜드 공립학교 교육의 질을 향상시키기 위해 건립되었다. 해리스는

카멀라 해리스, 차이를 넘어 가능성으로

현대미술관에 오클랜드 고등학생들을 위한 멘토링 프로그램을 만들고 싶다며 샤프에게 도움을 요청했다.

"그녀는 이 엘리트 기관을 단순한 견학 장소가 아닌 오클랜드의 심장부로 만들겠다는 포부를 내비쳤다"라고 샤프는 말했다.[2]

이를 위해 해리스는 오클랜드의 공연 및 시각 예술 마그넷 학교인 콜 스쿨의 교장, 재키 필립스도 찾아갔다. 필립스는 해리스가 눈빛이 초롱초롱한 고등학생처럼 몬트리올과 오클랜드를 오갔고 흰색 크라이슬러 컨버터블을 타고 딸 테리를 태우러 자신의 집에 들르곤 했다고 말했다. 두 사람은 늘 즐기는 모습이었지만 필립스는 해리스가 잘해내고 말겠다는 강한 의지를 갖고 있다는 것도 알았다. 미술관 이사로서 해리스는 필립스에게 학생 모집을 도와달라고 부탁했다. 필립스는 해리스의 말대로 해주었다. 배우 대니 글로버도 만났고, 감독 겸 배우 로버트 레드퍼드도 만났다.

"학생들은 어린 왕과 왕비처럼 대접받았다"라고 필립스는 말했다.[3] 몇몇 콜 스쿨 학생은 대학에 진학해서도 예술 활동을 이어나갔다. 멘토링 프로그램은 계속되어 이 프로그램이 없었다면 접근할 기회조차 없었을 아이들에게 예술을 소개하고 있다.

◆━━━◆━━━◆

해리스는 1998년에 돈도, 내세울 배경도 없이 샌프란시스코에 왔지만 어느새 굵직한 인물이 되어 있었다. 1999년 내파밸리에서 열린 바네사 자먼과 석유 상속자 빌리 게티의 결혼식에서 우아한

가운을 입고 잔을 들고 있는 해리스의 모습이 사진에 찍혔다.[4] 신부는 말 위에 올라타 곁안장에 앉아 있었고, 현 캘리포니아 주지사 개빈 뉴섬의 아버지이자 은퇴한 주 항소법원 재판관 윌리엄 뉴섬이 결혼식을 진행했다.

2001년 샌프란시스코 패션 잡지인 〈하퍼스 바자〉에 킴벌리 길포일을 비롯해 다른 여성들과 함께 해리스가 등장했다.[5] 잡지 칼럼니스트는 리타 모레노가 주연을 맡은 2002년 2월 〈버자이너 모놀로그〉 공연에 해리스가 참석했다고 언급했다.[6] 그날은 전승기념일이었는데, 여성 폭력 방지 프로그램을 위한 기금 모금 행사도 함께 열렸다. 또 9월에는 월터와 더글러스 쇼렌스타인을 기리는 미국 유대인위원회 만찬에 참석해 샌프란시스코 시내의 대규모 부동산 소유자와 정치 후원자를 만났다. 2002년 10월에는 엘턴 존이 주최한 에이즈 퇴치 모금 행사에 참석했는데, 그 행사에는 제작자 조지 루커스, 배우 샤론 스톤, 그 밖에 베이 지역 유명 인사 다수가 게스트로 참여했다.[7] 해리스는 노스 비치의 이탈리언 레스토랑에서 열린 경찰서 부서장의 은퇴 파티에도 참석했는데, 그 자리에는 경찰과 여러 정치·사회 엘리트가 있었다. 경찰과 관계를 구축하는 것은 중요한 시기에 이루어졌고 중요한 메시지를 주었다.

샌프란시스코 경찰과 관계가 좋지 않았던 할리넌의 노스 비치 송별 파티는 언론을 통해 '파히타 게이트'로 불리며 알려졌다. 비번 경찰관들이 한 남자에게 파히타를 달라고 요구했는데, 그가 거절하자 싸움이 벌어졌다. 할리넌은 그 경관들과 이를 은폐하려 한 경찰청을 기소했다. 소송은 기각되었고 할리넌의 정치적 지지 기반도

카멜라 해리스, 차이를 넘어 가능성으로

무너졌다.

해리스와 그녀의 데이트 상대는 가십거리가 되지 않았다. 잡지 〈제트〉는 텔레비전 토크쇼 진행자 몬텔 윌리엄스와 할리우드 행사에 참석한 해리스의 사진을 게재했지만 그녀는 사생활에 대해서는 입을 다물었다.[8] 해리스는 자신의 사생활에 대한 추측성 발언을 차단하며 〈샌프란시스코 크로니클〉에 "나는 그 행사에 참석했고 그는 내 허리에 팔을 둘렀을 뿐이다"라고 말했다.[9] 윌리엄스는 가끔 해리스의 선거운동을 도왔지만 두 사람의 관계에 대해 공개적으로 쓰거나 말하지 않았다.

◆—————————◆

루이스 렌이 자리에서 물러나자 2000년에 해리스가 시 검사장으로 출마할 것이라는 소문이 공공연히 나돌았다. 할리넌의 세력은 점점 더 약화되었다. 한 가지 예로, 브라운 시장은 할리넌이 노점 마약상을 기소하지 않았다고 비난하며 공개적으로 그와 반목했다. 〈샌프란시스코 크로니클〉은 2000년 8월 사설에서 할리넌을 '존경하기 힘든 인물'로 묘사했으며, '당혹스럽고 터무니없는 재판 기록을 쌓아가는 중'이라고 말했다.[10] 같은 사설에서 할리넌이 대릴 살로몬을 수석검사로 발탁하면서 일어난 소동을 언급하며 이 때문에 '존경하는 참전용사'와 '최고의 빛나는 법률가 정신'에서 벗어났다고 지적했다. 해리스가 거기서 첫 출마 기회를 포착한 것은 놀라운 일이 아니었다.

샌프란시스코는 상류사회와 민주당 정치가 혼합된 곳이다. 해리스는 '베이 지역은 민주당 후보자의 현금 지급기'라는 인식을 심어준 사람들과 가까워지고 있었다. 그녀는 2000년에 '위민카운트WomenCount' 이사회에 합류했다. 샌프란시스코에 본부를 둔 이 신생 조직은 여성 투표율을 높이기 위해 힘을 쏟고 있었다. 또 학교 이사회와 시의회부터 주지사, 부통령에 이르기까지 공직에 출마하는 여성을 위한 전국 기금 모금 세력으로 성장했다. 2002년에 해리스는 '이머지 캘리포니아Emerge California'에도 참여했는데, 이 단체는 공직에 출마하는 방법을 배우고 싶어 하는 여성들을 위한 일종의 훈련소였다. 위민카운트와 이머지 캘리포니아를 세우는 데 도움을 준 정치 조직원 안드레아 듀 스틸은 2002년 가을, 해리스의 전화를 받았다.

"전 출마할 준비가 됐어요. 이제 어떻게 해야 하죠?"

스틸은 헤이트의 모퉁이 근처 애시버리에 있는 자신의 아파트로 해리스를 초대했고 해리스는 4층 계단을 올라갔다. 두 사람은 와인과 치즈를 앞에 두고 해리스의 전기를 작성했다. 스틸은 해리스에게 그녀가 가진 연락처와 자원봉사자 및 후원자의 기반이 될 인물들의 명단을 요청했다. 스틸은 2002년에만 해도 공책 형태였던 파일로팩스 플래너에 그 내용을 정리했다. 시간이 지나면서 그 공책은 PDA 기기인 팜파일럿으로 대체되었다.

해리스는 진지하게 선거에 임하는 모습을 보여주기 위해 돈을 모아야 했다. 스틸은 그 일을 도와줄 사람들을 알고 있었다. 그녀는 캘리포니아 성공 신화를 대표하는 여성, 수지 톰킨스 부엘의 정치 고문으로 일했다. 레이크 타호 카지노에서 일하던 21세의 수지 톰킨스는 히치하이크를 하던 더그 톰킨스를 차에 태웠다. 두 사람은 1964년에 결혼했고 대표 의류 브랜드 노스페이스와 에스프리를 만들었으며, 1989년에 헤어졌다. 수지 톰킨스는 정치에는 별 관심이 없었지만 빌 클린턴이라는 젊은 대통령 후보 이야기를 들었다. 그녀는 타호에서 샌프란시스코까지 차를 타고 가던 중, 중간 지점인 새크라멘토에 들러 부동산 개발업자 앤절로 차코풀로스가 주최한 아칸소 주지사 기금 모금 행사에 참석했다. 〈로스앤젤레스 타임스〉가 보도한 바와 같이, 로널드 레이건과 조지 H. W. 부시가 12년 동안 백악관을 장악한 것을 지켜본 그녀는 빌 클린턴의 선거 유세장에서 들었던 빈곤에 대한 참담한 설명, 달라진 민주당 정권이 도움을 줄 방법에 대한 그의 비전에 감동해 다음 날 10만 달러의 수표를 전달했다.[11] 수지 톰킨스는 빌 클린턴을 통해 힐러리 클린턴을 만났고 둘은 친한 친구가 되었다. 수지 톰킨스는 고등학교 친구인 마크 부엘과 재회해 1996년에 결혼했다. 수지 톰킨스 부엘은 위민카운트를 설립하고 이머지 캘리포니아에 첫 1만 달러를 기부했다.

스틸은 해리스의 정치 후원금 모금자로서 오랫동안 샌프란시스코 정치에 관여해왔고 해리스에게 할리넌을 그다지 좋아하지 않았던 부동산 중역 마크 부엘과 대화할 기회를 마련해주었다. 부엘은 해리스를 '법학 학위가 있는 사교계 인사'[12]로 보았고 리포터에게 그렇게 말한 적도 있었다. 하지만 개빈 뉴섬이 운영하는 식당 중 하나인 발보아 카페에서 햄버거를 먹으면서 해리스는 자신이 비전을 가진 진지한 검사라고 부엘을 설득했다.

부엘은 말했다. "카멀라가 진짜라는 확신이 들었습니다. 저는 '내가 당신의 재정위원장을 맡겠다'라고 말했어요."[13]

마크 부엘은 2003년 2월 퍼시픽 하이츠에 있는 부부의 아파트에서 회의를 소집했다. 해리스, 스틸, 해리스의 여동생 마야와 마야의 남편 토니 웨스트를 포함해 다른 몇 명도 함께였다. 샌프란시스코 기준으로 보아도 전망은 화려했다. 베이 한쪽으로 난 창문으로는 금문교, 머린 헤들랜즈, 태평양이 펼쳐졌다. 또 다른 창문 너머로는 샌프란시스코의 스카이라인, 베이브리지, UC버클리대학의 새더 타워, 샌프란시스코 국제공항이 있는 남샌프란시스코까지 내다보였다. 부엘의 아파트는 민주당 정치에서 특별한 공간이었다. 상원의원, 주지사, 낸시 펠로시 하원의장, 클린턴 부부, 상원의원으로 선출되기 전의 버락 오바마를 포함해 여러 사람이 부엘 부부의 12층 펜트하우스를 거쳐 갔다.

그곳을 스쳐 간 여러 정치인처럼 해리스도 그 집 전망을 감상할 수 있었다. 하지만 그녀는 도시의 불빛이나 베이에 떠 있는 돛단배를 보려고 그곳에 간 게 아니었다.

7 힌두교 여신 칼리처럼
머리 자르기

Severing Heads Figuratively

캘리포니아 사람들은 2003년 가을, 샌프란시스코 검사장 선거에 별 관심을 두지 않았다. 캘리포니아주의 유권자 대부분은 캘리포니아주에서만 볼 수 있는 사건, 즉 캘리포니아 민주당 주지사 그레이 데이비스에 대해 제기된 국민소환에 집중했다. 하지만 사람들의 관심은 데이비스가 아닌 그의 도전자에게 쏠렸다. 그가 바로 〈더 투나잇 쇼 위드 제이 레노〉에서 입후보를 발표한 전직 미스터 유니버스이자 세계적 영화배우 아널드 슈워제네거였기 때문이다.

주지사를 상대로 한 국민소환은 정기적으로 제기된 바 있다. 국민소환제는 1911년 주 헌법 개정에 따라 획득한 시민의 권리다. 국민소환과 국민발안제를 허용하는 진보적인 시대 개념은 국민에게 통치에 대해 최종 결정권을 주고, 돈을 가진 이익집단의 힘을 견제하는 역할을 맡기려는 의도에서 시작되었다. 그레이 데이비스가 불법행위를 저지른 것은 아니지만 캘리포니아주는 한창 예산 위기를 겪고 있었고 2000년부터 2001년까지 계획적인 극심한 정전 사태에 시달렸다. 당연하다는 의견도 있었고 그보다는 부당하다는 의견이 더 많았지만 어쨌든 데이비스는 비난에 시달렸다.

주 전체 국민소환 투표를 하려면 우선 예선을 통과해야 하는데,

거기에 드는 비용만 해도 일곱 자리 숫자에 육박한다. 자동차 경보 시스템 사업으로 큰돈을 번 샌디에이고 카운티 공화당 하원의원 대럴 아이사는 주지사가 되기를 간절히 원했다. 그는 187만 달러를 들여 유권자 수십만 명의 서명을 받아 소환 투표 자격을 얻었지만 슈워제네거의 상대가 못 된다는 걸 깨달았다. 아이사는 눈물을 머금고 출마를 포기했다.

그러나 선거철마다 출마하는 후보들, 포르노 스타, 별로 유명하지 않은 캘리포니아 민주당 부지사, 기회주의자 공화당 정치인 톰 매클린톡, 이미 퇴물이 된 키 작은 아역 스타 게리 콜먼, 나중에 〈허핑턴 포스트〉를 창설하는 아리아나 허핑턴 등 135명이 그해 주지사 선거에 출마했다.

슈워제네거는 〈로스앤젤레스 타임스〉 1면에 폭로된 성추행 파문[1]을 극복하고 2003년 10월 7일 데이비스를 꺾어 정계의 중심에 섰다.

＋

카멀라 해리스는 2002년에 그녀의 상사이자 시 검사인 루이즈 렌을 점심 식사에 초대했다. 렌은 해리스가 이렇게 말한 것을 기억했다.

"검사장에 출마할 생각입니다."[2]

"해보세요." 렌이 대답했다.

렌은 어떤 식으로든 돕겠다고 약속했다. 그녀는 특히 전설적인

7. 힌두교 여신 칼리처럼 머리 자르기

할리넌 집안 출신의 전임 상사, 테런스 할리넌 같은 재임자를 몰아내기는 쉽지 않을 거라고 경고했다. 첫 공직 출마를 선언한 2002년 말에 해리스는 서른여덟 살이었다.

해리스의 웹사이트에는 '정의를 위한 오늘날의 목소리'라고 쓰여 있었다.

그녀는 자신이 할리넌을 대체할 이상적 인물인 이유를 열거했다. "유능한 관료이며, 주 전체 평균에 훨씬 못 미치던 유죄 선고율을 끌어올리는 데 기여했다." 할리넌은 "코카인과 헤로인을 거래하는 심각한 마약 관련 문제를 기소하지 않았다"는 내용에서 해리스가 거리 청소의 일환으로 마약 문제를 다룰 것임을 알 수 있었다.

"가장 심각한 문제는 경찰서와 지방검찰청이 서로에게 가지고 있는 돌이킬 수 없는 반감이다. 우리는 서로 싸울 것이 아니라, 함께 범죄와 싸워야 한다."

해리스는 모든 공약, 특히 지방검찰청과 경찰 사이의 반감을 종식하겠다는 공약은 지키기 어렵다는 사실을 배웠다.

하지만 우선은 이겨야 했다.

해리스의 정치 후원금 모금 위원장인 마크 부엘은 그녀를 돕기 위해 나섰고, 지지를 위해 설득하는 것이 힘든 일은 아니었다고 회상했다. 해리스는 매력적이고 활력 넘치는 후보였으며, 행동이 재빠르고, 정치적으로 새 단장이 필요한 도시의 신세대 지도자였다. 해리스는 누군가와 대화할 때, 더 중요한 대화 상대를 찾기 위해 방안을 둘러보지 않고 오직 상대방에게만 시선을 맞추었다. 그녀는 누구와 대화하든 그 사람이 그 장소에서 가장 중요한 인물이라고 느끼게 해주었다.

"해리스는 훌륭한 정치인이다. 그녀는 대부분의 상황에 적응하는 법을 안다"라고 부엘은 말했다.[3]

2002년 마지막 6주 동안 회의, 정치 후원금 모금, 전화 통화로 해리스는 10만 560달러나 모금했다. 샌프란시스코의 선거 자금 제한에 따라 개인 기부금이 최대 500달러로 제한된 상황이었다. 선거에 처음 도전하는 후보로서 매우 큰 금액이었고 그녀가 진지하게 도전하고 있음을 증명하기에 충분했다. 선거운동에는 집안 식구들이 총동원되었다. 여동생 마야 해리스와 제부 토니 웨스트, 어머니 시아말라도 각각 500달러씩 기부했다. 해리스가 사교 모임에서 만났을 많은 부자들이 초기 기부자로 이름을 올렸다. 하얏트 호텔 체인으로 부를 얻은 프리츠커 가족, 게티 가족, 자신의 이름을 건 투자회사 소유주 찰스 슈왑, 유명한 갭Gap의 피셔 가족 등이 포함되었다. 할리넌에게 환멸을 느낀 검사들도 많은 금액을 기부했다.

"샌프란시스코를 운영하는 나이 든 사람들에게 피로감이 느껴질 때 해리스라는 새 얼굴이 등장한 것이다"라고 샌프란시스코에서 성공한 재판 및 형사 전문 변호사 존 케커는 말했다.[4] 1989년 케커는 이란-콘트라 스캔들에 관여한 동료 해병 올리버 노스의 기소를 이끌었다.[5] 이 스캔들은 레이건 정부가 이란에 무기를 판 돈으로 니카라과의 좌파 정권에 맞서 싸우는 우익 콘트라 반군을 후원한 사건이다. "카멀라 해리스는 품위와 연민을 보여주었다. 그녀를 방 주인으로 앉히면 국민과 소통할 것이다."

해리스는 자신이 고급 주택가 퍼시픽 하이츠에 사는 사람도, 화려

7. 힌두교 여신 칼리처럼 머리 자르기

한 차림새의 시내 변호사도 아니며, 정직한 법 집행이 가장 필요한 사람들을 위해 일하고 있음을 보여주려고 애썼다. 그녀는 1,000만 달러짜리 펜트하우스 전망과 번쩍거리는 금융가와는 동떨어진 문제 많은 베이뷰 구역 한가운데에 선거 대책 본부를 꾸렸다. 자원봉사자들은 선거 대책 본부 벽에 페인트로 '정의의 새 목소리. 이제 우리의 시간. 이제는 변화해야 할 때'라는 구호를 써넣었다. 해리스는 가정 폭력 사건 기소율을 높이고 인신매매된 아이들을 보호하겠다는 공약을 내세웠다.

해리스의 오랜 친구이자 선거운동원으로 처음 일하게 된 데비 메슬로는 "우리는 변화된 검찰청의 모습을 새롭게 그려보려고 한다"라고 말했다.[6]

해리스는 종종 해가 뜨기 전에 선거 대책 본부에 도착했다. 시아말라는 필요한 곳이면 어디든 달려가 함께했다. 물론 마야와 토니도 있었다. 노먼 록웰은 가족이 총동원된 이 선거에 대해 짧게 언급했는데, 해리스와 자원봉사자들은 다리미판을 들고 버스 정류장과 식료품점 앞 인도로 가져갔다. 그곳에서 다리미판을 펼쳐 책상으로 삼고 '해리스를 검사장으로'라 적힌 팸플릿을 올려놓았다. 해리스는 열정과 매력, 카리스마로 자원봉사자들을 끌어모았고 최선을 다해 돕고 싶은 마음이 들게 했다.

해리스는 후보자로 나선 첫 텔레비전 인터뷰에서 악을 응징함으로써 죄 없는 사람들을 보호하는 신화적 전사, 힌두교 여신 칼리에 대한 존경심을 이야기했다. 힌두 신화에 나오는 묘사에서 칼리는 잘린 악마의 머리를 들고, 잘린 머리로 목걸이를 만들어 착용하며,

카멜라 해리스, 차이를 넘어 가능성으로

피투성이 팔을 엮어 만든 치마를 입고 있다. 해리스는 또한 칼리가 어머니 같은 존재라는 사실에 주목했다.

해리스의 전문 정치 후원금 모금가 로라 탈무스는 해리스에게서 어머니 같은 모습을 발견했다. 여느 때와 같은 토요일 아침, 탈무스는 그녀의 딸 릴리와 함께 자원봉사를 하러 갔다. 아홉 살인 릴리는 많은 자원봉사자들 사이에서 눈에 띄었다. 그녀는 똑똑하고, 통찰력 있고, 조숙하며, 책 읽기에 열심이었고, 잘 웃었다. 릴리는 얼굴과 머리가 기형이 되는 희귀한 유전 질환인 에이퍼트 증후군을 앓고 있었다. 해리스는 릴리를 보더니 눈을 마주치며 그날 하루는 어땠는지, 지난 한 주 학교에서 어떻게 보냈는지 묻고, 도와줘서 고맙다고 인사했다.

릴리와 그녀의 엄마는 다리미판과 팸플릿을 들고 하이드 스트리트의 케이블카 라인 건너편 놉 힐의 슈퍼마켓 앞에 자리를 잡곤 했다. 릴리는 팸플릿을 나눠주고 싶지 않은 날이면 사무실에서 시아말라의 지휘 아래 봉투 작업을 하거나 시아말라가 할당해준 다른 소소한 일을 하기도 했다.

탈무스는 "릴리는 카멀라가 옆에 있기만 하면 활짝 미소 지었다"라고 회상했다.[7]

◆━━━━━━◆

2003년 2월, 해리스는 안드레아 듀 스틸과 공동 설립하고 수지 톰킨스 부엘이 자금을 지원한 여성 후보자 훈련소 이머지 캘리포니

7. 힌두교 여신 칼리처럼 머리 자르기

아를 처음 거처 간 여성들에 대해 이야기했다. 〈샌프란시스코 크로니클〉은 그곳이 여러 선거 사무소를 위한 훈련을 제공하지만 "대통령 선거 출마를 꿈꾸는 사람들"을 위한 것이기도 하다고 언급했다. 이어 샌프란시스코에서 여성이 검사장으로 선출된 것이 처음이라는 언급도 덧붙였다.[8]

해리스는 여성들에게 "알아야 할 이중 잣대가 있다"라고 말했다. "매력적인 여성으로 여겨진다는 건 나름대로 짐을 짊어지고 있다는 뜻이기도 하다. 사람들은 당신이 실속 없다고 추측할 것이다. 그래서 가능한 한 많은 사람들과 대화하고, 자신이 옹호하는 신념을 끊임없이 전달할 필요가 있다."

"정치판에 발을 내디디면 적이 생기기 마련이다. 그렇다고 세상이 끝난 것도 아니며, 그것이 장점으로 다가올 때도 있다. 여성이 공직자가 된다는 게 어떤 건지 직접 느껴봐야 하며, 의사 결정권자의 위치에 서봐야 한다."

선거운동을 하는 동안 대부분 해리스는 현 검사장인 할리넌과 그보다 더 보수적인 후보 파지오, 두 남자 후보에게 뒤처졌다. 두 사람 모두 해리스와 브라운 시장의 관계를 수면 위로 끌어올렸다.

해리스는 자신의 약점을 잘 알았다. 일부 유권자들은 윌리 브라운 기구에 싫증 나 있었다. 브라운은 1994년 국회의장 선거에서 당적에 상관없이 자신을 찍어준 공화당 하원의원 폴 호처 같은 친구들에게 너무 많은 일자리를 제공했다. 브라운의 지휘 아래 시는 그의 친구들을 로비스트로 고용한 회사들과 계약을 체결했다. 〈샌프란시스코 크로니클〉은 FBI가 그가 재임한 기간에 시청이 한 일을 조사하고 있다고 보도했다. 그 조사에서 기소할 만한 내용은 거의 건지지 못했다. 어쨌든 후보자로서 개혁과 공공 부패 척결을 공약으로 내세운 해리스는 〈샌프란시스코 위클리〉에 브라운과의 관계가 이미 8년이나 지난 일이며 그와의 관계는 그녀의 '부담'으로 남아 있다고 말하면서 브라운과 확실히 선을 그었다.[9]

그래도 두 사람의 관계가 정말로 끝났는지 의혹이 계속 제기되자 해리스는 〈샌프란시스코 위클리〉와 나눈 인터뷰에서 이렇게 말했다. "윌리 브라운에게서 독립했다는 사실을 증명하려고 선거에서 그를 비난할 생각은 없다. 내가 그로부터 독립한 것은 맞다. 바로 지금 그는 나를 통제할 수 없다는 사실에 놀라워할지도 모른다. 그의 경력은 끝났다. 나는 살아남아 앞으로 40년은 더 치고 나아갈 것이다. 그에게 빚진 것은 조금도 없다."

파지오는 해리스가 격차를 좁혀오는 것을 깨닫고 윌리 브라운 카드를 버리지 않은 채 이번에는 여성 유권자를 대상으로 우편물을 발송했다. 선거일인 11월 첫째 주 월요일 다음 화요일을 앞둔 핼러윈 주말이었다.

우편물에는 한 여성의 말을 인용한 내용이 있었다. "윌리 브라운이 카멀라 해리스의 전 남자 친구였든 아니든 관심 없다. 거슬리는 건 카멀라가 윌리 브라운에게 높은 보수를 받는 파트타임 이사 일자리 두 개를 받았다는 것이고 그중 한 자리는 업무 교육도 받지 않았다는 사실이다."

해리스는 즉시 유권자들이 우편으로 받을 '꼼수'에 대해 경고하는 내용의 로보콜을 녹음해 대응했다. 자신이 그 이사회 이사 직위

7. 힌두교 여신 칼리처럼 머리 자르기

를 이용해 동성 커플에게 혜택을 제공하고 병원을 계속 열어두는 조치를 시행할 수 있었다고 해명했다. 그렇게 해리스는 정치 전술에 능하다는 사실을 증명했다. 그녀는 예선 투표에서 파지오를 근소한 차이로 제치고 2위를 차지하며 12월 결선 투표에서 할리넌과 맞붙었다.

◆————————◆

외부 사람들은 샌프란시스코라고 하면 노스 비치의 커피 하우스, 금문교, 케이블카, 갈 곳 없는 노숙자들의 잠자리가 늘어선 인도와 고속도로 지하도, 공터를 가장 먼저 떠올릴 것이다. 그게 전부다. 그러나 내부 인사들은 샌프란시스코가 힘겨운 정치 싸움으로 유명하다는 사실을 잘 안다. 샌프란시스코에서 성공하는 정치인들은 이기는 법을 안다. 낸시 펠로시 하원의장, 윌리 브라운, 다이앤 파인스타인 상원의원, 개빈 뉴섬 주지사, 존과 필립 버턴, 바버라 복서 전 상원의원, 카멀라 해리스 등 미국 최강의 날고 기는 전·현직 정치가 모두 샌프란시스코에 뿌리를 두고 있는 것은 우연이 아니다.

샌프란시스코의 선거는 상대방에 대한 비방 없이는 완성되지 않는다. 해리스와 할리넌이 선거운동을 벌일 때도 당시 시장 후보인 개빈 뉴섬과 결혼해 지방검찰청을 떠났던 킴벌리 길포일은 해리스가 2000년 자신의 복직을 막으려 했다고 〈샌프란시스코 크로니클〉을 통해 비난했다.

"요점은 해리스가 내가 그곳에 있기를 원치 않았다는 것이다"라고 길포일은 말했다.[10] 해리스가 성공적인 법 집행 검사의 앞길을 방해하려 했다는 식으로 몰아갈 속셈이었다. 2001년 해리스가 사무실을 떠난 후, 길포일은 두 명의 변호사를 상대로 한 끔찍한 사건으로 명성을 얻었다.[11] 두 변호사는 베인과 헤라라는 이름의 45킬로그램이 넘는 페로 드 프레사 카나리오 개 두 마리를 데리고 있었다. 이 개의 원래 주인은 그들의 의뢰인 겸 양아들이었는데, 그는 '콘피드'라는 별명으로 불리는 아리안 형제단 단원으로 교도소에서 복역 중이었다. 콘피드는 그 개들을 기르며 메스암페타민 제조소를 지키게 했는데, 개들이 무척 사나웠다. 변호사 중 한 명이 목줄을 채워 개들을 데리고 있었는데, 개들이 줄을 끊고 도망쳐 아파트 복도에서 대학 라크로스 코치를 난폭하게 물어 죽였다. 길포일과 그녀의 파트너는 유죄판결을 받아냈고 길포일은 케이블 뉴스 시청자들의 관심을 끌었다. 결국 그 일로 길포일은 〈폭스 뉴스〉의 보수 세계에 이끌렸고, 뉴섬과는 이혼했으며, 시간이 흘러 도널드 트럼프 주니어와 교제하는 사이가 된다.

그사이 해리스는 길포일의 주장을 일축하는 데 성공했고 오히려 그녀를 돕고 싶다고 말했다. 결국 길포일은 그녀를 건드릴 수 없었고 해리스는 현명하게 결승선을 통과했다.

◆——————◆

샌프란시스코에서 당선된 후보들은 보수 노선을 취하지 않는다. 그건 이기는 전략이 아니다. 그러나 어떤 이들은 애매하게 상대보다 약간만 덜 진보적으로 보이는 방법을 쓴다. 그게 해리스의 방식이었다. 할리넌과의 결선 투표에서 그녀는 개혁을 약속하면서 파지오의 지지자들에게도 호소했다. 파지오의 지지자들 중 많은 이는 보수파가 아니더라도, 적어도 할리넌의 지지자들보다는 덜 진보적이었다. 〈샌프란시스코 크로니클〉은 2003년 12월 7일 '해리스, 법질서를 위해'라는 헤드라인을 걸고 해리스를 지지했다.

해리스는 자신을 소개하는 자료 어디에도 윌리 브라운의 지지 선언 사실을 기재하지 않았다. 그러나 오랜 친구들에게 충실하며, 재능 있는 흑인 후보를 기꺼이 돕는 브라운은 조용히 도움을 주었고 영향력을 행사해 해리스에게 문을 열어주었다. 기부자를 소개해주는 일도 그중 하나였다. 하지만 일을 마무리 짓는 것은 어디까지나 해리스의 몫이었다. 그녀의 기부자 중 상당수가 이전에 할리넌의 지지자였다가 해리스 쪽으로 돌아선 사람들이었다. 해리스가 급부상하면서 정치 후원금 모금에 차질이 생긴 할리넌은 선거운동을 계속하기 위해 개인 자금 5만 달러를 사용했다. 첫 출마였던 해리스는 선거일까지 할리넌이 모금한 금액의 약 세 배에 달하는 100만 달러를 모금했는데, 이는 일인당 500달러씩 모아 이뤄낸 금액이었다. 그녀의 첫 선거에 기부한 많은 이들이 오늘날까지도 기부자로 남아 있다.

브라운은 해리스의 승리 파티에 잠시 모습을 드러냈다. 그는 "이 승리는 분명 성별의 승리이며 민족적 승리다. 하지만 테런스 할리넌을 꺾은 것은 해리스의 능력이었다"라고 말했다.[12]

해리스는 이날 56 대 44퍼센트로 승리했으며 새로운 샌프란시스

카멀라 해리스, 차이를 넘어 가능성으로

코 시장으로 선출된 개빈 뉴섬을 포함해 다른 어떤 후보보다 득표율이 높았다.

2004년 초 개표가 끝나고 새 공무원들이 취임 선서를 마친 뒤, 〈샌프란시스코 크로니클〉은 공공사업부의 최고 관리이자 윌리 브라운의 후원을 받는 모하메드 누루가 시 재정으로 운영하는 샌프란시스코 도시정원사연맹 SLUG의 거리 청소 팀 직원들에게 뉴섬을 찍으라고 말한 사실을 보도했다. 누루는 기자들에게 뉴섬과 해리스의 선거운동에는 개인 시간을 내서 참여했으며, 누구에게도 압력을 행사하지 않았다고 의혹을 부인했다. 그 정도 반칙은 샌프란시스코에서는 흔한 일이었다. 새 시장과 검사장은 도시를 깨끗이 만들겠다고 약속했다. 샌프란시스코시 대변인, 캘리포니아주 검찰총장, 새로 선출된 검사장 모두가 관련 의혹을 조사하겠다고 말했지만 아무 일도 일어나지 않았다.

해리스는 험난하고 뒤통수 맞을 일이 잦은 샌프란시스코 정치판에서 공격받고 상처 입으면서도 꿋꿋이 솟아올랐다. 그녀는 또한 힌두교 여신 칼리처럼 머리 한두 개를 잘라내는 법도 배웠다. 해리스는 능력과 카리스마, 지성과 투지로 돋보였다. 시간이 지나면서 캘리포니아주 사람들은 그보다 더 많은 것을 보게 된다.

7. 힌두교 여신 칼리처럼 머리 자르기

8

경찰
저격

Officer Down

─────◇─────

2003년 샌프란시스코 검사장 선거운동에서 카멀라 해리스는 아무리 극악무도한 범죄자라도 사형은 구형하지 않겠다고 공약했다. 해리스는 취임 선서를 한 지 석 달 만에 그 공약의 첫 시험대에 올랐고 그 결정은 이후 몇 년 동안 그녀의 경력에 영향을 미쳤다.

2004년 4월 10일 오후 9시 30분경,[1] 베이뷰 구역의 뉴컴 애비뉴와 서드 스트리트 모퉁이에 있는 맥주와 와인 할인 판매점을 지나던 샌프란시스코 경찰관 배리 파커는 회색 포드 크라운 빅토리아의 속도를 줄였다. 그의 파트너 아이작 에스피노자는 조수석에 타고 있었다.

"우, 우." 망을 보던 자가 불법행위를 하던 동료에게 경찰이 도착했다는 신호를 보냈다.

베이뷰-헌터스 포인트 구역은 케이블카도 운행하지 않는 곳이었다. 그곳은 관광객과 잘 차려입은 퍼시픽 하이츠 사람들이 보는 도시와는 전혀 달랐다. 베이뷰-헌터스 포인트의 일부 지역은 '전쟁터'라고 불릴 정도로 갱들이 여러 거리를 장악했다.

크라운 빅토리아가 바짝 다가서자 두 청년이 소스라치게 놀랐다. 밤공기가 평상시보다 따뜻했는데도 그중 한 명은 반코트를 입고 있었다. 에스피노자가 남자의 얼굴에 손전등을 비추었지만 그는 아랑곳하지 않고 계속 걸었다. 사복 경찰관들이 차를 세우고 내렸다.

"이봐, 잠깐 멈춰." 에스피노자가 말했다.

"멈춰, 경찰이다." 그는 2미터 정도 떨어진 곳에서 두 번 말했다.

남자는 돌아서며 코트 안에 숨기고 있던 돌격 소총을 꺼냈다. 그리고 5초 동안 11발을 발사했다. 복부와 허벅지에 총을 맞은 에스피노자는 권총을 꺼낼 틈이 없었다.

발목에 부상을 입은 파커는 "경찰이 저격당했다"라고 무전으로 알렸다.

세 살짜리 딸을 둔 29세의 에스피노자는 8년 동안 군 복무를 했고, 갱단 퇴치 관련 봉사 활동을 했다. 레나타 에스피노자와 결혼 7주년을 이틀 앞둔 오후 10시, 아이작 에스피노자 경관은 과다 출혈로 사망했다.

경찰은 밤샘 수색을 벌인 끝에 두 블록 떨어진 곳에서 AK-47을 발견했다. 그곳에서 한 블록 떨어진 곳에서는 주머니에 마리화나가 든 채 버려진 코트와 21세 데이비드 리 힐의 신분증도 발견되었다.

범행 당일 밤, 한 친구가 힐을 태우고 베이를 가로질러 오클랜드의 이스트 베이 교외에 있는 어느 남자의 아파트로 갔고, 거기서 산라몬이 총을 건넸다. 그 남자는 힐에게 병원 응급실에 가고 경찰에 자수하라고 설득했다. 힐은 다친 데는 없었지만 이상한 행동을 했다. 알아들을 수 없는 말을 중얼거리고, 문에 이마를 찧고, 바지에 오줌을 지렸다. 제보를 받은 경찰은 병원에 도착해 그에게 총을 겨누며 수갑을 채우고 발목을 묶은 뒤 손에 묻은 총기 발사 잔여물을

확인하고 나서 샌프란시스코 교도소로 이송했다.[2]

경찰은 힐이 웨스트몹 갱단이며 지난 2월 발생한 살인 사건에 대한 보복으로 경쟁 갱단인 빅 블록 조직원을 죽일 계획이었을 거라고 추측했다. 힐의 변호인 마르틴 안토니오 사벨리는 나중에 그가 마리화나를 구입하려고 거리에 서 있었고, 무기는 호신용이었으며, 에스피노자와 파커가 경찰인지 몰랐다고 주장했다.

사벨리는 2007년 재판에서 배심원들에게 이렇게 말했다. "망설이면 죽는다. 갱단이 망설인다는 건 곧 죽음을 뜻한다. 갱단이 밤에 베이뷰에서 경쟁 관계에 있는 폭력배들 앞에서 주저한다는 건 곧 죽음을 의미한다."[3]

◆———◆

2004년 부활절 일요일, 경찰관들은 에스피노자가 총을 맞은 장소에 꽃을 놓아두었다. 〈샌프란시스코 크로니클〉은 이웃 동네 아이들이 인도에 경찰차 그림을 그렸다고 보도했다.[4] 'SFPD(샌프란시스코 경찰청)에 / 최고의 경찰들 / 사랑을 담아, 빅터, 리처드, 매슈, 루시, 샘.' 해리스 검사장은 배후에서 수사를 지휘했다. 1월에 해리스와 같은 날 취임한 뉴섬 시장은 동성 커플에게 결혼 허가증을 발급해 관심을 받았지만 도시 내 강력 범죄가 늘고 있는 점에도 주목했다.

2004년 샌프란시스코에서는 전년보다 19건 많은 88건의 살인이 발생했으며, 샌프란시스코 카운티는 그해 캘리포니아주를 통틀어 가장 많은 살인 건수를 기록했다.

〈샌프란시스코 크로니클〉은 새 시장이 부활절 4월 10일 범죄 현장을 방문했을 때 "일어나지 말았어야 할 일이 일어났다. 희생자의 가족을 생각하면 마음이 아프다"라고 말했다고 전했다.[5]

◆———————◆

경찰 살해범은 캘리포니아 주법에 따라 사형선고를 받을 수 있었다. 그러나 에스피노자가 사망한 지 3일 후와 그의 장례식을 치르기 전, 사형 제도 반대자인 샌프란시스코의 새 검사장은 선거에서 승리할 때 내세운 공약대로 힐에게 사형을 구형하지 않겠다고 밝혔다.[6] 해리스는 사형 구형 가능성에 대해 조사하지 않았다. 또 편의주의적 자세를 취하려고 장례식이 끝날 때까지 기다리지도 않았다. 오히려 해리스는 처음부터 공약을 지킬 것임을 분명히 했다. 해리스는 그런 행동의 대가를 치러야 했다.

샌프란시스코와 베이 지역 경찰관들은 격분했다. 헤더 퐁 경찰청장은 해리스의 결정을 공격하고 나섰다. "우리는 이 부서의 지휘관으로서 죄질이 나쁜 살인은 법정 최고형으로 기소하고 사형 판결을 받아내기 위해 노력할 것을 촉구한다."[7]

〈샌프란시스코 크로니클〉은 검찰이 경찰 살인범에 대해 사형을 구형하지 않은 사례가 없었다고 밝혔다.[8] 캘리포니아 주도 새크라멘토에서는 민주당 의원 일부를 포함해 80명 중 43명이 빌 로키어 캘리포니아주 법무장관과 연방검사가 이 문제를 조사하고 필요시

103

개입할 것을 촉구하는 결의안에 서명했다.[9] 이 결의안이 표결에 부쳐지지는 않았다. 그 법안은 해리스의 친구이자 샌프란시스코 민주당 동료 의원인 마크 레노 의원이 위원장을 맡고 있는 국회 공공안전위원회에서 청문회 없이 폐기되었다. 덕분에 해리스가 직접 나서서 애쓸 필요는 없었다. 그러나 당시 사형 제도를 지지했고 2006년 유력 주지사 후보로 거론되던 로키어는 사건의 통제권을 손에 넣기 위해 권한을 행사하는 것도 고려하고 있다고 해리스에게 알렸다. 하지만 결국 그렇게 하지는 않았다.

에스피노자 경관의 장례식이 치러진 금요일, 주 전역에서 모인 경찰들이 오토바이를 타고 샌프란시스코로 향했다. 수천 명이 도시 한가운데 있는 세인트 메리 대성당을 가득 메웠다.

수년간 경찰 노조에서 선거운동을 지원받았던 해리스와 파인스타인 상원의원은 예배 시작 직전 반갑게 인사를 나눴다. 해리스는 앞좌석에 앉았다. 에스피노자 경관의 아내 레나타와 다른 고위 관리들도 근처에 있었다.

샌프란시스코 경찰협회는 사형 제도에 반대한다는 사실을 알고도 해리스의 출마를 지지했다. 그러나 게리 델라그네스 경찰 노조 회장은 장례식에서 다음과 같이 말했다. "아이작은 목숨을 잃었다…. 그리고 나는 살인자도 똑같이 목숨을 잃어야 한다고 주장하는 동료 경찰관들의 뜻을 대변한다."[10] 해리스는 그 말에 기분이 상했을 것이다. 파인스타인이 발언하려고 일어나자 상황은 더욱 악화되었다.

파인스타인은 10대 때 연기자의 길을 걸으려던 사람이었다. 정치를 하면서 연기를 포기하기는 했지만 연기력은 그대로였다. 세인트 메리 대성당에서 캘리포니아주 출신의 어느 원로 상원의원은 파인스타인이 준비한 발언을 하지 못하게 막았다.

〈샌프란시스코 크로니클〉의 보도에 따르면 파인스타인은 "비극이란 바로 이런 것을 두고 하는 말이다. 이런 경우야말로 사형법에서 말하는 특수한 상황이다"라고 청중에게 말했다.[11] 가톨릭교회에서 샌프란시스코 출신의 한 민주당원은 자신이 나약하다고 느꼈던 순간에 대해 이야기하며 화제를 바꿨다. 샌프란시스코 기준으로도 매우 갑작스러운 반전이었다.

장례식에 참석한 로키어는 "충격이었다. 그 상황을 설명할 말은 그것밖에 없다"라고 회상했다.[12]

많은 사람들, 특히 경찰들이 일어서서 파인스타인에게 박수를 보냈다. 해리스는 자리에 앉아 있었다. 장례 예배가 끝난 후, 파인스타인은 기자들에게 해리스가 자신의 입장을 숨겼다는 뜻은 아니지만 사형 제도에 반대하는 줄 알았다면 검사장 선거에서 그녀를 지지하지 않았을 거라고 말했다.

사형 제도에 있어 파인스타인이 걸어온 길은 해리스와는 사뭇 달랐다.[13] 1990년 주지사 후보로 나선 파인스타인은 확고한 진보 단체인 캘리포니아주 민주당 전당대회에서 당원들 앞에서 사형 제도 지지를 표명했다. 당시 그녀는 "얼버무리거나 날조할 수 없는 문제"라고 말했다. 정당 활동가들은 그녀에게 야유를 보냈다. 그러나 당시 캘리포니아 주민 대다수가 사형 제도를 지지한다는 사실을 알고 있었던 파인스타인과 그녀의 선거운동 담당자들은 1990년의 에피

소드를 선거 광고에 활용해 그녀를 강인하고 강경한 사람으로 묘사하고 민주당 경쟁자인 존 반 드 캠프 검찰총장이 사형 제도 반대자임을 강조했다. 파인스타인이 받은 야유처럼 이 광고도 그들의 목적에 이용되었다. 그녀는 11월에 민주당 주지사 경선에서 승리했지만, 법질서를 중요시하는 공화당원 피트 윌슨에게 그해 11월에 패배했다. 파인스타인은 1992년 상원의원이 되었고, 2018년 선거까지 포함해 다섯 번 연임했다. 2018년 선거에서 캘리포니아주가 더욱더 진보 성향을 띠자 진보파의 도전에 직면한 파인스타인은 더 이상 사형 제도를 지지하지 않는다고 선언했다.

해리스가 자신의 결정 때문에 견뎌야 했던 공격은 그날 이후 며칠로 끝나지 않았다. 몇 달 동안 저스티스 홀에서 해리스를 마주한 경찰관들은 피해서 돌아가곤 했다. 해리스는 에스피노자 경관이 살해된 지 2주 후 〈샌프란시스코 크로니클〉 칼럼에서 자신의 결정에 대해 설명하면서 이 문제를 얼렁뚱땅 넘어가거나 임시방편으로 해결하지 않겠다고 분명히 밝혔다.

이 피고인을 사형에 처해야 한다고 주장하는 사람들에게 간단히 말씀드리자면 원칙에는 예외를 둘 수 없다. 나는 샌프란시스코 주민들에게 사형 제도에 반대한다고 말했고, 이번 사건으로 아무리 감정이 격해졌다고 해도 공약은 지킬 것이다. 나는 탄원하는 목소리를 주의 깊게 듣고 심사숙고했으며, 사람들의 고통을 이해하고 공감하지만 결정을 내렸고 이것이 내 최종 결정이다.[14]

카멜라 해리스, 차이를 넘어 가능성으로

해리스는 검사장으로 선출된 뒤, 오랜 지인 해리 도프먼을 고용해 도시에서 가장 유명한 살인 사건을 처리했다. 현재 고등법원 판사가 된 도프먼은 당시 엑셀시오르 구역에서 48세 남자와 그의 두 아들을 살해한 혐의로 MS-13 갱 단원 에드윈 라모스의 종신형 판결을 세 번 받아냈다. 해리스는 이 사건에서도 사형 구형을 거부했다. 도프먼은 전 〈산타크루즈 센티널〉 편집장이자 캘리포니아주 상원의원으로 후에 주지사 슈워제네거가 주 국무장관으로 지명한 브루스 맥퍼슨의 아들 헌터 맥퍼슨에 대한 강도 살인 혐의로 클리프턴 테럴 주니어의 1급 살인 유죄판결을 얻어냈다.

하지만 도프먼이 맡은 가장 큰 사건은 데이비드 힐 기소였다. 도프먼은 이 사건에서 검찰청의 결정에 대한 논평을 거부했다. 도프먼이 힐은 사형선고를 받을 만하다고 판단해 살인죄로 기소했다고 해도 샌프란시스코의 배심원들이 힐에게 사형을 선고했을지는 아무도 알 수 없다. 하지만 그랬을 것 같지는 않다. 힐은 나이가 어렸고 폭력 전과도 없었다. 샌프란시스코 사람들은 오랫동안 사형 제도에 반대해왔고 배심원단은 그런 반대 의견을 반영한다.

2007년에 샌프란시스코 배심원단은 힐에게 사형이 구형되지 않는 2급 살인죄를 적용했다. 배심원들은 힐이 고의로 경찰관에게 총을 쐈다는 결론을 내렸다. 그 점 때문에 그는 가석방 없는 종신형을 선고받았다. 주 항소법원은 2011년 그의 형을 확정했다. 힐은 새크라멘토 동쪽 뉴폴섬 주립 교도소에서 복역 중이다. 현재 서른일곱 살로, 그가 아이작 에스피노자를 죽였을 때 아이작의 나이보다 여 덟 살이 많다.

카멀라 해리스, 차이를 넘어 가능성으로

9

'현명하게'
범죄 다루기

Getting "Smart" on Crime

도시 검찰청의 수장은 결코 쉽지 않은 자리다. 특히 1990년대 샌프란시스코에서는 더욱 그랬다. 배심원들은 권위에 회의적인 빈곤 계층으로 구성되었다. 사법제도 자체도 기본 규칙을 준수하지 않았다. 과학수사연구소의 연구원 한 명이 용의자들에게서 압수한 코카인에 손을 댔다는 사실이 발각된 후, 검사들은 해리스의 감독하에 수백 건의 사건을 기각해야 했다. 피고 측 변호인단은 해리스의 검사들이 피고인의 무죄를 입증할 수 있는 변론 증거를 뒤집어야 한다는 법을 준수하지 않았다는 사실을 알아냈다.

그러나 검찰이 만신창이가 된 와중에도 해리스는 법 집행에서 대개 무시되는 사람들에게만 초점을 맞추었다. 서니데일은 샌프란시스코의 멋진 풍경과 매력적인 동네와는 동떨어진 곳이다. 이곳에서 주택 프로젝트를 진행한 장소를 가보면 해리스가 한 일을 잘 이해할 수 있다. 이 프로젝트는 수십 년 동안 도시에서 가장 위험하다고 꼽히는 지역에서 진행되었는데, 카멀라 해리스가 검사장으로 있던 해가 가장 악명 높았다.

레슬리 풀브라이트는 2008년 〈샌프란시스코 크로니클〉 특별 보도에서 "'계곡' 혹은 '늪지'로 불리는 서니데일은 병과 쓰레기가 널려 있다"라고 썼다. "조경 따위는 없고, 잔디는 웃자라 있으며 잡초가 무성하다. 나무에는 더러운 기저귀가 걸려 있고 집 안에는 바퀴벌레와 쥐가 돌아다닌다. 어떤 집 싱크대는 곰팡이가 잔뜩 피어서 새까맣다." [1]

785채의 집을 둘러싼 벽은 그래피티로 뒤덮여 있고, 수십 채는 판자로 벽을 세웠지만 불법 거주자들이 집을 점거하는 것을 막지 못했다.

서니데일은 길거리 갱단으로 넘쳐났다. 시 검찰청은 갱단 퇴치 명령으로 대응했고, FBI는 리코법(불량배 및 부패 조직법)으로 갱단 우두머리들을 쳐냈다.

해리스는 검사장으로서 자신만의 방식대로 접근했다. 그녀는 범죄를 강력하게 혹은 부드럽게 다룬다는 개념은 거부한다고 거듭 말했다. 해리스는 "범죄를 현명하게 다룰 것"이라고 공언했다. 그녀는 경찰이 검찰에 넘긴 기소 건 외 사건에도 개입했고 최소 한 건 이상에서 최고의 폭력배 담당 검사들과 샌프란시스코 종합병원 응급실 의사들, 경찰의 호위를 받으며 현명하고 과감하게 서니데일 밤거리로 뛰어들었다.

일종의 '겁주기' 방식이었다.

해당 프로젝트의 커뮤니티 룸에는 15명의 젊고 '위험에 노출된' 남자들이 참석했다. 해리스가 짧게 소개 연설을 했고, 이어 의사들이 방청객에게 총상으로 복부가 벌어진 채 응급실에 실려 온 피해자들의 모습을 보여주었다. 다음은 검사들이 사진에 찍힌 사람들을 체포해 학살로 유죄판결을 내리고 감옥에 몇 년 동안 집어넣었을 때 기대할 수 있는 것은 무엇인지 설명했다. 요점은 애초에 문제를 일으키지 않는 게 중요하다고 해리스는 말했다.

또 해리스는 폭력을 사용하지 않은 초범자가 정상 생활 복귀 프로그램을 통해 직업훈련을 받으면 전과 기록을 삭제해 전과자 신분에서 벗어나게 해주는 프로그램을 마련했다. 이런 노력은 캘리포니아주 검찰총장 선거에 출마할 때 정치적 위험으로 이어질 수 있었다.

〈로스앤젤레스 타임스〉는 2008년 정상 생활 복귀 프로그램 참가자가 SUV로 여자를 들이받고 지갑을 강탈한 사건을 자세히 보도했다.[2] 그 남자는 불법 이민자였다. 해리스는 불법 거주자는 프로그램에서 제외하겠다고 약속하며 한발 물러서야 했다. 여성은 살아남았고, 남성은 프로그램에서 쫓겨나자 흉기를 휘둘렀다.

───◆───

대중은 결코 알 수 없는 지극히 사적인 순간도 있었다. 매슈 D. 데이비스는 이웃인 나오미 그레이의 이야기를 들려주었다. 오랫동안 도시 정치에 관여해온 흑인 여성 나오미는 2003년 해리스가 검사장으로 선출되었을 때 '하늘을 나는 기분'이었다고 했다. 나오미는 뇌졸중으로 시립 요양원 라구나 혼다에 입원해 있었다. 데이비스는 비 내리던 밤에 그녀가 얼마나 외로울까 싶은 생각이 들었다. 그래서 충동적으로 해리스에게 전화를 걸었다. 해리스는 전화를 받았고 그는 나오미를 아는지 물었다.

"그럼요." 해리스가 대답했다.

데이비스는 해리스가 나오미에게 카드를 한 장 보내주면 나오미는 온 세상을 다 가진 기분일 거라고 말했다.

"지금 바쁘세요?" 해리스가 물었고, 데이비스는 깜짝 놀랐다.

그들은 급하게 30분 뒤로 약속을 잡고 라구나 혼다에서 만났다. 데이비스는 해리스를 나오미의 방까지 안내했다. 해리스는 그녀의 머리맡에 앉아 손을 잡아주었다. 데이비스는 젊은 검사장과 노인에게 둘만의 시간을 내주고 밖에서 기다렸다. 해리스는 약 20분 후에 나왔다.

"거기엔 유권자가 될 만한 사람이라곤 없었습니다. 그저 조용한 복도에 저 혼자만 있었죠"라고 데이비스는 말했다. "우리는 작별 인사를 나눴고 카멀라는 다른 회의나 행사에 참석하기 위해 서둘러 갔습니다. 나오미는 며칠 후 세상을 떠났죠."[3]

조 바이든이 해리스를 부통령 후보로 발탁했을 때 도널드 트럼프가 해리스를 '못되고 비열한 사람'이라고 부르자 데이비스는 페이스북 에세이에 이 이야기를 공개할 수밖에 없었다. 이는 보는 사람이 아무도 없을 때 해리스가 행동하는 방식이다.

해리스는 2004년 검사장 임기 첫해에 아동을 상대로 한 성범죄의 형량을 늘리는 법안 마련을 후원하고 주 정책을 손보았다. 당시 샌프란시스코 민주당 상원의원 릴런드 이가 발의한 이 법안에서는 매춘을 새롭게 정의했다.[4] 팔려 간 아이들은 매춘부가 아니라 착취당한 피해자로 불리고 아이들을 불법 거래한 성매매범과 매춘 알선업자는 더 긴 형량을 받게 되었다. 법안은 반대표 없이 통과되었고, 슈워제네거 주지사는 이 법안에 서명했다.

당시 해리스는 "드디어 성인이 성매매를 위해 아이들을 돈 주고 살 수 없다는 법이 제정된 것"이라고 말했다.[5]

릴런드 이의 경력은 2015년 연방 부패 혐의에 대해 유죄를 인정하면서 불명예스럽게 끝났다. 그는 국제 삼합회의 '용머리'로 불리던 차이나타운 갱단 레이먼드 '슈림프 보이' 차우가 연루된 사건에서 총기 밀거래와 선거 기부금 법안 거래 등에 연루되어 5년 동안 감옥에 수감되었다. 해리스가 요구한 법안과 관련해 수상한 거래가 이루어진 흔적은 없었지만, 릴런드 이의 혐의는 시의 정치 부패를 개선할 필요가 있음을 보여주었다. 해리스 검사장은 공공 부패 단속을 약속했지만 재임 기간 동안 딱히 이렇다 할 기소 건은 없었다.

'현명하게 범죄 다루기'의 일환으로, 해리스는 이슈가 되리라고 예상하지 못했던 초등학교 무단결석 문제에 눈을 돌렸다. 해리스는 25세 이하 살인 피해자 대부분이 고등학교 중퇴자라는 통계에 주목했다. 수감자도 대부분 고등학교 중퇴자였다. 해리스는 문제의 뿌리가 초등학교에 있다고 결론지었다. 1년에 70일에서 80일까지 무단결석을 하는 아이들도 있었다. 이를 뿌리 뽑기 위해 해리스와 판사 한 명이 샌프란시스코에 무단결석 법정을 만들었다. 해리스는 앨러미다 카운티 검사장이 만든 것을 본떠 이 법정을 만들었는데, 여기서는 법정 망치를 거의 사용하지 않는다. 하지만 저스티스 홀에 들어서는 학부모들에게 실제로 제재받을 가능성이 있다는 것을 보여주기 위해 검사도 함께 자리한다. 해리스와 샌프란시스코 학교 관계자는 2005년부터 2009년 사이에 초등학교에서 상습 무단결석이 절반으로 줄었다고 말했다.

2010년 캘리포니아주 검찰총장에 출마한 해리스는 오랜 친구이자 협력자인 샌프란시스코 출신의 마크 레노 상원의원에게 이 문제를 넘기고 주 전체로 확대했다. 초등학생과 중학생 자녀가 상습적으로 수업을 빼먹으면 부모를 기소할 수 있는 법안이 마련되었고 이에 대해 2,000달러의 벌금과 1년 이하의 징역에 처할 수 있었다.

해리스는 기자들에게 "공공 안전과 공교육은 매우 밀접한 관계가 있다"라고 말했다. "초등학생을 학교에 보내려고 노력하는 것이 살인죄 기소보다 비용이 훨씬 덜 든다."[6]

그 개념은 진보파와는 잘 맞지 않았다. 진보적인 시민과 변호사는 이 법안에 반대했다. 그들의 주장에는 어떤 논리가 있었다. 부모가 감옥에 가 있으면 아이를 학교에 보내기가 더 어렵다는 것이다. 또 이 법안이 무단결석의 근본적인 원인을 다루는지에 대한 문제도 제기되었다. 그럼에도 법안은 통과되어 법제화되었다. 당시 해리스는 "저는 아이들이 학교에 가기를 바랄 뿐이고 나쁜 사람으로 비칠 각오도 되어 있습니다"라고 말했다.[7]

해리스는 검찰총장이 되고 나서 그 문제를 상세히 기록한 연례 보고서를 작성했다. 첫 보고서에서 상습적으로 무단결석을 하는 초등학생은 29퍼센트였다. 최종 보고서가 나왔을 때 그 수치는 25퍼센트까지 떨어졌다. 일부 카운티에서는 실제로 감옥에 간 부모들도 있었다. 2019년 대통령 선거 유세장에서 해리스는 자신이 밀어붙인 법안에 대해 진보파의 비난을 받았고, 부모를 감옥에 보낸 것을 후회한다고 말했다. 해리스의 후임인 하비어 베세라 검찰총장은 취임 후 무단결석 보고서 발행을 조용히 중단했다. 하지만 캘리포니아 주법에서는 여전히 초등학생 상습 무단결석자를 둔 학부모를 검찰이 기소할 수 있도록 허용한다.

카멀라 해리스, 차이를 넘어 가능성으로

10

해리스와
오바마

Harris and Obama

샌프란시스코 검사장으로 임명된 첫해인 2004년 9월, 카멀라 해리스는 늘 그래왔듯 정세를 살피며 멀리서 온 동료를 위해 포시즌스 호텔에서 모금 행사를 공동 주최했다. 시카고 남부의 일리노이주 상원의원으로, 작은 법률회사에서 일하며 시카고대학에서 헌법학을 가르쳤던 그의 이름은 버락 오바마였다.

샌프란시스코는 상승세를 탄 민주당 정치인에게 주요 요충지였기 때문에 오바마가 그곳을 방문하는 건 예상된 일이었다. 그 전해에 수지 부엘과 마크 부엘은 오바마 정치 후원금 모금 행사를 주최했고 그들 덕분에 해리스와 오바마의 만남이 성사되었다. 2004년 행사를 필두로 두 신예 스타는 많은 시간을 할애해 서로를 도왔다. 일리노이주 상원 선거에서 승리하기 전, 오바마는 2004년 민주당 전당대회에서 한 연설로 인기가 급상승했다. "진보파의 미국, 보수파의 미국이 있는 것이 아닙니다. 오직 미국이 있을 뿐입니다. 흑인의 미국, 백인의 미국, 라틴계와 아시아계의 미국이 있는 것이 아닙니다. 오직 미합중국이 있을 뿐입니다."

해리스가 오바마를 위해 정치 후원금을 모금하고 난 후 3월, 새로 선출된 상원의원은 노스 비치 나이트클럽 빔보 365에서 해리스의 후원금 모금에 나서 그녀에게 받은 호의를 되돌려주었고, 이는 헤드라인을 장식했다. 군중도 힘을 모았다.

해리스와 오바마는 비슷한 점이 많다. 간단히 예를 들어보면 둘 다 혼혈이고, 똑똑하고, 매력적이다. 둘 다 변호사, 검사 출신이고 미국의 새 얼굴, 그게 아니더라도 민주당의 새 얼굴로 비친다. 〈에보니〉 2006년 5월호에서는 두 사람을 '가장 영향력 있는 흑인 100+'로 선정했다. 해리스는 5번째로, 오바마는 67번째로 사진이 실렸다.

◆━━━◆

2007년 2월, 해리스 검사장은 샌프란시스코를 넘어 추운 일리노이주의 스프링필드로 가서 오바마의 대통령 선거운동을 도왔다. 3월까지 오바마를 지지한 캘리포니아주 선출직 공무원 중에서는 해리스가 가장 걸출했다.

2007년 오바마 캠프의 캘리포니아주 수석 책임자로 나중에 백악관에 합류하는 버피 윅스는 "그 당시에는 정치적 계산을 잘못했던 것 같다"라고 말했다.[1] 현재 캘리포니아 주의회 의원인 윅스는 2007년과 2008년 캘리포니아주가 힐러리 클린턴의 영토였다고 지적했다. 전 영부인이자 상원의원인 힐러리는 개빈 뉴섬 샌프란시스코 시장, 앤토니오 비어라고사 로스앤젤레스 시장, 다이앤 파인스타인 상원의원 등 여러 굵직한 지지자를 일찌감치 확보했다.

오바마는 이전 해 3월 대통령 선거 유세를 시작하면서 캘리포니아주를 첫 유세지로 선택했다. 오클랜드 시청 외곽에는 1만 2,000명의 청중이 몰려들었다. 2019년에 해리스도 상원의원으로서 같은 장소에서 대선 유세를 시작했다. 맨 앞줄에 앉아 있던 당시 검사장 해리스는 〈샌프란시스코 크로니클〉의 정치부 기자 카를라 마리누치에게 "너무 흥분된다"라고 말했다.[2] "에너지, 다양성, 흥분한 사람들. 버락 오바마 때문만이 아니다. 저 사람들 때문이다."

그날 밤, 해리스는 샌프란시스코 시내 마크 홉킨스 호텔에서 100만 달러를 기부한 사람들과 함께 있었다. 오바마는 2007년 1분기에 2,570만 달러라는 놀라운 금액의 후원금을 모았다.[3] 클린턴이 거둬들인 금액과 거의 맞먹었고, 선거에서 충분히 승산이 있음을 보여주었다. 오바마가 캘리포니아주에서 클린턴을 이길 것 같지는 않았다. 하지만 오바마 역할을 대신 해내는 것이 해리스의 임무였다. 그래서 해리스는 오바마 대신 주 전체를 돌아다니며 여론조사에 참여하는 지역 민주당원에게 오바마는 '우리 생애 가장 대단한 대통령 선거운동을 하는 사람'이라고 유세하면서[4] 12월 초에는 살리나스에서 주말을 보냈다. 오바마는 그 여론조사에서 클린턴을 앞섰다.

＊＊＊

샌프란시스코에서 진보 성향 유권자들은 해리스에 반대해 아이작 에스피노자 경관 사건과 범죄 연구소의 쟁점에 대한 논란을 제기하지 않았고, 해리스는 2007년 11월에도 경쟁자 없이 재선에 나섰다. 또 한 번의 경주를 거쳐 재선에 성공한 해리스는 12월의 추위에 오바마를 위해 디모인으로 가서 아이오와주 전당대회에 참석했고, 그곳에서 새해 전야를 보냈다. 2008년 1월 3일, 아이오와주 전당대회 날 밤, 나는 디모인의 하이비 홀에서 그녀와 멀지 않은 곳에서 있었다. 거기서 해리스는 '덜 분열되고 더 단결된 나라'를 약속하는 오바마의 모습을 지켜보았다.

한 달 후 캘리포니아주 예비선거에서 오바마가 샌프란시스코에서는 앞섰지만 클린턴이 주 전체에서 51.5 대 43.2퍼센트로 승리해 경선이 몇 달간 더 이어질 것이 확실시되었다. 당시 클린턴의 캘리포니아주 선거운동 책임자는 에이스 스미스였는데, 그는 곧 해리스의 수석 전략가가 된다.

해리스가 대통령에 출마했을 때, 〈폴리티코〉 기자가 그녀에게 오바마의 족적을 이어갈지 물었다.

그녀는 기자에게 대답했다.

"나에게는 나만의 족적이 있다."[5]

11

미친 듯이
달리기

The Mad Dash

2008년 11월 4일 밤, 카멀라 해리스는 동료의 역사적 선거 승리를 축하하기 위해 시카고의 그랜트 파크에 몰려든 미칠 듯이 행복한 수십만 명과 합류했다.

버락 오바마 대통령 당선자는 시카고에 모인 군중과 텔레비전, 인터넷의 수백만 시청자에게 "미국에 변화가 왔다"라고 말했다.

오바마가 해리스에게 워싱턴에 한 자리를 내줄 것이라는 추측이 있었고, 그녀도 그것으로 다음 행보를 삼을지 고민 중이었다. 오바마가 대통령에 당선된 지 8일 만인 2008년 11월 12일, 샌프란시스코 검사장으로 두 번째 임기를 11개월 남겨둔 해리스는 결심을 굳혔다. 해리스는 당선의 기쁨에 도취된 민주당을 발판 삼아 2010년 캘리포니아주 검찰총장에 출마할 뜻을 밝혔다. 그날 나는 해리스가 "주에서 가장 높은 법 집행관이자 주지사가 되는 데 디딤돌이 될 직책인 검찰총장에 출마하기를 오래전부터 갈망해왔다"라고 썼다.[1]

해리스 검사장은 수석 전략가 에이스 스미스와 함께 로스앤젤레스의 텔레비전 방송 기자들과 인터뷰를 나누며 출마의 변을 고하는 것으로 하루를 보냈다. 로스앤젤레스 시내에서 멀지 않은 행콕 파크 인근의 시장 관저인 게티 하우스에서 앤토니오 비어라고사 시장을 방문하는 것이 그날의 마지막 일정이었다. 그런데 시간이 너무 지체되었다.[2] 시계를 확인한 스미스는 버뱅크에 있는 밥 호프 공항까지 제시간에 도착하지 못할 것 같다고 생각했다. 운전사는 교통 체증을 뚫고 달리며 속도를 높였다. 공항에 도착한 해리스는 하이힐을 벗고 미친 듯이 달렸다. 보안 검색을 통과하고 문이 닫히기 직전에 게이트를 통과했다. 자리에 앉자 스미스는 해리스에게 미소 지어 보이며 "선거운동은 이렇게 하는 겁니다"라고 말했다. 미친 듯이 달리고 해낼 수 없을 것 같을 때도 조금 더 힘을 내 간발의 차로 결승선을 통과하는 거라고 말이다. 해리스는 이해했다. 험난한 여정이 될 거라는 메시지를.

스미스는 2006년 제리 브라운의 검찰총장 선거운동을 관리한 경험이 있어 검찰청에 대해 잘 알고 있었다. 해리스에게는 다행이었다. 그게 전부가 아니었다. 로스앤젤레스 '연인들의 길'에서 여성을 납치하고 강간한 혐의로 유죄판결을 받고 1960년 처형된 '레드라이트 밴디트' 캐릴 체스먼 사건을 종식시키기 위해 그의 아버지 알로 스미스 법무차관이 파견되었을 때 스미스는 아기였다. 체스먼은 산 쿠엔틴 교도소에서 사형수로 지내던 시절, 회고록을 썼고 이는 사형 폐지 운동의 중심이 되었다. 알로 스미스는 1995년 테런스 할리넌에게 선거에서 패배할 때까지 샌프란시스코 검사장을 네 번 연임했다. 1990년, 젊은 에이스는 캘리포니아주 검찰총장 선거에 출마한 아버지를 도왔다. 알로는 전체 700만이 넘는 표 중 2만 8,906표 차이로 공화당의 댄 룬그렌에게 패했다.

선거 2년 전 일찌감치 출마를 발표하는 것은 해리스의 선거운동

방식이 되었다. 미리, 대대적으로, 대담하게 출마를 발표함으로써 민주당 예비 경선 후보들의 경쟁 구도를 좁히는 것이 목적이었다. 2008년 해리스가 출마를 선언한 지 한 달도 되지 않아 해리스에 대한 공격을 구상하고 있던 캘리포니아주 공화당 지도부는 이른바 '검찰총장 신속 대응 팀'을 만들었다. 내부 이메일을 보면 그들이 범죄 피해자, 공화당 지방검사, 해리스에게 도전할 만한 믿을 수 있는 민주당원, 경찰 등을 수소문하고 다녔음을 알 수 있다. 경찰 노조는 보통 민주당을 지지한다. 그러나 해리스는 아이작 에스피노자 경관의 살인범에게 사형을 구형하지 않기로 한 결정 때문에 여전히 정치적 대가를 치러야 했다. 2009년 초, 샌프란시스코 경찰협회 지도부는 해리스에게 경찰 노조는 무슨 일이 있어도 그녀를 지지하지 않겠다고 통보했다. 다른 경찰 조직들도 샌프란시스코 관리와 연대해 에스피노자 경관을 추모하며 반대편에 섰다.

2010년 선거를 향해 가면서 공화당은 검찰총장 선거에서 승리를 자신했다. 전략 구상 팀에는 공화당 소속의 전 캘리포니아주 의장 조지 '더프' 선드하임과 피트 윌슨 주지사의 수석 보좌관이자 후에 윌슨의 사업 파트너가 되는 숀 월시도 포함되었다.

윌슨은 레이건이 캘리포니아 주지사로 선출된 1966년 샌디에이고 국회의원이 되어 33세의 나이에 정계에 입문했다. 해군과 해병대의 도시 샌디에이고는 방위산업 규모가 크고 당시에는 공화당이 우세했다. 윌슨은 해병대 출신 변호사로 1971년부터 1983년까지 샌디에이고 시장을 세 번 연임했고, 레이건이 대통령이 된 1983년에는 연방 상원의원이 되었다. 1990년 윌슨은 주지사 선거에서 전 샌프란시스코 시장 다이앤 파인스타인을 누르고 공화당 조지 듀크미지언의 뒤를 이어 주지사가 되었다. 당시 캘리포니아는 경합 주였다. 지금은 그렇지 않지만 어느 정도는 윌슨의 정치 때문이라고도 할 수 있다.

공화당 슈워제네거는 2003년 첫 주지사 임기를 시작하면서 보수 쪽으로 대거 방향을 틀었다. 하지만 2006년 재선 때는 중도파로 옮겨 갔다가 대체에너지와 기후변화 문제에는 전사가 되었다. 슈워제네거 주지사는 인디언웰스 사막 리조트 타운에서 열린 2007년 캘리포니아주 공화당 전당대회에서 잔혹한 진실을 드러냈다. "영화 용어로 이야기하면 우리는 박스오피스에서 죽어가고 있습니다. 우리는 객석을 채우지 못할 것입니다."[3]

그 행사를 취재한 기자들은 침묵에 가까운 반응이었다고 묘사했다. 리처드 닉슨, 로널드 레이건, 조지 듀크미지언, 피트 윌슨을 배출한 정당은 총기 규제, 환경, 낙태, 동성결혼, 특히 이민 문제에서 캘리포니아주 유권자들과 척을 졌다. 캘리포니아주 인구 중 가장 빠른 성장을 보이는 라틴계 미국인들은 윌슨이 1994년 재선에 성공하면서 '공립학교와 요양원을 포함해 불법 체류자에 대한 모든 정부 지원 서비스를 중단'하기로 한 제187호 법안을 앞장서서 발의하자 공화당에 등을 돌렸다. 이 법안은 새로 미국에 발을 들인 이들과 그들의 가족에 대한 공격이었다. 이후 캘리포니아주에서 공화당은 계속 하락세를 보여왔다. 2010년까지 침몰하는 배가 되어 공화당원으로 등록한 유권자가 31퍼센트밖에 되지 않았다. 도널드 J. 트럼프의 당이 되고 난 후에는 캘리포니아주에서 공화당 등록률이

25퍼센트까지 떨어졌다.

월슨은 당을 부활시키겠다는 비전을 가지고, 2010년 선거에서 국무장관 후보에 흑인 청년, 부지사 후보에 라틴계를 내세웠다. 실리콘밸리의 억만장자 멕 휘트먼이 슈워제네거의 뒤를 이어 주지사 자리를 넘보며 공화당 표를 이끌었다. 그녀는 1억 5,900만 달러를 썼는데, 대부분 자기 주머니에서 나온 돈이었다. 월슨은 검찰총장 선거를 위해 로스앤젤레스 카운티 출신의 3선 검사장 스티브 쿨리를 영입했다.

카멀라 해리스와 스티브 쿨리는 접근 방식이나 태도, 외모에서 달라도 너무 달랐다. 해리스 샌프란시스코 검사장은 2010년 검찰총장에 당선되면 형사 사법제도에 혁신과 개혁을 가져오겠다고 공약했다. 그녀는 환경, 소비자, 동성결혼을 옹호했다. 46세가 된 해리스는 최대한 높은 곳까지 치고 올라갈 의지가 분명했다. 로스앤젤레스 카운티 검사장 쿨리는 사형 제도와 전통결혼을 옹호하겠다는 공약을 내세웠다. 그는 63세였고 마지막으로 갖게 될 타이틀을 위해 선거에 나섰다. 힘겨운 싸움이 될 테지만 우선은 예선부터 통과해야 했다.

❖

카멀라 해리스는 선거운동이 시작될 때 힘든 일을 겪고 있었는데, 당시에는 그 사실이 공개되지 않았다. 그녀와 마야는 어머니 시아말라의 항암 치료 결과를 지켜보고 있었다. 해리스는 2018년

〈뉴욕 타임스〉에서 어머니가 입원했을 때 일어난 일을 거의 마지막에 가서야 언급했다.

　내가 기억하는 어머니는 뉴스를 시청하고 신문을 읽는 것을 좋아하셨다. 마야와 내가 어렸을 때, 어머니는 매일 저녁 식사 전에 월터 크롱카이트가 진행하는 뉴스를 시청하게 했다. 그런데 언제부턴가 갑자기 관심을 갖지 않으셨다. 어머니의 강한 두뇌로도 버거우셨던 것이다.

　그래도 아직 우리 생각을 할 여유는 남겨두셨다. 캘리포니아주 검찰총장 선거운동을 막 시작했을 때 어머니는 선거가 어떻게 되어가냐고 물으셨다.

　"엄마, 사람들이 날 묵사발로 만들 거래요." 내가 이렇게 말하자 어머니는 옆으로 돌아누워 나를 바라보며 활짝 미소 지었다. 어머니는 자신이 누구를 키워냈는지 잘 알았다. 그리고 당신의 투지가 내 안에 살아 있고, 아주 잘 자라고 있다는 것도 알았다.[4]

2009년 2월 11일, 가족의 탄탄한 기반이었고 오클랜드에서 암을 연구하고 치료법을 모색한 과학자, 누구보다 강하고 뛰어난 두 자매를 키워낸 여성이 암으로 세상을 떠났다. 몇 달, 몇 년이 지난 후에도 해리스의 친구들은 누군가가 그녀의 어머니를 언급했을 때 해리스의 눈빛이 인생에서 중요한 이정표를 향해 반짝이는 것을 알아차렸다.

해리스 검사장은 검사로서 경험을 선거운동에 십분 활용했다. 하지만 샌프란시스코에서 해리스의 경력은 다소 복잡했다. 비어라고 사 시장은 2010년 초 해리스의 검찰총장 출마 지지 선언을 하면서 "카멀라는 법정 검사로 많은 시간을 법정의 참호에서 보냈고, 지역사회의 유죄판결률을 15년 만에 최고 수준으로 끌어올렸다"라고 말했다.[5]

당시 〈샌프란시스코 위클리〉에 기고한 기자 피터 재미슨은 샌프란시스코 지방검사의 통계를 파헤쳐 해리스의 유죄판결률이 피고인들과 맺은 형량 조절 동의서에 기반을 두고 있음을 알아냈다.[6] 물론 공소 합의는 형사 사법제도에서 중요한 부분을 차지한다. 하지만 해리스의 검사들이 심각한 범죄를 재판에 회부했을 때, 유죄판결률은 주 전체 평균에 훨씬 못 미쳤다.

2010년 2월 9일 샌프란시스코 저스티스 홀의 검사들은 특히 힘든 하루를 보냈다. 배심원단은 한 남자를 유죄로 잘못 평결했고, 다른 배심원단은 상대편 갱단 두 명을 살해한 혐의로 갱단 세 명에 대해 5개월 동안 심의를 끌어온 재판에서 불과 하루 만에 무죄를 평결했다. 해리스가 이 두 사건에 직접적으로 연관된 것은 아니지만 모두 그녀가 수장으로 있을 때 일어난 일이었다.

최종 무죄 선고를 받아낸 살인 사건 재판에서 변호인단은 핵심 증인의 발언에 일관성이 없고 DNA 증거와 증언이 잘못 처리되었다는 사실을 밝혀냈다. 피고 한 명은 오른손이 부러져 깁스를 하고 있었는데, 탈출할 때 울타리를 뛰어넘었다는 증언이 있었다. 그는 오른손잡이였는데도 총을 쏜 혐의로 기소되었다. 무죄 평결이 나자 검찰의 기소 결정에 의문이 증폭되었다.

세 명의 남성 중 한 명의 변호인이었던 케이트 챗필드는 "기소는 합리적 의심을 넘어 증명할 수 있다고 윤리적으로 믿는 사건에 대해서만 이루어져야 한다"라고 말했다.[7]

같은 날, 또 다른 배심원단은 도시 남쪽 끝 서니데일 주택 프로젝트 장소에서 2007년 친구 수 쿠카를 총으로 쏘아 죽였다며 저말 트루러브에게 유죄 평결을 내렸다.[8] 트루러브는 평결이 낭독되자 눈물을 흘렸다. 나중에 드러난 대로 그에게는 타당한 이유가 있었다.

트루러브는 리얼리티 텔레비전 쇼인 VH1 시리즈 〈아이 러브 뉴욕 2〉에 출연한 래퍼 지망생이었다.[9] 한 목격자는 트루러브가 범행을 저지른 게 100퍼센트 확실하다고 주장했다. 주임검사는 증인이 보복과 생명의 위협을 느끼면서도 증언하고 있으며, 그 때문에 거주지까지 옮겼고 모든 경비를 자비로 충당했다고 주장했다. 이 사건을 직접 기소한 건 아니지만 해리스 검사장은 지방검사의 말대로 "관중 틈에서 한 발짝 앞으로 나온 용감한 증인"을 칭찬했다.[10] 판사는 트루러브에게 징역 50년을 선고했다. 트루러브의 유죄판결은 중범죄 유죄판결률을 높인다는 해리스의 주장을 뒷받침하는 통계 자료가 될 터였다. 하지만 몇 년 후, 진실이 드러났다.

트루러브의 항소심 변호사는 그의 무죄를 확신했다. 해리스가 검찰총장이던 2014년 1월, 주 항소법원은 "샌프란시스코 검사가 매우 심한 편견에 의한 직권남용을 저질렀다"라며 증인이 생명의 위협을 받으면서도 증언했다는 내용은 "전적으로 지어낸 이야기"라고 결론 내렸고 트루러브의 유죄판결을 뒤집었다.[11] 해리스 검찰총장이 상원의원 출마를 선언한 지 두 달 만인 2015년 3월 샌프란시스코의 새 배심원단은 트루러브의 모든 혐의에 대해 무죄 평결을 내렸다.[12] 그것으로 끝이 아니었다. 이미 감옥에서 8년을 보낸 트루러브는 누명을 쓴 것에 대해 경찰과 시를 상대로 (해리스는 포함되지 않았지만) 소송을 제기했고, 연방 배심원단은 2018년 1,450만 달러의 배상 판결을 내렸다.[13] 해리스 상원의원이 대통령 선거에 출마하던 2019년 3월, 샌프란시스코 감리이사회가 트루러브에게 1,310만 달러를 지불하면서 사건은 마무리되었다.[14]

"카멜라 해리스는 진보적 태도를 유지하려고 노력했다. 그 점에 대해서는 매우 고맙게 생각한다." 트루러브 항소심 변호사, 마크 질버스미트는 말했다. "범죄를 진보적 시각으로 보는 것이 금기시되던 시기에 해리스는 좋은 아이디어 몇 가지를 실행에 옮겼다. 하지만 그것 외에도 그녀가 할 수 있는 일은 훨씬 더 많았다."[15]

고위직에 오르면서, 해리스는 검사로서 경험과 성공에 더욱 집중했다. 그것이 바로 해리스가 내세운 정체성이었다. 하지만 그 일에는 양면성이 있었고, 저말 트루러브 사건의 잘못된 판결은 그녀에게 샌프란시스코 검사장 시절의 힘든 기억으로 남아 있다.

◆━━━━◆

해리스는 예비선거에서 다섯 명의 민주당 경쟁자와 맞붙었는데, 그들은 전부 남자였다. 선거운동을 할 때 남자 후보가 많을수록 홍일점인 여성 후보에게는 긍정적인 결과가 도출되는 경우가 많다. 다섯 남자가 서로의 지지층을 뺏고 빼앗기는 동안 해리스는 더욱 부각되었다. 출마 가능성이 있는 또 다른 여성 예비 후보는 샌프란시스코 남부 힐즈버러 출신의 재키 스피어 민주당 하원의원으로 2010년 초부터 출마 의사를 밝혀왔다. 젊은 나이에 의회 보좌관이었던 스피어는 1978년 짐 존스와 구주의 사도 인민사원을 조사하러 상관인 레오 라이언 하원의원과 함께 가이아나로 갔다. 라이언은 그 여행에서 암살되었고, 스피어는 부상당했으며 900명 이상이 집단 자살하고 살해되는 끔찍한 경험을 했다. 스피어는 당시 받은 공격으로 아직도 몸에 납 성분이 남아 있다. 스피어는 캘리포니아주 입법부와 의회에서 금리나 소비자 프라이버시 같은 문제에 대해 은행과 과감히 맞서는 뚝심으로 명성을 쌓았다. 이런 스피어의 입장은 2008년 월스트리트 붕괴, 대공황, 특히 캘리포니아주를 강타한 주택 압류 위기 등의 여파로 반향을 불러일으켰다. 그러나 스피어가 출마할 거라는 소문이 공공연히 나돌자 해리스의 선거 캠프에서는 검찰총장 경선에 220만 달러의 후원금을 모았다는 사실을 공개했다. 이 엄청난 액수는 이제 막 경주에 뛰어들려는 후보자의 사기를 꺾어놓기에 충분했다. 스피어는 결국 의회에 남기로 결정했다.

어느 선거에서든 돈은 중요한데, 투표율이 낮은 주 선거에서는 더욱 그렇다. 주지사나 상원의원 선거보다 언론이나 유권자의 관심이 훨씬 덜하기 때문이다. 해리스는 별도로 재산을 불릴 원천이 없었고 얼마 되지 않는 어머니의 재산도 물려받지 않았다. 해리스가 가장 우려한 예비선거 상대는 크리스 켈리 전 페이스북 변호사였는데, 그는 사비로 자금을 충당했다. 초선 후보인 켈리는 6월 경선에서만 해리스가 전체 선거에서 쓴 돈의 두 배인 1,200만 달러를 지출했다.

해리스는 자신의 장점을 충분히 발휘했다. 가혹한 샌프란시스코 정치판에 두 번 발을 담갔으며, 정기적으로 저녁 뉴스에 나오고 〈샌프란시스코 크로니클〉에 실리며 베이 지역에 이름을 알렸다. 여섯 명의 민주당 경선 후보 중 유일하게 검사 출신이기도 했다.

해리스의 내부 여론조사는 대중의 태도 변화를 반영했다. 1994년 혹독한 삼진아웃법에 찬성했던 유권자들은 피트 윌슨의 구속 철학을 외면하며 대안을 모색하고 있었다. 해리스는 저서 《현명하게 범죄 다루기Smart on Crime》에서 교화, 교육, 약물 치료, 재활에 관한 철학을 밝히며 스스로를 형사 사법 개혁을 지지한 검사로 묘사했다.

"사람들은 감옥 시스템이 회전문 같다고 생각했다. 사람들은 개선되지 않았다"라고 에이스 스미스는 말했다. "이번 선거는 형사 사법 개혁에 대한 생각을 가진 후보자가 출마한 첫 선거일 것이다."[16]

2009년 10월 쿨리의 출신지 카운티에서 가장 인기 있는 법 집행관이자 개혁 성향의 로스앤젤레스 경찰서장 윌리엄 브래턴이 해리스를 지지하면서 그녀는 더욱 힘을 얻었다. 해리스가 받을 수 있는 법 집행기관의 지지 중에서도 가장 의미 있었고 법 집행관으로서 자격을 검증하는 데도 도움이 되었다.

하지만 이어 벌어진 비극적인 사건으로 그 희소식을 마냥 기뻐할 수만은 없었다.

에이퍼트 증후군을 앓던 조숙한 소녀 릴리 스미스는 해리스의 첫 검사장 선거에서 봉투 작업을 하고 팸플릿 배포를 돕던 아이로, 외모와 적응이 중요한 나이인 열다섯 살이 되었다. 릴리가 다녔던 머린 카운티 학교 아이들이 그녀를 괴롭히거나 놀리지는 않았다. 하지만 아이들은 릴리를 무시했고 그녀는 사회적으로 고립되어갔다. 릴리의 부모 에이스 스미스와 로라 탈무스는 아이오와주 시골의 웨스트 브랜치에 있는 기숙학교, 스캐터굿 프렌즈 스쿨에 릴리를 보내기로 했다. 그곳에서 릴리는 공동체에 수용되며 탁월한 실력을 발휘했다.

릴리는 유나이티드 팜 근로자협회 공동 창업자 돌로레스 후에르타의 전기를 다 읽고 나서 토니 블레어 전 영국 총리의 부인인 셰리 블레어 여사의 자서전을 읽고 있었다. 10월 9일, 그녀는 엄마에게 아침에 이야기하자는 메시지를 남겼다.

그날 밤, 릴리는 발작을 일으켜 숨졌다.

해리스는 선거 유세장에 있다가 스미스의 파트너인 댄 뉴먼에게서 온 전화로 릴리가 사망했다는 소식을 접했다. 에이스 스미스와 로라 탈무스는 해리스의 정치 활동에서 중요한 부분을 담당하고 있기도 했지만 개인적으로 친한 친구이기도 했다. 해리스는 즉시 샌프란시스코행 비행기에 올라 머린 카운티로 가서 릴리의 부모 곁을 지켰다.

자식을 잃는 것보다 더 끔찍한 일은 없다. 그러나 탈무스와 스미스는 그들의 슬픔을 좋은 일로 승화시켰다. 그들은 '차이를 넘어'라는 자선단체를 만들어 전국 학교에서 활용할 사회적 고립 예방 프로그램을 개발했다. 그들은 해리스가 주변 사람들을 보살피는 방식에 대해서도 알게 되었다. 릴리가 죽은 후 몇 년 동안 해리스는 릴리의 생일과 어머니날이면 잊지 않고 전화를 걸었고 릴리의 이름을 건 '차이를 넘어'를 위해 후원금 모금을 도왔다.

◆━━◆

2010년 6월 8일, 1차 투표에서 해리스는 샌프란시스코와 앨러미다 카운티에서 표 차이를 크게 벌렸고 로스앤젤레스 카운티에서도 1위를 차지했다. 주 전체로 보면 거의 2 대 1로 2위를 따돌렸다. 크리스 켈리가 3위였다.

스티브 쿨리의 예선 투표는 더 치열했다.

그의 주요 도전자는 오렌지 카운티에 있는 채프먼대학의 데일 E. 파울러 로스쿨 학장이자 클래런스 토머스 대법관의 전 서기 존 C. 이스트먼이었다. 이스트먼의 수석 전략가인 프랭크 슈베르트는 2008년 동성결혼을 금지하기 위한 '제8호 법안 찬성' 운동을 총괄했다. 이스트먼은 그 법안을 지지했다. 나중에 그는 대법원에 소위 전통결혼만 합헌으로 간주할 것을 촉구하는 소명서를 공동 제출했고 동성결혼의 종식을 목표로 하는 전국 결혼 기구의 회장이 된다.

캘리포니아주의 티파티(미국 길거리 시위에서 시작된 보수주의 정치 운동—옮긴이) 지지자인 이스트먼은 로스앤젤레스 카운티에서 36년간 근무한 쿨리가 연간 29만 2,000달러의 연금을 받게 된다는 것을

언급하며 그의 정부 연금 문제를 공격했다. 쿨리가 승리하면 검찰
총장 급여와 함께 42만 5,000달러의 연금을 받을 수 있었다. 그 당
시 연금 문제는 특히 남부 캘리포니아에서 매우 민감한 이슈였다.
당국은 3만 7,000명의 이민자가 거주하는 가난한 로스앤젤레스 카
운티의 벨이라는 마을에서 지도부가 국고를 약탈한 사실을 조사하
고 있었다.[17] 시 행정관은 78만 7,637달러의 연봉을 받았고 거액의
연금도 받을 예정이었다. 벨 스캔들은 뉴스 1면을 장식했다. 쿨리는
아무 잘못도 없었다. 실제로 그의 사무실에서는 벨의 부패 조사를
감독하고 있었다. 이스트먼은 결국 표 차가 한참 벌어진 2위를 차
지했다. 하지만 쿨리의 연금 문제는 그대로 묻히지 않았다.

12 캘리포니아에 찾아온
변화의 물결

Change Comes to California

검사장은 AG Attorneys General 라는 이니셜로 통한다. 하지만 검사장 사무실을 찾는 사람들은 진실을 안다. AG는 '주지사를 열망하는 자Aspiring Governor'라는 뜻임을. 카멀라 해리스도 샌프란시스코 검사장 시절부터 검찰총장, 주지사 혹은 미국 상원의원 출마에 관심이 있었을 것이다. 로스앤젤레스 카운티 검사장 스티브 쿨리는 검사장 이상의 직책에 출마할 생각이 별로 없었다.

FBI 요원의 아들인 쿨리는 슬퍼 보이는 눈에 머리가 희끗희끗한 남자였는데, 그는 마치 모든 상황을 아는 듯 보였고, 실제로도 그랬다. 적어도 그는 사람이 사람에게 얼마나 끔찍한 일을 저지를 수 있는지 잘 알았고, 통계에도 잔인한 현실이 그대로 드러났다. 2000년부터 2010년까지 로스앤젤레스 검사장으로 있으면서 캘리포니아주 검찰총장에 출마했을 때, 쿨리 밑에 있던 지방검사들은 그 기간에 캘리포니아주 전체에서 사형선고를 받은 살인자 중 절반이 넘는 수치인 남자 59명, 여자 3명의 사형선고를 받아냈다. 샌프란시스코에서는 20년 넘게 사형선고가 나오지 않고 있었다.

그를 옹호하던 대중과 기자에게 쿨리는 뼛속까지 검사인 것처럼 보였다. 캘리포니아주의 극단적인 삼진아웃법을 완화할 것을 촉구하며 진보적 입장을 취했고, 정치인과 달리 초당적인 모습이었다. 또 그는 뒤가 구린 남부 캘리포니아주 정치인들의 공적 부패 사건을 정기적으로 기소해 뉴스거리를 제공했으며 편집위원들은 관련 이슈를 잘 요리해냈다. 내가 몸담고 있던 〈새크라멘토 비〉를 포함해 대부분의 언론은 해리스에 맞서 쿨리를 지지했다.

〈새크라멘토 비〉는 내가 주도적으로 쓴 사설에서 "해리스가 다른 상대와 맞설 때는 대부분 쉽게 우리의 지지를 얻을 수 있을 것이다"라고 견해를 밝혔다.[1] "그러나 쿨리가 법 집행기관에서 취한 입장을 보면, 캘리포니아주의 양형 제도를 개혁하고 대중의 신뢰를 남용하는 공무원에게 과감한 조치를 취하는 데 있어서는 해리스보다 쿨리가 더 큰 잠재력을 지니고 있다."

쿨리는 해리스가 아이작 에스피노자 저격범에게 사형을 구형하지 않은 점을 언급하며 자신은 사형 제도를 지지하고 해리스에 반대한다고 강조했다. 에스피노자 경관의 부모와 아내는 쿨리를 지지했고 경찰 노조는 쿨리의 당선을 위해 150만 달러를 쏟아부었다.

사형 제도에 대한 쿨리의 지지와 해리스의 반대는 분명 캘리포니아주 일부 지역에서 반향을 불러일으켰지만 해리스의 세력이 특히 강한 베이 지역에서는 그렇지 않았다. 해리스는 자신의 개인 의견과는 상관없이 법을 집행하겠다고 말하면서 공격을 무마했다. 이는 개인적으로 사형 제도에 반대하더라도 사형을 강행해온 캘리포니아주 검찰의 오랜 전통과도 일치했다. 예를 들어 국선 변호사 출신 존 반 드 캠프는 1980년대 검찰총장을 지냈고, 사형을 도덕적으로 반대했지만 주 대법원에서 판결을 내리기도 전부터 그의 지방검사들은 사형선고와 사형 제도 자체를 거듭 옹호했다.

쿨리가 선두 주자였고 전문가들은 그의 우승을 장담했다. 당시 가장 뛰어난 전략가로 손꼽히던 개리 사우스는 해리스가 쿨리에게 질 거라고 예상하고 UC어바인대학에서 열린 토론회에서 "소수자인 여성이며, 사형 제도에 반대하고, 괴짜인 샌프란시스코 검사장"이라고 그녀에 대한 생각을 열거했다.[2]

4연속 스트라이크였고, 그것이 해리스에 대한 일반적인 인식이기도 했다.

그런데 일련의 사건이 쿨리의 앞길을 가로막았다. 9월 로스앤젤레스 카운티 부보안관들은 벨 시티의 공무원 여덟 명을 체포했다. 쿨리는 〈로스앤젤레스 타임스〉에 "이것은 말할 것도 없이 엄청난 부패다"라고 기소 내용을 밝혔다.[3] 심지어 민주당의 전직 캘리포니아주 검찰총장 빌 로키어는 자신도 해리스를 지지했고 후원금도 기부했지만 패배할 것 같다고 예측했다. 쿨리는 6월 예비선거와 11월 총선 사이에 50만 달러가 넘는 돈을 거둬들였고, 캘리포니아주 외곽 출신 후원자들에게 해리스보다 훨씬 더 많은 돈을 받았다. 그 선거가 얼마나 큰 의미가 있는지 보여주는 증거였다.

쿨리는 자신의 선거 전략가가 선거운동의 정치적 의미에 대해 설명했다고 회상했다. "이 선거는 검찰총장에 출마하는 카멀라 해리스에 관한 게 아니다. 그녀가 부통령이 될 것이냐에 관한 이야기다." 쿨리는 그런 생각을 일축해버렸다.[4]

카멀라 해리스, 차이를 넘어 가능성으로

쿨리는 해리스를 과소평가했는지 모르지만 정통한 공화당 전략가들은 그렇지 않았다. 10월에 버지니아주에 본부를 둔 공화당 주 지도위원회가 개입하면서 갑자기 캘리포니아주 검찰총장 선거가 전국적 관심을 끌게 된다. 에드 길레스피 위원장은 조지 W. 부시 대통령의 최고 전략가였으며, 전 공화당 전국위원회 위원장을 역임한 사람이었다. 위원회는 레나타 에스피노자가 남편을 살해한 범인에게 사형을 구형하지 않은 것을 비판하는 내용의 광고를 주 전역 텔레비전에 내보내려고 100만 달러 이상을 쏟아부었다.

광고 내용은 그 광고를 내보낸 의도와는 별 상관이 없었다. 공화당 전략가들은 공화당이 잠재적 전국 후보인 해리스가 전국 무대로 뛰어오르기 전에 싹을 잘라버리려는 것이라고 말했다. 그들은 또 캘리포니아주에서 공화당 검찰총장이 선출되면 오바마 행정부에 맞서는 방벽 역할을 할 수 있을 거라고 믿었다.

차기 검찰총장은 오바마 대통령의 대표 정책인 '건강보험 개혁법'에 분명한 입장을 취해야 했다. 공화당 주 지도위원회는 그해에 3,000만 달러 이상을 모금했다. 대부분은 의료법에 비판적인 의료보험업계와 단체에서 받은 돈이었다. 해리스는 '오바마 케어'로 알려진 이 건강보험 개혁법을 지키기 위해 할 수 있는 일은 다 하겠다고 약속했다. 쿨리는 자신의 입장을 밝히지 않았다.

향후 몇 년 동안 텍사스주를 비롯한 다른 골수 공화당 주의 검찰총장들은 약 4,000만 명의 미국인을 대상으로 하는 건강보험 개혁법 무효 소송에 앞장섰다. 해리스와 그녀의 후임자인 캘리포니아주 하비어 베세라는 이 법을 옹호하며 민주당 우세 주들을 이끌어왔다. 공화당 주 지도위원회의 노력에 맞서기 위해 오바마는 해리스를 도우러 캘리포니아주까지 찾아와 경선에서 그녀의 인지도를 더욱 높였다. 오바마는 로스앤젤레스의 청중 앞에서 해리스가 자신의 "소중하고 소중한 친구"라고 말했고[5] 샌프란시스코 남부에 위치한 애서턴의 부유한 동네에서 그녀를 위한 후원금 모금에 앞장섰다. 2010년 선거에서 오바마가 후원금 모금에 직접 나선 캘리포니아주 후보는 해리스가 유일했다.

선거일이 다가올수록 멕 휘트먼을 비롯한 공화당 후보들은 흔들리기 시작했다. 그런 가운데 쿨리는 상당히 승산이 있었고 공화당 후보 중에서 돋보였다. 승리를 확정 짓기 위해 샌디에이고에 기반을 둔 쿨리의 선거 대책 본부장 케빈 스필레인은 공화당의 현인인 조 슈메이트를 영입했는데, 그는 영화배우 피트 윌슨, 존 매케인, 아널드 슈워제네거, 러시아 대통령 보리스 옐친에게 선거 때 조언을 해준 전략가였다. 영화 〈스피닝 보리스〉(리브 슈라이버가 아주 덩치 큰 슈메이트 역을 맡았다)에도 그 인물이 등장한다. 슈메이트는 극도로 세분화된 유권자들을 컴퓨터로 분석해 특정 미디어 시장에서 유권자를 겨냥한 광고를 기획하는 분야의 선구자였다. 10월 1일이 되고 시간이 촉박해졌는데, 슈메이트가 평소와 달리 전화를 받지 않았다. 스필레인은 뭔가 이상하다고 생각해 친구에게 전화를 걸어 확인해보게 했다. 그는 새크라멘토의 아파트에서 심장마비로 숨져 있었다. 그가 구상한 광고는 전파를 타지 못했다.

캘리포니아 주민 대부분이 캘리포니아주 남부에 살고 있지만, 북부 캘리포니아주 사람들이 정치에 훨씬 적극적이고 투표율도 대단히 높다. 그 점은 해리스에게 도움이 되었다. 해리스와 그녀의 선거 전략 팀은 여러 경험을 통해 펀치를 날리는 방법을 알고 있었다. 〈샌프란시스코 크로니클〉은 '부패와 싸운다는 사람이 선물을 받다'라는 헤드라인 아래 스카치위스키, 와인, 시가, 레이커스 경기 티켓 등 쿨리가 받은 상세한 선물 내역을 공개했다.[6] 그 선물 목록은 쿨리를 공격하는 광고에도 등장했다. 하지만 제대로 된 공격은 시작도 하기 전이었다.

쿨리는 2010년 10월 5일 UC데이비스대학 로스쿨에서 열린 토론에 참가했다. 이 토론회에서 두 후보자 모두 똑똑하고, 빠릿빠릿하며, 능숙하지만 서로 매우 다르다는 것을 보여주었다.

해리스는 2008년 11월 캘리포니아주와 연방대법원 소송까지 간 동성결혼 금지법인 제8호 법안을 옹호하지 않겠다고 분명히 밝혔다. 제리 브라운 검찰총장도 슈워제네거 주지사와 마찬가지로 이 법안을 옹호하길 거부했다. 그러자 법안 지지자들은 법안을 지켜내려고 개인 변호사를 고용했다. 2010년 8월 4일, 연방지방법원 판사 본 워커는 제8호 법안에 대해 "평등 보호 조항에 따라 어떤 검토의 여지도 없다"라며 기각 판결을 내렸다.[7] 해리스도 자신이 당선되면 평등 보호 조항을 수호하기 위해 그 법안을 거부하겠다고 했다.

10월 5일 토론회에서 해리스는 말했다. "연방지방법원 판사가 제

8호 법안을 위헌으로 판결한 이상, 캘리포니아주의 귀중한 자원을 위헌법률 방어에 사용해서는 안 된다. 나는 그 결정에 동의하고 지지한다."[8]

쿨리는 제8호 법안은 유권자들의 발언이며 그들의 의지는 "캘리포니아주 검찰총장이라면 개인적 믿음에 상관없이 법안을 옹호해야 한다"라는 것이라고 반박했다. 그러면서 법안을 거부한 슈워제네거와 제리 브라운 검찰총장은 "책임을 방기한 것"이라고 말했다.

그들은 환경문제에서도 충돌했다. 2006년 슈워제네거는 기후변화에 대처하기 위한 획기적인 법안에 서명했는데, 이 때문에 캘리포니아 주민들은 온실가스 배출량을 크게 줄여야 했다. 다른 주에서는 전혀 그런 조치를 취하지 않고 있었다. 이 법으로 정유 공장, 식품 가공업소, 각종 공장, 그리고 휘발유 사용에 추가 비용을 부과해 자연스럽게 대체에너지를 찾게 하는 것이 목적이었다. 2010년, 캘리포니아주 공화당에서는 이 법의 시행을 늦춰 결국 폐기하는 법안을 만들고 1,000만 달러를 모금했는데, 대부분은 석유 회사와 석탄 생산자가 후원한 것이었다. 쿨리는 그 법안에 대해 어떤 입장도 취하지 않았다. 해리스는 최전선에서 법안에 반대했다. 거기서 그치지 않고 해리스는 쿨리가 입장을 취하지 않는다고 공격했다.

해리스는 토론회에서 "정치적으로 감수하게 될 위험에 따라 입장을 내놓을지 말지 선택할 수 있다고는 생각하지 않는다"라고 말했다. 그녀는 쿨리를 돌아보며 조금 더 깊이 파고들었다. "약간은 위험을 무릅쓰세요. 하실 수 있어요."

나중에 해리스도 자신이 충고한 대로 행동하지는 않았다. 취임하고 나서 그녀는 이 문제를 찬반 투표에 부치기를 거부했다. 하지만 2010년, 그녀는 유권자 편에 섰다. 석유와 석탄 산업의 후원을 받은 그 법안은 39퍼센트 득표에 그쳐 통과되지 못했다.

평등결혼, 기후변화, 사형 제도에 대한 견해 차이는 제쳐두고, 〈로스앤젤레스 타임스〉의 잭 레너드가 쿨리에게 2010년 11월 2일 선거에서 승리하면 로스앤젤레스 카운티 연금과 검찰총장의 급여를 '이중으로' 받을지 질문했을 때 두 사람의 차이는 더 극명하게 드러났다. 이는 정치적으로 많은 위험을 안고 있는 이슈였다. 이스트먼이 경선에서 이 문제를 제기했고 쿨리의 사무실이 도시 벨의 관계자들을 기소했기 때문에 그 질문이 나오리라고 예측했어야 했다. 쿨리는 뜬금없이 솔직하게 나왔다. "제가 38년간 공직 생활을 하면서 번 돈입니다. 그 연금도 분명 제가 벌어들였고 매우 낮은, 믿을 수 없을 정도로 낮은 주 검찰총장 급여를 보충하기 위해서라도 반드시 그 연금을 받을 것입니다."

해리스는 그 실수에 대한 대답으로 "그렇게 하세요, 스티브"라고 대답했다. 웃으며 "그렇게 하세요"라고 말한 뒤, 이어 그녀는 "당신이 번 돈이죠. 그럼요"라고 덧붙였다.

해리스는 로스앤젤레스에서 시간을 보내면서 쿨리의 지지 기반을 조금씩 파고들었다. 지금은 샌프란시스코 시장이 된 젊은 아프리카계 미국인 보좌관 런던 브리드와 함께 해리스는 도시를 가로지르며 유세를 펼쳤다. 선거가 한 달도 채 남지 않았을 때 해리스는 모든 돈을 로스앤젤레스 텔레비전 광고에 쏟아부었다. 광고는 연금 문제에 대한 쿨리의 답변에 초점을 맞추었다. 시들해져가던 공격은 의도된 효과를 거두었다.

❖

보수주의 정치 운동인 티파티의 해, 2010년은 붉은 물결이 전국을 휩쓸었다. 공화당은 주의회와 미국 하원에서 역사에 남을 만큼 많은 의석을 차지했다. 하지만 그 물결은 시에라네바다산맥 동쪽 경사면에서 멈췄다. 제리 브라운은 억만장자 맥 휘트먼을 쉽게 물리쳤다. 해리스와 쿨리의 대결만 결과를 예상할 수 없었다. 선거 날 밤, 쿨리는 승리를 선언했다. 〈샌프란시스코 크로니클〉은 쿨리가 우승했음을 알리는 '듀이가 트루먼을 물리치다'라는 온라인 헤드라인을 내걸었다. 쿨리는 '검찰총장 쿨리'라고 새긴 옷깃 핀까지 배포했다. 하지만 캘리포니아주 국무장관은 몇 주에 걸쳐 우편투표와 임시 투표 용지까지 꼼꼼히 개표했다. 가장 인구가 많은 여섯 개 베이 지역 카운티에서 해리스는 거의 53만 3,500표 차로 쿨리를 2 대 1로 앞섰다. 쿨리의 근거지가 되어야 할 로스앤젤레스 카운티에서도 쿨리는 31만 5,000표 차로 패배했다.

11월 말 960만이 넘는 표가 모두 집계됐을 때 해리스는 7만 4,157표 차로 승리했다. 그녀는 최초의 여성이자 최초의 흑인, 최초의 인도계로서 캘리포니아주 검찰청의 최고 수장이 되었다. 캘리포니아에 변화가 찾아왔다.

해리스
검찰총장

Attorney General Harris

카멀라 해리스 검찰총장(이자 법무장관)은 취임 첫날인 1일 새크라멘토에 있는 캘리포니아주 법무부 본부의 17층 코너 스위트룸에서 리셉션을 열었다. 카메라도 언론도 없이, 쿠키와 펀치를 곁들여 오로지 해리스와 직원들만 모인 자리였다. 베테랑 검사들과 법무부 직원, 관리인, 구내식당 직원이 참석했다. 많은 직원이 코너 스위트룸에 들어가거나 검찰총장과 악수를 한 것은 이번이 처음이었다. 희망적이고, 친근하며, 프로다운 순간이었다. 법정 경험이 많은 검사가 법무부를 이끌어가는 건 30년 만에 처음이었다. 해리스는 사람들에게 자신의 이름을 콤마 라comma-la 처럼 발음하면 된다고 알려주었고, 얼 워런이 한때 사용하던 사무실을 물려받게 되어 정말로 영광이라고 말했다. 그녀는 샌디에이고, 로스앤젤레스, 샌프란시스코 지점에서도 리셉션을 열었다.

해리스는 4,996명의 직원과 7억 3,200만 달러의 예산을 다루는 캘리포니아주 법무부에 입성했다. 다른 주 법무부보다 훨씬 크고, 미 연방 법무부에 이어 두 번째로 규모가 큰 곳이었다. 캘리포니아주 법무부는 미국 내에서 가장 방대한 경찰력을 보유하고 있으며, 법의학자들은 전국에서 가장 정교한 범죄 연구소를 운영한다.

DAG라고 부르는 연차가 오래된 부검찰총장들은 회의적인 집단이다. 그들은 검찰총장이 들고 나가는 것을 오래도록 봐왔는데, 대부분 주지사 선거에 출마하려는 사람들이었다. 계속 바뀌는 검찰총장은 하나같이 현재 사무실보다는 나중에 갈 곳을 더 신경 쓰는 듯 보였다. 그들에게 법무부는 디딤돌일 뿐이었다. 물론 해리스에게도 야망이 있었다. 없는 것보다는 있는 편이 나았다. 하지만 그녀는 업무와 야망 사이에서 균형을 맞춰나갔다.

실제로 해리스는 그렇기도 했고 그렇지 않기도 했다.

검찰총장으로서 해리스는 혁신적이면서도 신중한 모습을 보여주었다. 사안에 따라 대담하게 밀어붙이기도 하고 조심스럽게 행동하기도 했다. 강경한 태도를 취하다가도 그날의 중요한 형사 사법 이슈에 대해 침묵하기도 했다. 때로는 앞에서 이끌었고 때로는 뒤로 물러나 있었다. 또 개척자의 모습을 보이기도 했다. 해리스의 관리 방식에 대해 베테랑 직원들은 그녀에게 뚜렷한 개인주의 성향이 있다고 생각하지 않았다. 그녀는 새크라멘토 본부에 거의 모습을 드러내지 않고 주로 샌프란시스코 집 근처의 사무실, 유권자와 기부자가 가장 많은 로스앤젤레스 사무실로 출근했다.

해리스는 학생들을 속인 은행과 영리 대학에 대항하고, 인신매매 피해 아동들을 변호함으로써 캘리포니아주에서 이름을 날리고 전국적으로 인지도를 높였다. 그녀는 승소하기 어려운 사건을 검찰 재량으로 기소하거나 세간의 이목을 끄는 사건을 기각하기도 했다. 예를 들어 그녀는 당시 트럼프 행정부의 재무장관이 된 스티븐 므누신이 소유한 원웨스트 뱅크를 압류법 위반 혐의로 기소하지 않았다. 2017년 〈인터셉트〉에서 자세히 밝힌 대로, 그녀의 지방검사들은 2013년 기소를 권고했다. 하지만 해리스는 제소에 필요한 전략을 보충할 충분한 증거가 없다고 결론 내렸다. 그녀는 후임자에게 주요 미제 사건을 남기고 떠났다.

정치인이 종종 그렇듯, 해리스도 자신의 통제 범위를 넘어서는 일을 어쩔 수 없이 맡기도 했다.

그녀의 전임자이자 신임 주지사 제리 브라운은 30년 전 두 번의 임기 동안 주지사를 지낸 적이 있어, 현존하는 어떤 정치인보다 캘리포니아주의 복잡한 사정을 잘 이해하고 있었다. 하지만 가장 잘나가던 시기에 브라운은 자금 압박을 받았다. 그러니 엄밀히 말해 가장 잘나가던 시기라고는 할 수 없었다. 캘리포니아 주민 100만 명 이상이 대침체(2009년 서브프라임 사태 이후 경제 침체 상황을 1930년 대공황에 빗대어 일컫는 말―옮긴이)로 일자리를 잃었고, 더 많은 사람들이 주택 담보대출 위기로 주택과 저축한 돈을 잃었다.[1] 주 전체 실업률은 12.6퍼센트까지 올랐는데, 센트럴밸리 일부와 시골 지역까지 합치면 상황은 훨씬 더 나빴다. 1938년 이후 처음으로 캘리포니아 주민의 집단 소득이 감소했다. 새크라멘토로 들어오는 세금은 24퍼센트 감소했다. 돈을 찍어낼 수 있는 연방정부와 달리 캘리포니아주는 다른 주와 마찬가지로 매년 예산 균형을 맞춰야 했다. 캘리포니아주는 2011년에 270억 달러의 예산 부족을 겪었다. 브라운 주지사와 국회의원은 지출을 줄이고 1,270억 달러의 예산 균형을 맞추기 위해 주정부에 구조 변화를 꾀할 수밖에 없었다. 브라운은 해리스가 이제 막 들어간 사무실에 무엇이 필요한지, 무엇을 없애도 괜찮은지 잘 알았다. 그는 검찰청 예산을 첫해에 3,700만 달러, 그다음 해에 7,500만 달러 삭감했다. 예산 삭감으로 2010년 선거에서 브라운의 경쟁자를 지지했던 공무원 노조가 가장 큰 타격을 입었다. 허를 찔린 해리스는 일자리를 지키고 삭감된 예산을 관리하는 데 안간힘을 써야 했다. 업무 확장에 필요한 돈은 없었다. 기발한 아이디어가 떠올라도 기다려야 했다.

캘리포니아주 법무부에는 주요 범죄, 조직범죄, 초국가적 폭력 조직, 마약 조직에 대처하는 직원으로 구성된 법 집행부가 있다. 부서 검사들은 소비자 권리를 지키고, 환경을 보호하며, 독점금지법을 집행할 책임을 진다. 업무 대부분은 평범하다. 검사들은 소송으로부터 주를 보호하고 수많은 이사회와 위원회에 자문을 제공한다. 형사부 검사는 주와 연방법원에서 카운티 지방검사들이 얻어낸 유죄판결을 지켜낸다. 어느 정예 퇴역군인 그룹은 사형 판결을 옹호했다.

데인 질레트는 거의 40년 동안 사무실에서 일했고, 사형 사건을 조정하는 검사 라인에서 형사부 과장으로 자리를 옮겼다. 센트럴 밸리 도시인 프레즈노와 매데라에서 자란 질레트는 공화당원으로 부모와 조부모 모두 공화당원이었으나 트럼프 대통령 재임 중 공화당에 환멸을 느껴 '무소속 선호'로 프로필을 변경했다. 질레트는 사형 조정자로서 캘리포니아주에서 1992년부터 2006년까지 행해진 13건의 사형 집행을 감독했다. 사형에 대한 해리스의 견해는 잘 알려져 있었다. 하지만 질레트는 그녀가 사형 사건에 개입하려고 한다는 느낌은 전혀 받지 못했다.

그는 "해리스는 그 문제들을 이해했다"라고 말했다. "때로 잘 이해가 가지 않으면 질문을 던졌다. 언제든 해리스와 이야기할 수 있었다."[2]

해리스는 직원들을 냉정하게 혹은 거칠고 무뚝뚝하게 대하기도 했다. 또 정책을 구상하는 속도가 느릴 때도 있었다. 2013년 12월, 살인 용의자가 불리한 진술을 강요받지 않을 권리를 들먹여 경찰이 그를 부적절하게 심문했는지를 놓고 제기된 소송이 있었다. 이에 대해 질레트는 미국 대법원의 검토를 요청하는 청원서를 제출하려고 해리스의 승인을 구하고 있었다. 항소법원은 심문 강요 자백을 받아들이지 않았다. 항소 마감 시한이 다가오고 있었다. 해리스가 그에게 동의한다고 생각한 질레트는 그녀가 아무 답변도 하지 않자 탄원서를 제출했다. 해리스는 크리스마스 직전 휴일 저녁 식사를 준비하면서 질레트에게 전화를 걸어 그의 요청에 동의하지 않으며 판결에 대해 항소하지 않을 거라고 말했다. 자신의 실수를 깨달은 그는 사의를 표명했다. 그러자 해리스는 사의를 반려하면서 다시는 그런 일이 없도록 해달라고 부탁했다. 그녀는 즐거운 휴일을 보내라고 말하며 작별 인사를 했다. 질레트는 해리스가 일대일로 사람을 대할 때 최선을 다한다고 생각했다.

질레트가 다음 해에 은퇴했을 때, 해리스는 송별 만찬에 나타나 그의 가족석에 앉아 아내와 아이들과 대화를 나눠 그를 놀라게 했다. 오래도록 기억에 남는 고마운 행동이었다.

캘리포니아주 법무부에서 가장 바쁜 곳은 주정부의 대규모 교도소 34곳을 관할하는 부서다. 재소자의 변호사들은 수십 년 동안 교도소 내 상황을 놓고 주를 상대로 소송을 제기했다. 연방법원은 한결같이 주가 아닌 죄수들 편에 서왔다. 검찰총장으로서 제리 브라운은 관련 소송을 진행해왔다. 매년 100억 달러를 지출해온 캘리포니아주는 관련 규정에서 강요하는 내용 때문에 비용이 점점 증가했고 법정 손실에 재정 위기까지 맞물린 상태였다. 해리스와 브라운이 새 사무실에 출근한 지 5개월이 지난 2011년 5월, 연방대법원은 5 대 4로 캘리포니아주 교도소가 잔인하고 이례적인 징벌에서 재소자를 보호해야 한다는 헌법을 위반했다고 판결했다.[3] 교도소는 수용 인원의 두 배인 17만 3,000명을 수용해왔다.

이 판결문은 캘리포니아주 판사이자 레이건 대통령의 지명자 앤서니 케네디 대법관이 작성했다. 케네디는 54명에게 화장실 하나를 함께 사용하도록 한 교도소도 있었다고 썼다. 또 다른 교도소에 수감된 어느 남성은 17개월 동안 고환암을 치료해주지 않아 고통을 호소하다가 결국 사망했다. 한 정신과 전문의는 어느 수감자가 자신이 눈 소변이 웅덩이를 이룬 곳에 24시간 동안 갇혀 있어야 했고, 그 때문에 긴장성 질환이 생겼다고 보고했다. 교도관들은 딱히 그를 세워둘 장소가 없었다고 말했다.

케네디는 "죄수는 자신의 행동에 따른 결과로 자유의 근본이 되는 권리를 박탈당하기도 한다"라고 썼다. "그러나 법률과 헌법은 다른 특정 권리를 인정해야 한다. 다른 사람과 마찬가지로 죄수의 인간 존엄성도 본질적으로 지켜져야 한다. 수정헌법 제8조는 그 존엄성이 지켜질 수 있도록 잔인하고 이례적인 처벌을 금지한다."

이 처벌과 수감에 관한 중요한 결정은 캘리포니아주 전역에 광범위한 영향을 미쳤다. 캘리포니아주는 전국에서도 특히 수감자 수가 많다. 20년 동안 교도소 20곳을 새로 지었고, 그 기간에 재소자 수는 17만 3,000명으로 다섯 배나 늘었다. 그런데 캘리포니아주가 미국 최고 재판소에 패소했으니 이제 저절로 원상회복될 차례였다. 브라운은 입법자들에게 형사 사법제도를 재정비해 감옥에 가는 사람의 수를 줄이고 교도소 인구를 12만 명까지 축소할 방안을 마련하라고 압력을 가했다. 그렇게 압력을 넣은 사람은 해리스가 아니라 브라운이었다. 신임 검찰총장은 근본적인 수감 문제를 주지사에게 넘겼다.

브라운은 필요한 만큼 외부 지원을 받고 있었다. 부유한 투자가이자 시민 자유주의자, 스탠퍼드대학 로스쿨 교수인 데이비드 W. 밀스, 뉴욕의 억만장자 조지 소로스, 헝가리 출신의 홀로코스트 생존자 등이 재소자 수를 줄이기 위한 일련의 법안을 옹호하며 2012년 투표에 100만 달러를 투자했다. 그렇게 해서 캘리포니아주의 가장 엄격한 삼진아웃법이 완화되었다. 에이스 스미스, 숀 클레그, 댄 뉴먼 등 해리스의 검찰총장 선거를 맡았던 선거 전략가들도 같은 생각이었다.

제36호 법안에 따르면 마약이나 상점 절도 같은 재산 범죄를 저지른 재범자는 더 이상 25년 징역형을 선고받지 않게 된다. 대신 더

폭력적이거나 심각한 범죄를 저지른 자만 해당 형량을 받았다. 삼진아웃법에 따라 종신형을 선고받고 복역하는 약 3,000명의 재소자는 법원에 석방 청원을 할 권리를 얻게 되었다.

그들 중 대부분은 셰인 테일러 같은 사람들이었다. 툴레어 카운티 출신으로 한때 노숙자이자 마약 복용자였으며, 데빈 누네스 하원의원의 지역구인 센트럴밸리에서 공화당원이었던 테일러는 10대 시절 강도 사건 두 건을 저질렀고 피자를 사려고 수표책을 훔쳤다. 1996년 어느 날, 피자를 훔친 전과가 있는 그는 포터빌 외곽에 있는 저수지 레이크 석세스에서 친구들과 맥주를 마시고 있었는데, 경찰이 그를 멈춰 세우고 수색하다가 설탕 봉지의 10분의 1 분량에 해당하는 메스암페타민 0.14그램을 찾아냈다. 하워드 브로드먼 고등법원 판사는 극소량의 메스암페타민 소지죄로 법 규정에 따라 테일러에게 25년형을 선고했다. 브로드먼은 이미 내린 결정을 후회하는 사람이 아니었다. 하지만 그 선고는 그의 마음을 무겁게 짓눌렀다.

브로드먼 판사는 "셰인 테일러의 경우는 실수였다"라고 말했다.[4]

테일러는 이 나라에서 가장 가혹한 삼진아웃법을 완화하자는 캠페인에 여러 번 등장했다. 또 다른 상습범은 홈디포에서 장갑 한 켤레를 훔친 혐의로 25년형을 선고받았다. 세 번째는 약 200달러 상당의 도난당한 컴퓨터를 소지한 혐의로 25년형을 선고받은 정신질환자였다. 그런 사람들이 수천 명에 달했다.

해리스가 자신을 형사 사법 개혁가라고 내세우는 것을 보면 유권자들은 캘리포니아주 검찰총장실에서 더 많은 혜택을 받았을지 모른다. 로스앤젤레스 카운티 검사장 쿨리는 그 법안을 지지했다. 하지만 해리스는 어떤 입장도 취하지 않았다. 해리스는 검사들이 유권자들을 위해 법안을 요약한 안내문을 작성했으며, 법정에서 그 법안을 옹호해야 할 수도 있다는 논리를 내세웠다. 찬반 투표에서 자신이 찬성 혹은 반대 입장을 취하면 검사들과 검찰청이 공무를 수행할 때 난처한 입장에 놓인다는 것이었다. 해리스는 검찰총장 재임 기간 내내 다른 법안 투표에서도 비슷한 입장을 취했다.

하지만 찬반 입장을 밝히지 않을 정치적인 이유는 많다. 삼진아웃법에 해당하는 범죄자가 나왔는데, 끔찍한 범죄를 저질렀다면? 그렇다면 미래의 선거 캠페인에서 공격용 광고로 쓰일 수도 있었다. 문제를 회피하는 것이 훨씬 쉬운 방법이었다. 해리스의 몇몇 전임자는 검사답게 행동해야 할 필요와 정치적으로 협력해야 할 필요 사이에서 균형을 맞추는 방법을 찾아냈다. 예를 들어 1994년 검찰총장인 댄 룬그렌은 초기 삼진아웃법 구상을 지지했고, 이를 1994년 재선 운동에 활용했다. 이 사실을 잘 알고 있던 그의 검사들은 법안이 통과된 후 항소심에서 새 법을 옹호했다. 해리스와 달리 룬그렌은 법정에서 법을 수호할 공적인 의무와 대중적 중요성을 가지는 법안에 대해 유권자에게 자신의 입장을 밝혀야 할 책임이 있는 정치 지도자 역할 사이에서 아무 갈등도 겪지 않았다.

삼진아웃법을 철회하는 법안은 70퍼센트에 가까운 표를 얻으면서 압도적 지지로 통과되었다. 법이 통과된 후 약 3,000명에 달하는 삼진아웃법 재소자가 감옥에서 풀려났다. 석방 인원은 비교적 적었고 그중 살인자는 없었다. 석방되지 못한 사람 중에는 셰인 테일러도 있었다.

◆━━━━━━◆━━━━━━◆

캘리포니아 부주지사 시절의 개빈 뉴섬은 마약 범죄와 재산 범죄에 대한 형량을 줄이기 위해, 그리고 제리 브라운 주지사는 긴 형량을 받은 흉악범도 수업을 듣고 직업교육을 받으면서 교도소 규칙을 잘 따르면 가석방될 희망을 품을 수 있도록 하는 법안을 장려했다. 하지만 해리스는 재임 기간에 그 법안과 몇몇 다른 형사재판 법안에 대해 입장을 표명하지 못했다. 사형 제도를 평생 반대해온 해리스도 2012년과 2016년 검찰총장 시절 사형제 폐지 법안에 대한 입장 표명을 피했다. 그 법안들은 비교적 근소한 차이로 통과되지 못했다. 해리스는 2016년 사형 집행을 앞당기기 위해 유권자들이 승인한 세 번째 법안에 대한 입장도 취하지 않았다. 전직 형사부 과장인 데인 질레트는 이 법안을 다시 작성했다. 법안은 통과되었지만 선고된 사형은 집행되지 않았다. 다른 사형법과 마찬가지로 사형 집행을 가속화하는 정책은 소송에 휘말리게 되었다. 수십 년 동안 캘리포니아 주민은 반복해서 사형 제도에 찬성표를 던졌다. 캘리포니아주는 연방에서 가장 많은 사형수를 보유하고 있다. 그러나 주의 정책 결정을 좌지우지하는 민주당의 반대와 법원의 결정 때문에 캘리포니아주에서 사형이 집행되는 일은 없을 것이다.

유 물

The Relic

사형 제도는 카멀라 해리스가 검찰총장으로 취임했을 때의 유물일 뿐, 범죄를 현명하게 다루겠다고 공언한 자칭 진보 성향 검사가 재고할 사안이 아니었다. 그러나 2010년 선거운동에서 해리스는 사형 제도에 반대하지만 현행법대로 집행하겠다고 약속했다. 이는 해리스가 자신의 검사들이 그들의 일을 하도록 허락한다는 의미이며, 곧 주법원과 연방법원의 사형 판결을 옹호한다는 뜻이었다. 그건 헛된 노력이었다.

2011년 1월 해리스가 검찰총장으로 취임했을 때 산 쿠엔틴 주립교도소의 사형실은 거의 5년 동안 사용하지 않고 있었다. 그 교도소는 샌프란시스코만 북쪽 해안가에 삐죽 솟아 있다. 교도소는 1852년 문을 연 후 벽으로 분리된 인구 4,000명의 작은 도시로 성장했다. 벽 안쪽에는 거의 700명에 달하는 사형수가 1913·1930·1934년에 지은 세 개의 철저한 보안 구역에서 살고 있다. 일반적으로 사형수 수감동으로 알려져 있다. 바깥세상을 내다볼 창문이 있었다면 수백만 달러 가치를 지닌 전망을 볼 수 있을 것이다. 하지만 창문은 없다. 2011년에는 남성 중 59명 이상이 60세 이상이었고, 145명의 남성이 자연사, 자살, 살인, 약물 과다 복용으로 사망했다.

사형수는 대부분 이스트 블록에 거주하는데, 거대한 창고 같은 건물이다. 내부 구조는 다섯 층으로 되어 있고 한 층에 감방이 60개씩 있다. 감방은 4.6제곱미터(1.4평)가 채 되지 않는다. 교도관 초소 벽에는 미키마우스 시계가 걸려 있고 그 위에는 '세상에서 가장 행복한 곳'이라고 쓰여 있다.

해리스가 검찰총장이 되기 훨씬 전부터 캘리포니아주에서는 사형이 제대로 집행되지 않고 있었다. 1977년 사형제가 부활한 후 900명이 넘는 남녀가 사형선고를 받았다. 판결이 뒤집혀 몇 명은 석방되기도 했다. 대부분의 경우, 항소는 보통 수십 년 동안 지속되고 1992년부터 2006년까지 산 쿠엔틴 교도소에서 처형된 사람은 남자 13명뿐이다.

＊

2006년, 마이클 모랄레스는 1981년에 로디고등학교 졸업반 테리 윈첼을 성폭행하고 살해한 혐의로 사형 집행을 앞두고 있었는데, 그의 변호인단은 클린턴 대통령의 지명자 제러미 포겔 연방판사를 설득해 사형 시 고통을 없애주기 위해 활용하는 캘리포니아주의 치명적인 독극물 조합은 가혹하고 비정상적인 처벌을 금지하는 수정헌법 제8조에 위배된다고 주장했다.[1] 캘리포니아주 교정재활부가 제정한 규약에 따르면 교도관들은 바르비투르산염, 티오펜탈나트륨을 주입해 사형수를 혼수상태에 빠지도록 만들게 되어 있었다. 그러고 나서 브롬화 판쿠로늄을 정맥에 주입해 마비를 유발한다. 마지막으로 염화칼륨을 투여해 심정지를 일으켜 사망에 이르게 한다.

모랄레스의 변호사들은 과거 사형 집행에서 충분한 양의 바르비투르산염을 사용하지 않았다는 증거를 제시했다. 이 때문에 사형수들이 깊이 잠들지 않았다면 다른 약물을 주사할 때 과도한 통증을 느꼈을 수 있다. 기록을 제대로 보관하지 않아 사형 집행 중 정확히 무슨 일이 일어났는지는 파악하기 힘들었다. 그러나 수감 중 살인을 지시해 사형을 선고받은 한 남성은 염화칼륨을 두 번 주사해야 했다. 기록에 따르면 샌프란시스코에서 마지막으로 처형된 로버트 리 마시는 2001년 3월 두 번째와 세 번째 약이 투여되었을 때 의식이 있었고 고통을 느꼈을 것으로 보인다.[2]

<hr>

독극물 주사 건이 속도를 내지 못하자 조지 W. 부시 대통령의 지명자 코맥 J. 카니 판사는 어니스트 드웨인 존스의 사건[3]을 자세히 검토했다. 존스는 1992년 여자 친구의 어머니를 성폭행하고 살해한 혐의로 사형선고를 받은 뒤 2014년까지 19년 동안 사형수로 복역했다. 카니 판사가 확인한 내용은 충분했다. 2014년에 발행된 29페이지짜리 기술서에서 체계적으로 주법원과 연방법원의 전형적인 사건을 추적하며 사형 제도에 수반되는 여러 단계를 상세히 설명했다. 그는 얼마나 적은 수의 사형수가 처형되었고 얼마나 많은 사형수가 다른 원인으로 사망했는지에 주목했다. 당시 캘리포니

카멀라 해리스, 차이를 넘어 가능성으로

아주는 사형수 수감동을 비우기 위해 14년 동안 일주일에 한 번 이상 사형을 집행해야 했다. 그런데 캘리포니아주에는 승인된 사형 집행 규약이 없었다.

그는 "지나치게 지연되고 예측할 수 없게 된 사형 제도 때문에 사형선고를 받은 수백 명 중 극소수만이 캘리포니아주에서 사형당했거나 당할 예정이다"라고 썼다. "범죄의 성격이나 사형선고일 같은 합법적 요소가 아닌 임의적 요인 때문에 실제 집행 여부가 결정되는 시스템이 생겨났다. 그런 시스템으로는 교도소의 목적을 달성하지 못한다. 그런 제도는 위헌이다."

카니는 아무에게도 사형 집행이 이루어지지 않았기 때문에 사형은 위헌이라고 결론지었다. 그 명령이 발동된다면 캘리포니아주에서는 사형 제도가 사라진다는 의미다. 해리스 검찰총장은 선택권을 갖고 있었다. 그녀는 사형 제도가 엉망이 되는 것을 피하기 위해 카니 판사의 말이 옳고 자신은 항소하지 않겠다는 결정을 내릴 수도 있었다. 그렇게 했다면 사형제 폐지론자는 환호했을 것이다. 하지만 해리스의 검사들은 분노할 것이고 그녀는 사형제 지지자의 항의에 직면해야 했을 것이다. 해리스는 검찰총장 선거 때 내세운 자신의 공약을 지키지 않고, 개인적으로는 사형제에 반대하지만 이와 상관없이 법을 집행할 것이며 사형 제도를 이행하겠다고 말했다.

해리스는 짧은 보도 자료를 통해 판결에 대해 "법률적인 뒷받침이 없었다"라며 항소하기로 했다.[4] 해리스가 카니의 판결에 대해 "우리 법원이 피고에게 제공하는 중요한 보호조치를 과소평가한다"라고 덧붙인 것은 무척 흥미롭다.

캘리포니아주 법무부 직원 몇몇은 해리스가 말하는 피고인에 대한 보호조치가 무엇인지 전혀 알지 못했다. 그건 사형수의 변호사도 마찬가지였다. 표면적으로 볼 때 카니의 판결은 피고에 대해 이렇다 할 보호조치를 훼손하지 않았다. 하지만 해리스는 한발 멀리 내다봤다. 해리스는 자신이 항소를 거부한다면 사형 제도를 지지하는 지방검사들이 직접 나서서 항소를 추진할 거라고 추측했다. 연방대법원까지 끌고 갈 수 있는 문제였다. 대다수 재판관들은 반복되는 항소에 조바심을 냈다. 해리스는 재판관이 실제로 사형을 집행하는 데 지나치게 많은 장애가 있다고 여겨 주정부가 사형수를 보다 효율적으로 처형하도록 판결할 가능성이 있다고 우려를 표했다. 카니 판사의 판결은 궁극적으로 사형 제도 폐지 노력을 약화시킬 수 있었다. 주정부는 카니 판결을 '소설'로 규정하고 연방 제9순회 항소법원에 항소해 2015년에 결정을 뒤집었다.[5] 그것은 캘리포니아 주법에 사형 제도가 여전히 남아 있을 것임을 의미했다. 개빈 뉴섬이 끼어들 때까지는 그랬다.

◆――――◆

2019년 3월 13일, 제리 브라운의 후임으로 취임한 지 두 달 만에 뉴섬 주지사는 기자회견을 열어 사형 집행유예라는 극적인 조치를 취하고 있다고 발표했다. 그가 주지사로 있는 한은 아무도 처형당하지 않게 되었다. 뉴섬은 사형장을 분리하도록 지시했고 여러 부분으로 나누어 창고로 옮겨놓았다고 강조했다. 당시 캘리포니아주에는

737명의 사형수가 있었는데, 그중 1명은 샌프란시스코 출신이었다.

그 무렵 해리스는 미국 상원의원이었고 미국 대통령 선거에 출마한다고 막 발표한 뒤라 검찰총장이라는 제약에서 벗어나 있었다. 뉴섬이 발표한 당일, 해리스 상원의원은 주지사의 행동을 칭찬하는 보도 자료를 통해 사형 제도에 대해 "부도덕하고 차별적이며 비효율적이고 납세자의 돈을 엄청나게 오용하는 일"이라고 평가했다.[6] 다음 날, 그녀는 기자들에게 연방정부의 사형제 집행에 대해 유예 조치를 원한다고 말했다.[7]

뉴섬의 행정명령에도 사형 제도는 폐지되지 않았고 사형수 수감동도 비워지지 않았다. 1972년 법으로 제정되고 유권자들이 승인한 개헌은 허울만 남은 채 집행은 되지 않고 있다. 이 글을 쓰는 시점에 캘리포니아주에는 691명의 남자 사형수와 20명의 여자 사형수가 있다.[8] 그들의 선고는 불확실한 상태로 내려졌다. 뉴섬이 주지사로 있는 한 아무도 주 당국의 손에 죽지 않을 것이다. 하지만 그들은 늙어가고 있고 다른 이유로 죽음을 맞이할 것이다. 2020년 6월 24일부터 7월 29일까지 코로나 바이러스가 산 쿠엔틴 교도소를 휩쓸면서 사형수 13명이 사망[9]했는데, 이는 1992년부터 2006년까지 산 쿠엔틴 교도소에서 처형된 사람의 수와 같다.

◆━━━◆

해리스는 사형 제도에 대한 불간섭주의적 접근 때문에 2019년 대통령 선거 기간에 대가를 치른다. 해리스의 민주당 경쟁자들은 그녀가 사형수 케빈 쿠퍼의 무죄를 입증할 수도 있었을 DNA 검사를 고집하지 않았다고 공격했다.

쿠퍼는 1983년 로스앤젤레스 동부의 치노 힐스 저택에서 네 명을 무자비하게 살해한 죄로 1985년부터 사형수로 복역했다. 더그 라이엔과 페기 라이엔(둘 다 41세), 그들의 딸 제시카(10세), 하룻밤 놀러 온 크리스토퍼 휴스(11세)가 살해당했다. 라이엔 부부의 여덟 살 난 아들 조슈아는 목이 베였지만 살아남았다. 살해 현장은 험한 장면을 많이 봐온 형사들조차 보기 역겨울 정도였고 남부 캘리포니아주를 충격에 빠뜨렸다.

쿠퍼는 캘리포니아주 치노에 있는 남성 전용 교도소에서 강도죄로 4년형을 살다가 살인 사건이 일어나기 직전 탈출해 라이엔 부부의 집에서 115미터 떨어진 어느 집에 숨어들었다. 그는 처음부터 자신의 결백을 주장하며 부적절한 시간에 부적절한 곳에 있었을 뿐이라고 말했다. 살인 사건 이후 수십 년 동안, 검찰총장이 여섯 번 바뀌었고 검사들은 쿠퍼의 유죄판결을 옹호해왔다. 법정 다툼은 대부분 DNA를 둘러싼 것이었다. 수십 년 동안 쿠퍼의 변호사들은 그가 자신의 주장을 입증할 수 있도록 DNA 검사를 실시해줄 것을 요청했다. 그 요청이 공식적으로 제기된 것은 리버사이드의 〈프레스 엔터프라이즈〉가 쿠퍼의 유죄판결에 대해 3,700단어짜리 보고서를 만든 2000년 이전으로 거슬러 올라간다.

〈프레스 엔터프라이즈〉가 보도한 대로, 조슈아 라이엔은 살인자가 세 명이었고 백인 혹은 라틴계인 것 같다고 말했으며, 제시카 라이엔은 손에 금발 머리카락을 움켜쥐고 있었다. 쿠퍼는 흑인이었다. 그의 변호인단은 복도 벽에 묻은 핏자국이 그의 무죄를 입증하거나 반증할 수 있다고 주장했다.

쿠퍼는 2000년 〈프레스 엔터프라이즈〉와 나눈 인터뷰에서 "실수를 인정하느니 무고한 사람을 처형하는 편이 나았을 것이다"라고 말했다.[10]

2004년 1월, 해리스가 샌프란시스코 검사장으로 취임한 달, 슈워제네거 주지사는 쿠퍼에게 관용을 베풀기를 거부했다. 쿠퍼의 처형은 2004년 2월 10일 화요일 자정에 1분 동안 진행될 예정이었다. 쿠퍼가 형 집행장 근처 감방에서 대기실로 옮겨진 월요일, 미국 제9순회 항소법원의 재판관 11명이 그의 형 집행을 막았다. 그 결정으로 쿠퍼의 형 집행은 보류되었다. 그의 변호인, 검사, 검찰총장은 그 후 수년간 DNA 검사 문제로 싸움을 벌였다.

2018년 5월 17일, 〈뉴욕 타임스〉의 칼럼니스트 니컬러스 크리스토프는 3,500단어로 이루어진 글에서 쿠퍼의 유죄판결에 관한 많은 의문을 상세히 묘사했고, 검찰총장으로서 DNA 검사 요청을 거부한 제리 브라운 주지사와 행동에 나서지 않은 카멀라 해리스에 대해서도 언급했다.[11]

무고한 사람이 부보안관 때문에 누명을 쓰고 사형선고를 받은 것으로 보인다. 여기에는 부정직한 경찰, 자극적인 언론 보도, 결함 있는 정치 지도자의 책임도 있다. 브라운 주지사와 상원의원에 당선되기 전 캘리포니아주의 검찰총장이었던 카멀라 해리스 같은 민주당 의원들도 포함된다. 그들은 둘 다 아름다운 백인 가족을 살해한 혐의로 유죄판결을 받은 흑인에 대한 정밀 DNA 검사를 허락하지 않았다.

크리스토프는 이 칼럼이 온라인에 게재된 뒤 해리스가 전화를 걸어 "정말 끔찍하다"라며, 자신은 브라운에게 테스트를 허용할 것을 촉구하는 요구서를 보냈다고 말했다 밝혔다. 재임 기간이 끝나기 직전인 2018년 크리스마스이브에 브라운은 쿠퍼의 변호사들이 요구한 전체 테스트에는 미치지 못했지만 테스트 명령을 내리는 데 동의했다. 2019년 뉴섬 주지사는 그 테스트를 확대하라는 명령을 내렸다.

그 후 몇 달 동안 수사관들은 라이엔의 집에서 멀지 않은 곳에서 발견된 피 묻은 수건 하나를 제외하고는 혈액 샘플이 없어졌거나 상태가 나빠져 결과를 도출해낼 수 없다는 사실을 알아냈다. DNA 검사 결과, 쿠퍼의 피가 아니었다. 쿠퍼의 변호사들은 뉴섬이 사면이나 재심리 명령을 내리길 기대했다. 해리스는 검찰총장 시절에는 행동에 나서지 않았지만, 상원의원이 되고 나서는 브라운 주지사에게 검사를 요청하는 등 크리스토프의 칼럼에 대응했다.

쿠퍼의 변호사 노먼 C. 하일은 "우리에게는 결정적인 기회였다. 해리스가 한 일에 대해 매우 감사한다"라고 말했다.

이 글을 쓰는 지금도 쿠퍼는 교도소에 있다. 범행 당시 스물다섯 살이었던 그는 지금 예순두 살이다.

15

웨딩 벨

Wedding Bells

———◇———

카멀라 해리스는 미국에서 동성결혼 합법화를 이끈 역사적 운동의 한 축을 담당했다. 개빈 뉴섬은 샌프란시스코 시장으로 일하면서 평등결혼 운동의 중심점이자 영웅이 되었다. 2004년 밸런타인데이 주말에 뉴섬은 샌프란시스코의 시와 카운티가 동성결혼을 인정한다고 선언함으로써 국제적 관심과 함께 수많은 찬사와 비난을 받았다.

새로 취임한 샌프란시스코 검사장 해리스는 공항으로 가던 도중 시청 밖에 줄지어 선 군중을 보고 차에서 내려 재빨리 직원들을 도와 공무를 수행했다.

해리스는 자서전 《우리가 가진 진실》에 "시청 복도 구석구석까지 결혼식을 올리려는 사람들이 모여 있었다"라고 썼다. "우리는 결혼하려고 모인 사랑하는 커플을 이 멋진 건물에서 반갑게 맞이했다. 이전에 본 어떤 결혼식과도 달랐고 아름다웠다."[1]

해리스와 뉴섬은 비슷한 정치 영역에서 비슷한 수혜자를 끌어모으며 떠오르는 젊은 스타였다. 당시의 뉴스 기사는 그들의 관계를 냉담하게 묘사했다. 언젠가 두 사람은 서로 경쟁자가 되어 선거에 출마할지도 모른다. 그동안 뉴섬은 헤드라인을 장식하는 법을 깨달았다. 2004년 1월 20일, 샌프란시스코 시장 취임 12일 만에 그는 낸시 펠로시의 초대 손님 자격으로 조지 W. 부시 대통령의 국정연설에 참석했는데, 펠로시는 뉴섬의 고향 캘리포니아주의 하원의원이었고 후에 하원 소수당 원내대표가 된다.

부시 대통령은 의회에 출석해 "미국은 결혼의 신성함을 지켜야 한다"라며 결혼을 남녀 간의 관계로 규정하는 개헌을 할 것임을 예고했다.

뉴섬의 보좌관들이 나중에 이야기한 대로, 새 시장은 그때 동성 커플에게 결혼 허가증을 발급하는 데 필요한 조치를 취하라고 지시해 사회규범에 도전하기로 했다. 대담한 생각이긴 했지만 독특하지는 않았다. 이미 샌프란시스코에서는 동성결혼을 합법화하려는 공공 분야의 노력이 진행되고 있었다.

2003년 해리스의 친구이자 동료이며 샌프란시스코 민주당 하원의원인 동성애자 마크 레노는 LGBTQ 권리 단체이자 평등결혼을 선도적으로 옹호하는 '이퀄리티 캘리포니아'의 변호사와 함께 법안 마련을 주도하고 있었다.

2004년 1월 15일, LGBTQ 커뮤니티를 대상으로 하는 출판물 〈베이 지역 리포터〉는 레노가 새크라멘토에서 이 법안을 제출할 것이라는 소식을 최초로 전했다. 이 법안은 미국 최초이며 전국적인 관심을 끌 게 분명했지만 성공 가능성은 희박했다. 당 지도부는 레노에게 기다리라고 강력히 권고했다. 그러나 레노는 2004년 2월 12일에 법안을 의회 서기에게 전달하면서 그대로 강행했다. 2월 12일은 의미 있는 날로, 동성 커플이 결혼 허가증을 받으러 카운티에 갔다가 거절당해 항의한 날인 '전국 결혼 자유의 날'이었다.

뉴섬은 레노의 법안을 부차적인 주석 수준으로 격하하는 조치를 취하려고 했다. 같은 날 뉴섬은 모두에게 평등한 보호를 제공하는 캘리포니아주 헌법상의 권리를 거론하며 카운티 공무원들에게 동성결혼 허가증을 발급하라고 지시했다. 입소문이 나자 웨딩드레스와 턱시도, 반바지, 티셔츠, 청바지를 입은 수백 쌍의 커플이 금박을 입힌 보자르 양식의 시청 건물로 모여들었다. 다른 카운티에서 비행기를 타고 온 사람들도 있었다.

개빈 뉴섬은 사회정의의 선구자라는 입장을 확고히 했다.

동성애자인 바니 프랭크 매사추세츠주 민주당 의원, 다이앤 파인스타인 상원의원, 뉴섬의 전임자 중 한 명을 포함한 동료 민주당 의원들은 아연실색했다.

당시 파인스타인은 "너무 과하다. 너무 빠르다. 너무 이르다"라고 말했다.[2]

당시 〈폭스 뉴스〉 진행자이자 전 샌프란시스코 기자인 존 깁슨은 뉴섬을 "샌프란시스코의 동성결혼 시장"이라고 불렀고, 동성 커플 수천 명이 결혼에 성공했다고 언급하며 이를 "결혼 페스티벌 롤라팔루자(시카고에서 매년 여름에 열리는 음악 축제—옮긴이)"라고 표현했다.[3]

당시 캘리포니아 주법에서는 결혼을 남녀 사이에 이루어지는 것으로 규정했다. 2000년 3월 7일, 61 대 39퍼센트의 표 차로 승인된 제22호 법안 때문이었다. 제22호 법안은 캘리포니아주 헌법의 개정이 아닌 새 법령 제정이었으며, 나중에 기각 판결을 받는다.

하지만 우선 캘리포니아주 대법원은 2004년 8월 12일 그 법령을 인용하면서 동성결혼을 중단시키려는 행동에 나섰다. 법원은 결혼이 권리인가 하는 문제까지 다루지는 못했다. 대신 재판관들은 "지방 공무원들이 수정헌법 제14조에 어긋난다는 이유로 결혼에 관련된 주법을 무시한다면 가령 공격용 소총을 금지하는 법도 수정헌법 제2조 위반이라며 쉽게 무시할 수 있을 것"이라는 결론을 내리며 편협한 판결을 내놓았다. 재판관의 논리는 다음과 같았다.

법적 의무에 따라 장관직을 수행하는 공직자들이 그 기본 법률이 위헌이라는 공무원들의 견해만으로 법 집행을 마음대로 거절할 수 있다면, 통일된 법치주의의 모습은 금세 사라질 것이고, 정부의 통상적인 기제가 제 기능을 하려면 지속적이고 광범위한 사법적 개입이 필요하다. 물론 이것은 우리에게 익숙한 법체계가 아니다.[4]

그것이 최종 판결은 아니었다. 이후 항소는 10년 동안 계속되었다. 샌프란시스코 검사장인 카멀라 해리스는 당시에는 할 수 있는 역할이 없었지만 그 상황은 곧 뒤바뀌었다.

2004년 법원이 동성결혼을 중단하기 전에 약 1만 8,000쌍이 캘리포니아주에서 결혼했다. 캘리포니아주와 미국 전역에서 검사들은 평등결혼의 본질을 보여주는 사건 개요를 제출했다. 해리스 검사장은 그중에 포함되지는 않았다. 그것은 해리스의 관점과는 거리가 멀었다. 그녀의 일은 범죄자 기소지, 결혼 허가증을 발급한 시장이나

카운티 서기의 행동을 변호하는 것이 아니었다.

주 헌법상의 문제는 2008년 5월 캘리포니아주 대법원에 제출되었다. 로널드 조지 대법원장은 그때를 기다리고 있었다. 조지는 2004년 1월 8일 시아말라가 자랑스럽게 지켜보는 가운데 해리스에게 검사장 선서를 시킨 사람이었다. 아무도 조지의 법질서 수호자 자격에 의문을 제기할 수 없었다. 1970년대 초 법무차관이었던 조지는 캘리포니아주 대법원에서 캘리포니아주의 사형 제도법을 옹호했다. 그를 처음 법관 자리에 앉힌 사람은 로널드 레이건 주지사였다. 1981년 로스앤젤레스의 고등법원 판사로서 조지는 공화당 검찰총장 조지 듀크미지언에게 앤절로 부오노 사건을 맡겼다. '힐사이드 스트랭글러'로 알려진 10건의 강간 및 살인 사건에서 로스앤젤레스 카운티 검사장 존 반 드 캠프가 부오노의 사촌이자 고소인인 케네스 비안치를 믿을 수 없다며 증인으로 인정하길 거부한 후, 조지는 앤절로 부오노를 기소했다. 부오노는 유죄판결을 받았고 2002년 감옥에서 사망했다. 공화당 주지사 피트 윌슨은 1996년에 조지를 대법관으로 임명했다.

2008년 5월 15일, 조지는 221페이지 분량의 판결문을 작성했고 4 대 3의 과반수를 얻어냈다. "가족 관계 형성의 기본이 되는 헌법상 권리의 실체와 의의에 비추어 볼 때, 캘리포니아주 헌법은 동성애자든 이성애자든 동성 커플이든 이성 커플이든 모든 캘리포니아 주민의 기본적인 시민권을 보장하도록 적절하게 해석되어야 한다."[5] 그러므로 제22호 법안은 캘리포니아주 헌법을 위반하는 법령이라는 것이다. 이는 평등결혼에 있어 명백한 승리였다.

보수파 종교인들의 생각은 달랐다. 이른바 '전통결혼'을 옹호하는 전국결혼기구, 후기성도교회(모르몬교의 정식 호칭—옮긴이), 콜럼버스 기사단, 가톨릭 주교 등은 청원자들에게 돈을 지불해 112만 명의 등록 유권자 서명을 모았다. 캘리포니아주 대법원이 제22호 법안에 대한 판결을 발표한 지 2주 후, 캘리포니아주 선거 관계자들은 제8호 법안의 운명을 발표했다. 캘리포니아주 대법원의 결정을 뒤집고 "캘리포니아주에서는 남녀 간의 결혼만 유효하며 인정된다"라는 내용으로 캘리포니아주 헌법을 개정하는 이 법안은 2008년 11월 4일 투표에 부쳐질 자격을 얻었다.

동성결혼을 금지하는 '제8호 법안에 찬성을' 캠페인은 4,300만 달러 이상을 모금하고 지출했다. 이 자금은 동성결혼이 아이들에게 해로운 영향을 미칠 수 있다는 두려움을 부추기는 광고에 사용되었다. 어린 여자아이가 방과 후 집으로 돌아와 이런 말을 하며 엄마를 기겁하게 만든다. "엄마, 오늘 학교에서 뭘 배웠는지 알아요? 왕자님도 다른 왕자님이랑 결혼할 수 있대요."

"제8호 법안을 통과시키지 않으면 동성결혼 교육이 이루어질 수도 있습니다."

해리스 검사장은 제8호 법안에 반대 의견을 표명했다. 해리스의 동생 마야 해리스는 당시 북부 캘리포니아주 미국시민자유연맹ACLU 위원장으로서 법안 폐기 운동에 직접 참여했다. 마야 해리스와 이퀄리티 캘리포니아 지도자들은 법안 폐기 운동 팀을 선정해 4,200만 달러를 모금했다. 북부 캘리포니아주의 미국시민자유연맹은 200만 달러 이상을 내놓았다.

뉴섬과 샌디에이고 시장, 로스앤젤레스 시장은 제8호 법안에 반대하는 캠페인을 벌였다. 파인스타인과 복서 상원의원, 슈워제네거 주지사는 법안 반대파를 지지했다. 캘리포니아주 교사협회는 법안을 폐기하기 위해 130만 달러를 기부했다. 데이비드 게펜, 브래드 피트, 엘런 디제너러스 등 할리우드 인사들이 각각 10만 달러를 기부했고 구글 공동 창업자 세르게이 브린 등 실리콘밸리 지도자들도 기부에 동참했다.

2008년 선거일 밤에 민주당은 축하할 일이 많았다. 민주당은 미국 하원에서 21석을 추가로 얻어 낸시 펠로시를 하원의장으로 선출할 수 있을 정도가 되었다. 상원에서는 민주당원들이 의사 진행을 방해받지 않을 정도인 60석을 확보했다. 가장 중요한 일은 버락 오바마가 대통령에 당선된 것이었다. 캘리포니아주에서 오바마는 애리조나주 공화당 상원의원 존 매케인을 61 대 37로 앞섰다. 하지만 동성결혼 문제에서 캘리포니아주는 대부분의 주와 다르지 않았다.

샌프란시스코 유권자의 75퍼센트 이상이 제8호 법안에 반대표를 던졌지만 로스앤젤레스, 오렌지, 샌디에이고 카운티 인구 밀집 지역을 포함해 캘리포니아주 58개 카운티 중 42개 카운티 유권자의 과반수가 이 법안을 지지했다.[6] 제8호 법안은 52.3 대 47.7퍼센트로 승인되었다.

"우리는 캘리포니아주 전체를 대상으로 일대일 조사를 벌여 이 문제에 대해 사람들이 어떻게 생각하는지 직접 물었다."'제8호 법안에 찬성을' 전략가인 프랭크 슈베르트는 〈로스앤젤레스 타임스〉와 나눈 인터뷰에서 이렇게 말했다.[7] "이는 매우 개인적이고 사적인

카멜라 해리스, 차이를 넘어 가능성으로

문제로, 사람들은 여론조사 기관과 이야기하길 좋아하지 않는다. 언론과 대화하는 것도 좋아하지 않는다. 하지만 우리는 그들이 어떻게 느끼는지 꽤 잘 알았고 그것이 표에 반영되었을 뿐이다."

법안 반대자들은 법원으로 향했다.

✦━━━━✦

검찰총장은 개인의 철학적 견해와 상관없이 국가의 법을 지킬 의무가 있다. 하지만 예외도 있다.

제8호 법안 반대자 제리 브라운 검찰총장은 그의 아버지 팻 브라운과 스탠리 모스크 검찰총장이 1964년 캘리포니아주 공정 주택법을 폐지하자는 제14호 법안을 거부한 과정을 연상시키는 타개책을 고안해냈다.

제리 브라운은 2008년 말에 제출된 111쪽 분량의 브리핑에서 캘리포니아주 대법원에 제8호 법안에 대한 결정을 번복하라고 촉구했다. 그는 다음과 같이 주장했다. "결혼은 자유와 사생활에 대한 양도할 수 없는 권리의 일부로 보호받는다. 이 두 가지 내용 모두 캘리포니아주 헌법에 명시돼 있다. 제8호 법안과 관련해 일어난 일처럼 양도할 수 없는 권리를 무효화하기 위해 헌법을 개정할 권리를 행사해서는 안 된다."

사실 브라운은 제8호 법안을 옹호하지 않는 편이 정치적으로 이득이었다. 브라운은 검찰총장직을 포기하고 2010년 주지사 선거에 출마할 계획이었다. 주지사가 되면 1975년부터 1983년까지 젊은 시절 몸담았던 사무실을 되찾는 셈이었다. 그렇게 되면 주지사 출마를 고민하던 진보파 개빈 뉴섬 시장의 도전에 맞서 자신을 지켜야 하는 입장이었다.

브라운의 결정은 소송건에 즉각적으로 영향을 미쳤다. 캘리포니아주가 제8호 법안을 포기하면서 법안에 대한 옹호는 적극적인 지지로 바뀌었다. 그들은 당시 말리부의 페퍼다인대학 로스쿨 학장인 케네스 스타를 변호사로 선출했는데, 그는 백악관 인턴 모니카 르윈스키와의 불륜에 대해 거짓말을 한 클린턴 대통령에 대해 수년 동안 심리를 벌여 탄핵을 이끈 사람이었다.

처음에는 스타가 승소하는 듯 보였다. 조지 대법원장의 또 다른 판결에서 재판관들은 결합이 합법적이기만 하다면 동성 커플의 결혼도 유효하다고 주장하기는 했지만 캘리포니아주 대법원은 6 대 1로 제8호 법안을 합헌이라고 인정했다.

조지는 이 문제를 바라보는 자신의 견해에 의구심을 갖지 않았다.[8] 2009년 10월 10일, 미국 매사추세츠주 케임브리지에서 열린 미국 예술과학아카데미 연설에서 조지는 잘 알려지지 않았지만 2008년 선거일 밤에 압도적으로 승인된 법안을 인용했는데, 농부들에게 가금류와 농장 동물을 위해 더 큰 새장과 우리를 제공할 것을 요구하는 법안이었다. "게이와 레즈비언이 캘리포니아주에서 권리를 잃은 날, 닭들은 소중한 권리를 얻었다."[9]

제8호 법안 때문에 야기된 캘리포니아주 개헌안이 미국 헌법을 위반했는지 여부를 놓고 연방법원에서는 법관들 사이에 진짜 싸움이 벌어졌다. 제리 브라운은 주지사가 되려고 검찰총장실을 떠났다. 브라운이 이끌었던 대로 따를지, 제8호 법안을 지지자들의 뜻에 따라 지켜갈지는 차기 검찰총장이 결정하게 될 터였다.

그 자리의 다음 주인은 카멀라 해리스였다. 아직은 2년 뒤의 일이지만 그녀는 승리했고, 평등결혼은 캘리포니아주에서 현실이 된다.

◆━━━━━◆

하지만 가는 길에 우회로가 몇 군데 있었다. 결국 캘리포니아주 제8호 법안은 동성결혼에 대한 미국 연방대법원 최종 판결의 근거가 되지 못했다. 2015년 재판관들은 '오버게펠 대 호지스Obergefell v. Hodges' 재판에서 5 대 4의 결정으로 평등결혼을 헌법적 권리로 인정했다. 다수 의견의 입안자인 앤서니 M. 케네디 판사는 다음과 같이 썼다. "결혼보다 심오한 결합은 없다. 결혼은 사랑과 충성, 헌신, 희생, 그리고 가족의 가장 높은 이상을 구현하기 때문이다. 부부 관계를 맺으면서 두 사람은 이전보다 더 큰 존재로 성장해간다." 종종 그래 왔듯 캘리포니아주는 다른 주들보다 또 한번 앞서나갔다.

2011년 1월 검찰총장에 취임한 해리스는 브라운과 마찬가지로 제8호 법안을 거부했다. 해리스는 거기서 나아가 연방대법원에 캘리포니아주 유권자들이 통과시킨 법을 폐지할 것을 촉구하며 2013년 2월 27일 브리핑을 통해 반대 주장을 폈다.[10]

해리스는 브리핑에서 "분명히 말하자면 제8호 법안의 유일한 목적은 동성 커플의 결혼을 막는 것이며, 유일한 기능은 게이와 레즈비언 가족 관계에 오명을 씌우는 것이다. 캘리포니아주에서 그렇게 할 합법적이거나 합리적인 이유는 결코 없다. 따라서 제8호 법안은 위헌이다"라고 말했다.

해리스 검찰총장이 그 법을 옹호하지 않겠다고 밝혔음에도 법안 지지자들은 끝까지 법안을 수호했다. 그 사건은 '홀링스워스 대 페리Hollingsworth v. Perry' 재판으로 알려졌는데, 데니스 홀링스워스는 전통결혼을 옹호했던 샌디에이고와 리버사이드 카운티의 보수파 출신 공화당 의원이었다.

2013년 6월 26일, 연방대법원은 홀링스워스와 여러 단체의 주장은 제8호 법안에서 언급하지 않은 내용이라며 그의 주장을 기각했다. 동성결혼의 직접적인 영향을 받은 것은 그 단체들이 아니라 캘리포니아주뿐이었다. 대법원 판결 이틀 후, 샌프란시스코에 본부를 둔 미국 제9순회 항소법원은 캘리포니아주에서 동성결혼이 재개될 가능성을 여는 명령을 내렸다.[11]

4남매의 두 어머니 크리스 페리와 샌디 스티어가 첫 번째였다. 그들은 2004년 뉴섬 시장이 성적 성향에 관계없이 누구에게나 결혼 허가증을 발급하라고 지시했을 때 샌프란시스코에서 결혼하고 싶어 했다. 그런데 법원이 동성결혼을 중지시키자 버클리 출신의 이 커플은 고소했고 이는 '홀링스워스 대 페리' 사건으로 알려졌다. 제9순회 항소법원에서 동성결혼이 재개될 길이 열리자 페리와 스티어는 샌프란시스코 시청으로 달려갔다. 군중이 그 의식을 보려고 모여들었다. 해리스 검찰총장은 "샌프란시스코 시청 가는 길. 결혼식 종소리가 울려 퍼지기를! #제8호법안"이라고 트위터에 남겼다.[12]

2013년 6월 28일, 시장 집무실 밖 발코니에서 해리스는 페리와 스티어의 결혼식을 주관했다. 페리의 장성한 아들 한 명이 반지를 전달했다.

해리스는 "캘리포니아주가 제게 부여한 권력과 권위로 이제 여러분은 평생의 배우자가 되었음을 선언합니다"라고 말했다.[13] 결혼식은 4분 30초 동안 진행되었다. 하지만 그 결혼을 가능하게 만든 시간은 영겁과 같았다.

16

빌어먹을
사진

The Damned Photos

애리조나주 투손의 세이프웨이 쇼핑센터에서 자신의 실수로 2년제 대학에서 쫓겨난 22세의 조현병 환자 재러드 리 러프너가 30발짜리 탄창과 함께 합법적으로 구입한 글록 9밀리미터 반자동 소총을 꺼내 탄창이 빌 때까지 발사한 뒤 30발 탄창을 다시 장전했다. 발사를 마쳤을 때 여섯 명이 사망하고, 개브리엘 기퍼즈 하원의원이 머리에 총을 맞았다. 2011년 1월 8일이었다.

이틀 전, 카멜라 해리스는 캘리포니아주 검찰총장으로 취임했다. 샌프란시스코 검사장이었던 해리스는 도시의 거리에서 총을 사용하지 못하도록 규제하는 조치를 옹호했다. 그녀는 총기 규제를 주 전체로 확대해 확실히 못 박아두려고 했다. 끔찍한 투손 대학살은 총기 폭력 및 총기 소지를 금지해야 하는 사람들에 대한 대중의 관심을 다시 끌어모았다. 다행히 한 전임자가 해리스가 생각한 법을 만들어두었다.

빌 로키어는 1998년 캘리포니아주 검찰총장에 출마하기로 결정했을 때 캘리포니아주 상원의 민주당 원내대표였다. 총기 규제 옹호자인 로키어는 공격용 무기를 금지한 캘리포니아 주법에 반대하는 공화당원과 맞섰다. 로키어는 그 대결을 이용해 선거 캠페인을 만들었다. 로키어는 이 점을 유권자들에게 알리려고 1997년 노스 할리우드에서 벌어진 유혈 총격전을 텔레비전 뉴스 광고로 내보냈다. 당시 공격용 무기로 무장한 은행 강도 두 명이 로스앤젤레스 경찰들과 44분 동안 사투를 벌였고 경찰관 11명이 부상을 입었다. 상대적으로 화력이 딸린 경찰들은 마지막 총격전이 벌어지는 동안 몇 명을 총기 상점으로 보내 7연발 AR-15 소총과 2,000발짜리 탄창을 빌려 왔다.

한때 캘리포니아주 유권자들은 총기 안전법에 반대했을지 모르지만 더 이상은 아니었다. 로키어가 당선되었다는 사실이 총기 규제에 대한 강력한 입장이 먹혀든다는 것을 증명한 셈이었다. 그 후 수년 동안 입법부는 더 많은 총기 안전법을 통과시켰다. 캘리포니아주는 미국에서 총기 규제 조치가 가장 엄격한 주가 되었다.

2001년 로키어 검찰총장은 데이터베이스를 병합하는 아이디어를 생각해냈다. 한 데이터에는 총기 소유자로 등록된 사람들의 명단이 포함되어 있었다. 다른 하나는 유죄판결을 받은 흉악범들, 가정 폭력 전과자들, 법정에서 정신 질환 때문에 스스로의 의지에 반해 구속할 필요가 있다고 판결받은 사람들의 명단이었다. 전과, 배우자 학대, 혹은 정신적 문제로 볼 때, 그들은 법적으로 총기를 소유할 권리가 없었다. 로키어는 당국이 병합된 데이터베이스를 사용해 총기 소지가 금지된 사람들의 명단을 확인하고 무기를 압수할 수 있는 법을 만들면 어떨까 생각했다.

로키어는 법안을 마련하기 위해 그의 친구인 캘리포니아주 상원의원 짐 브룰트의 도움을 받았다. 그는 덩치가 크고 뛰어난 정치 전략가이며 남부 캘리포니아주 공화당원이었다. 브룬트를 입안자로 내세운 그 법안은 반대표 한 표 없이 통과되었다. 심지어 미국 총기 협회도 그 법안을 지지했다. 협회는 그런 입장을 취하는 편이 더 낫다고 생각해 빠른 결정을 내리긴 했지만 이후에 법안을 약화하려는 시도를 했고 무위로 끝났다.

로키어의 법률은 총기 소지 금지자 시스템APPS: Armed and Prohibited Persons System이라는 딱딱한 이름이 붙었다. 명칭은 투박하기 그지없었지만 캘리포니아주 검찰총장이 후원한 법안 중 가장 큰 영향력을 행사했다.

◄━━━━━►

2011년 1월 카멀라 해리스가 검찰총장이 되었을 때, 캘리포니아주에는 약 1만 8,000명의 '총기 소지 금지자'가 3만 4,000개의 총기를 소지하고 있었다. 캘리포니아주 법무부는 18명의 요원에게 금지 대상자에게서 총을 수거하는 임무를 맡겼다. 해리스는 요원 수를 두 배로 늘리고 싶었지만 비용이 문제였다.

캘리포니아주는 예산 위기를 겪고 있었고, 적자는 270억 달러에 달했다. 주지사 제리 브라운과 입법부는 지출을 줄이려고 했다. 계획된 임무를 확대 적용할 예산은 없었다. 하지만 해리스에게는 중요한 동지 마크 레노 상원 예산 및 재정 심의위원장이 있었다. 레노는 밀워키에서 자랐고, 젊었을 때 뉴욕으로 이주했으며(그는 거기서 랍비가 될 생각이었다), 1977년 샌프란시스코에 정착했다. 그곳에서 그는 간판 가게를 열었고 평생의 사랑, 더글러스 잭슨을 만났다. 레노는 잭슨이 1990년 에이즈로 사망할 때 그의 곁을 지켰다. 레노와 해리스는 1995년 윌리 브라운이 시장에 출마할 때 만났고, 그 후 몇 년 동안 종종 함께 점심 식사를 하곤 했다. 1996년 그들은 좋은 옷을 차려입고 샌프란시스코 심포니 개막식에 참석했고, 레노는 해리스의 추수감사절 가족 모임 손님으로 초대받아 시아말라의 집을 찾기도 했다. 샌프란시스코 감리위원회에 빈자리가 나자 브라운 시장은 레노를 감리위원으로 임명했다. 레노는 선거에 출마해 주의회 의원과 상원의원이 되었고 2016년 임기가 끝날 때까지 14년간 근무했다.

새크라멘토에서 레노는 까다로운 문제를 다루었다. 예산위원회 위원장으로서 주 연간 예산을 세우고, 가구에 유독성 난연제를 사용하는 것을 금지하기 위해 화학 제조업체와 싸웠으며, 최저임금을 15달러로 인상하려다가 여러 업체의 반발에 시달리고, 경찰이 전화기 수색을 하기 전에 영장을 발부받도록 요구하는 등 〈로스앤젤레스 타임스〉가 집계한 바에 따르면 총 161건의 법안을 발의했다.[1] 항상 공손하고 상냥한 레노는 자신의 근본을 잊지 않는 사람으로, 공화당과는 공통점을 찾을 수 없는 진보주의자였다. 해리스는 입법부에서 레노보다 더 나은 동지를 찾을 수 없었을 것이다.

2011년 레노는 총기를 구입할 때 주에 일정액을 배정하는 프로그램을 위해 특별 기금을 마련하는 법안을 통과시켰다. 해리스는 입법부를 대신해 이 법안이 "총기 소유가 금지된 사람들의 손에서 총을 빼앗아 무고한 캘리포니아 주민을 보호해줄 것"이라고 밝혔

16. 빌어먹을 사진

다.[2] 총기 로비스트들은 더 이상 이 프로그램을 지지하지 않았지만 정치적 견해는 달라졌다. 총기 로비는 이제 캘리포니아주 의사당에 영향력을 거의 행사하지 못했다. 그 법안은 민주당이 장악한 입법부에서 민주당 정책 노선 투표에 따라 통과되었다.

해리스는 그 프로그램에 요원 33명을 배정할 수 있었는데, 현실적으로는 한참 모자란 수준이었다. 33명의 요원이 연간 2,500건을 처리할 수 있었다. 그러나 매년 3,000명의 총기 소지 금지자가 목록에 새로 추가되었다. 해결하지 못한 '무장 및 총기 소지 금지자' 처리 업무는 2012년 말까지 1만 9,000건 이상으로 늘어났다.

2012년 12월 14일 애덤 란자는 AR-15 레밍턴 돌격 소총, 글록과 시그 사우어 소총을 발사해 코네티컷주 뉴타운에 있는 샌디훅초등학교에서 어린이 20명, 교사 6명을 살해했다. 캘리포니아주 입법자들은 총기 폭력을 퇴치하기 위해 몇 가지 새 법안을 도입하는 것으로 대응했다. 해리스는 무장 및 총기 소지 금지자 시스템을 재논의하기로 했다.

나는 샌디훅초등학교 학살 사건 이후 5주 동안 캘리포니아주 법무부 요원 12명과 함께 1월의 추운 밤을 보냈다.[3] 총기 소지권이 없는 흉악 전과범, 심각한 정신병력이 있는 사람, 배우자를 구타한 사람에게 총기 소지를 포기하라고 설득하는 요원들을 따라다니다 보니 기자라는 내 직업은 엄청나게 어렵고 위험한 일이 되어 있었다.

해리스 검찰총장은 총기 압수를 가능하게 하는 캘리포니아주의 유일한 법을 대폭 확대하려는 노력에 있어 〈새크라멘토 비〉의 칼럼니스트로서 내가 쓴 글이 의회의 지지를 이끌어내는 데 도움이 되길 기대한다며 법무부와 함께 작업할 것을 독려했다. 나는 그저 기삿거리를 찾고 있었을 뿐이다.

마을에서도 어려운 지역에 속하는 스톡턴의 북동쪽 끝에서 검은 유니폼 아래 방탄조끼를 입은 법무부 요원이 65년 동안 힘든 삶을 살아온 어느 남자의 작은 규격형 트랙트 하우스의 문을 두드렸다.

혼자 살던 남자가 빠끔히 문을 열었다. 당시에 내가 쓴 기사 내용대로, 그는 권총 여덟 자루의 소유주로 등록되어 있었다. 별도의 기록에 따르면 당국은 두 차례의 사건을 통해 그가 자신이나 타인에게 위험인물이며, 정신병동에 감금할 필요가 있다고 판단했다.

요원은 남자의 집을 수색하는 데 필요한 영장이 없었다. 남자에게 말을 걸어 집 안에 들어가 동의를 얻어 총을 수거해 가는 수밖에 없었다. 남자는 총기를 갖고 있지 않다고 말했지만, 요원들이 들어와 수색하는 데는 동의했다. 약 30분 후, 직원들은 리볼버 두 자루, 볼트액션 소총 여섯 자루, 1,000발의 탄약이 담긴 상자를 들고 나타났다. 총은 옷장과 가구 아래 보관되어 있었다. 남자는 자기가 그런 총기를 가지고 있는 줄도 모르는 것 같았다.

그 부대를 책임지고 있는 특수 요원 존 마시가 당시 내게 "저 사람은 특히 자기 자신을 더 위험하게 만들 수 있어요. 그는 분명히 불우한 시간을 보내고 있어요"라고 말했다.

요원들은 스톡턴에서 첫날 밤 10곳을 방문했고 새크라멘토와 엘크 그로브 교외에서 둘째 날 밤에 11곳을 더 방문했다. 그들은 권총 24자루, 소총과 엽총도 압수했다. 요원들은 마지막으로 새크라멘토에서 몇 년 전 총기 폭행으로 유죄판결을 받은 한 남자의 집 문을 두드렸다. 집 안으로 들어간 요원들은 장전된 권총과 엽총, 소총 여덟 자루와 장전되지 않은 엽총, 탄약을 발견했다. 요원들은 남자를 새크라멘토 카운티 교도소로 데려갔고 그곳에서 총과 탄약을 소지한 중범죄자로 기소하기로 했다.

마시는 당시 "당신도 알 겁니다. 당신은 지금 생명을 구하고 있는 거예요. 자살이나 살해를 막고 있는 겁니다"라고 말했다.

해리스는 5~7년 안에 요원 수를 두 배로 늘려 업무를 마무리할 수 있기를 희망했다. 그녀는 재빨리 레노가 상정한 새 법안을 후원했다. 이 법으로 주정부는 총기 구입자에게서 수수료로 징수한 2,400만 달러를 이 프로그램을 추가로 지원하는 데 쓸 것이라고 명시했다. 그 법안은 의회에서 불과 넉 달 만에 반대표 없이 통과되었다. 총기 로비 세력은 반대했지만 캘리포니아주의 입장에서는 앓던 이가 빠진 셈이었다.

샌디훅 대학살 이후 새크라멘토에서 일어난 일과 워싱턴에서는 일어나지 않았던 일은 완전히 대조를 이루었다. 샌디훅 사건의 여파 속에서 해리스를 보며 고무된 내파밸리 출신의 민주당 하원의원이자 베트남전 참전용사, 사냥꾼인 마이크 톰프슨은 무장 및 총기 소지 금지자 제도를 도입하고자 하는 주에 연방 자금을 지원하는 법안을 제출했다. 해리스는 바이든 부통령에게 행정부의 지지를 구하는 서한을 보내며 로비를 벌였다. 해리스와 그녀의 보좌관은 의

카멜라 해리스, 차이를 넘어 가능성으로

회에서 대표로 사례를 발표했다. 그러나 연방의회에서는 총기 찬성 로비가 지배적이어서 샌디훅 대학살 이후 몇 주, 몇 달 동안 제안된 다른 법안들과 마찬가지로 톰프슨 법안도 실현되지 않았다.

해리스는 캘리포니아주에서 총기 소지가 금지된 사람들에게서 총기를 수거하는 업무를 끝내지 못했다. 노력이 부족해서는 아니었다. 2011년에 해리스가 취임했을 때 무장 및 총기 소지 금지자는 1만 8,268명이었다. 이 수치는 해리스가 재선된 2014년에 2만 1,249명으로 늘었고 검찰총장 임기 마지막 해인 2016년에는 2만 483명으로 다소 줄었다.

해리스는 총기 규제를 주장할 때 '빌어먹을 사진'에 대해 이야기한다. 총기 규제 법안에 투표하기를 망설이는 의원 또는 연방의원은 총탄으로 사망한 아이들의 '빌어먹을 사진'을 봐야 한다.

"아기들, 아기들, 아기들"이라고 그녀는 연설에서 말했다.[4]

17

모기지
붕괴

Mortgage Meltdown

2011년 1월 카멜라 해리스가 검찰총장에 취임했을 때 미국 전역에서 심각한 대공황이 끝나가고 있었지만 캘리포니아주에서는 아니었다. 센트럴밸리에서는 실업률이 16퍼센트를 넘어섰고, 캘리포니아주 주택 소유자의 10퍼센트 이상이 주택 담보대출 연체 정도가 심각했으며, 주택 소유자의 거의 3분의 1이 주택 가치보다 많은 빚을 지고 있었다.

해리스가 첫 13개월 동안 그 위기에 대처한 방법과 인간적인 희생은 검찰총장으로서 보낸 임기가 어땠는지 잘 보여준다. 또 지도자로서 대중적 이미지의 기반을 형성하고, 미래의 모습을 그리는 데도 도움을 주었다.

"캘리포니아주 검찰총장으로서 저는 금융 위기 동안 월스트리트의 5대 은행과 대결을 벌였습니다. 우리는 캘리포니아주 주택 소유주를 위해 200억 달러를 따냈고 미국에서 가장 강력한 압류 반대법을 통과시켰습니다."[1] 해리스는 자신의 페이스북과 트위터에 이렇게 글을 올렸다. 그게 바로 해리스였다. 그 진술은 진실이었다. 그녀의 방식대로 해냈지만 과정은 사뭇 복잡했다.

해리스가 검찰총장에 취임하기 몇 달 전, 캘리포니아주 검찰청과

5대 모기지 기업(뱅크 오브 아메리카, 웰스 파고, JP모건 체이스, 시티그룹, 앨리 파이낸셜[이전 GMAC 모기지])은 주택 위기를 해결하기 위해 협상하고 있었다. 은행들이 지급 불능과 관련된 세부 사항을 확인하지 않은 채 주택을 압류해버리는 위험한 관행인 '로보사이닝'에서 문제가 시작되었다. 모기지 기업은 투자자에게 서브프라임 모기지를 증권과 묶음으로 판매하면서 이 자동 승인 과정을 도입했다. 이런 증권 수요가 증가하면서 모기지 기업은 순진한 주택 구입자에게 더 많은 대출을 제공했다. 그중 매우 많은 이들이 대출 조건을 제대로 이해하지 못했고 변동 금리를 적용해 금리가 급등했을 때 대출금을 납부할 수 없었다. 거품이 터지고 경제는 붕괴되었다. 압류 위기가 악화되면서 모기지 기업은 심각한 연체자가 아니거나 주택 담보대출 규모가 적은 사람들, 집을 잃지 않아도 되었을 사람들의 집까지 압류했다.

해리스가 취임한 후, 아이오와주 검찰총장 톰 밀러는 50명의 검찰총장을 대표해 로보사이닝 문제를 해결하기 위한 협상을 이끌었다. 외부에서 보면 해리스가 이 문제에 더디게 뛰어든 것처럼 느껴졌다. 하지만 사실 해리스는 관련 최고 고문들과 즉시 만남을 가졌다. 그녀의 첫 공식 미팅은 취임 두 달 만인 2011년 3월 워싱턴 D.C.에서 열린 전국변호사협회 총회에서 이루어졌다. 자서전에서 해리스는 조사가 불완전했으며 논의되는 합의금 액수는 그녀가 아는 계산법과 전혀 달랐다고 썼다. 압류 건수가 가장 많은 10개 도시 중 7개 도시가 캘리포니아주에 속했지만 캘리포니아주는 부스러기 수준인 20억~40억 달러 정도만 받게 될 예정이었다. 해리스는 그런 협상 방향이 마음에 들지 않는다며 오후 회의에 참석하지 않았다. 해리스는 공식적으로 협상 팀에서 철수할 생각은 없었지만 그날 오후부터 직접 조사에 착수하기로 했다. 그녀는 이 협상을 추진하던 오바마 행정부나 제부 토니 웨스트와 관계를 끊었다. 웨스트는 협상에 직접 관여하지는 않았지만 법무부 3급 공무원이었다.

해리스는 "그들은 그렇게 밀어붙이면 내가 뜻을 굽힐 거라고 착각하는 것 같았다. 나는 결정을 철회하지 않았다"라고 썼다.[2]

한편 밀러는 에릭 슈나이더먼 뉴욕 검찰총장이 합의를 적극적으로 방해한다고 결론짓고 그를 팀에서 제외했다.[3] 슈나이더먼은 직접 조사에 나서겠다고 다짐하며 해리스를 끌어들이기 위해 샌프란시스코로 날아갔다. 회의는 이틀에 걸쳐 진행되었다. 해리스는 많은 질문을 던졌고 정치적 견해와 정책을 명확하게 이해했다. 하지만 그녀는 자신의 의견을 마음속에 담아두었다. 좌파는 경제 사다리 상위 1퍼센트인 국민에 대한 분노를 표출하며 우파의 티파티 운동을 모방해 '월스트리트를 점령하라' 시위를 벌였다. 월스트리트 시위는 오클랜드와 샌프란시스코, 대학 캠퍼스로 번져나갔다. 2011년 9월, 해리스는 뉴욕으로 갔고, 슈나이더먼은 그녀의 선거 캠프 모금 활동을 도왔다. 협상이 계속되는 동안 해리스는 좌파의 압력에 직면했다. 무브온MoveOn.org(친민주당 성향의 최대 풀뿌리 조직으로 보수적인 티파티와 대비됨—옮긴이)은 해리스에게 은행들에 더욱 강경한 태도를 보이라고 요구했다. 영향력 있는 로스앤젤레스 카운티 노동 연맹, AFL-CIO는 해리스에게 협상을 포기하라고 촉구하는 편지를 썼다. '공정한 합의를 위한 캘리포니아인'이라는 새 단체는 해리스에게 버티라고 요구했다. 얼핏 보기에는 '공정한 합의를 위한 캘리포니아인'이 유기적으로 생겨난 조직 같지만 실제로는 슈나이더먼의 비서실장인 닐 콰트라라는 정치조직원이 설립한 단체였다. 해리스의 라이벌이기도 하고 때로는 친구이자 잠재적 경쟁자인 개빈 뉴섬 부지사는 '공정한 합의를 위한 캘리포니아인'이 보낸 서한에 서명하며 '밀러 거래'에 대해 "심각한 결점이 있다"라고 말했다. 〈로스앤젤레스 타임스〉는 서신을 인용해 2011년 9월 30일 서명자 명단을 공개했다.[4]

같은 날, 금요일에 해리스는 주 검찰총장들과 연방 검찰청이 거의 1년 동안 5대 모기지 기업과의 거래에 관여한 이 협상에서 손을 떼겠다고 발표했다.[5] 해리스는 자신의 결정이 주가에 영향을 미칠 수 있다고 생각해, 주식시장 폐장 시간까지 기다렸다가 결정을 공개했다.

해리스는 연방 법무차관 토머스 J. 퍼렐리와 밀러에게 보낸 서한에서 "고민 끝에 캘리포니아주 주택 소유주들이 기대한 거래가 아니라는 결론을 내렸다"라고 말했다.

데인 질레트 형사부 과장은 해리스의 직원들이 그녀의 극단적인 벼랑 끝 전술 때문에 캘리포니아주가 아무것도 챙기지 못할까 봐 우려하고 있다고 말했다. 해리스는 전임자 제리 브라운 주지사가 "해리스가 자신이 하는 일을 제대로 알고 있기를 바란다"라고 말한 내용을 인용하면서 그가 그녀의 전략을 의심하고 있음을 내비쳤다.

그녀는 "은행들은 내가 문제를 일으키고 있다고 격분했다. 이제 합의는 미궁에 빠졌다. 하지만 그게 내 목표였다. 이제 내 일에만

주목하지 말고 주 검찰총장들과 은행들도 답변을 내놓아야 할 것이다"라고 썼다.[6]

해리스에게는 동지가 있었는데, 당시 조 바이든 부통령의 아들 보 바이든 델라웨어주 검찰총장이었다.

해리스는 "비난에 시달릴 때 보와 나는 매일, 때로는 하루에도 여러 번 이야기를 나누었다. 우리는 서로에게 든든한 버팀목이었다"라고 썼다.[7] 두 사람의 관계는 앞으로 해리스의 인생과 경력에 커다란 영향을 미친다. 조 바이든은 해리스를 부통령 러닝메이트로 지명하면서 아들과의 우정을 언급했다.

◆————◆

직원들과의 미팅에서 해리스는 결정을 내리는 방 안에 있지 않은 사람들에 대해, 자신들이 누구를 위한 싸움에 임하고 있는지에 대해 말했다. 그들은 집을 잃거나 이웃집이 버려지고 동네 사정이 악화되는 것을 지켜보기만 해야 하는 사람들이었다.

2012년 1월 23일, 주 검찰총장들은 오바마 행정부의 주택도시개발부 비서 숀 도너번과 시카고에서 만났다.[8] 재선에 나선 오바마는 협상을 원했고, 그의 수석 보좌관들은 일을 성사시키기 위해 온 힘을 쏟았다. 250억 달러 규모의 전국적 협의가 이루어질 가능성이 있다는 사실이 언론에 알려졌다. 해리스는 그 협상에 대해서는 언급하지 않고 법을 어긴 모기지 기업을 기소할 수 있는 권한을 유지하길 원한다는 입장을 재차 밝혔다.

카멜라 해리스, 차이를 넘어 가능성으로

같은 날 도너번과 다른 검찰총장들이 시카고에서 모임을 가졌고, 해리스는 자신의 메시지를 놓친 사람들을 위해 새크라멘토 남쪽 인구 30만의 도시 스톡턴으로 차를 몰았다. 이곳은 자칭 '세계 아스파라거스의 수도'인데, 수년 전 농부들은 국경 남쪽에서 아스파라거스를 더 싸게 재배할 수 있음을 알았다. 스톡턴은 또 캘리포니아주 주택 위기의 진원지로 2012년 6월에 시 최초로 파산했다.

해리스는 스톡턴에서 위기에 처한 가족을 상담하는 비영리단체 엘 콘실리오의 회장 겸 CEO 호세 R. 로드리게스를 만났다. 로드리게스는 해리스에게 주택 시장 붕괴로 피해를 입은 사람들을 소개해 주었다. 어느 40대 부부는 건설 공사가 줄어들자 담보대출금을 갚지 못했다. 또 다른 부부는 변동 금리로 주택 담보대출을 받아 집을 샀는데, 금리가 오르기 전에 낮은 금리의 담보대출로 전환할 생각이었다가 하지 못했다. 60대 부부는 일자리가 없다는 이유로 주택 담보대출로 전환하지 못해 집을 잃었다.

로드리게스는 당시 "이 사람들 중 일부는 현실적으로 상황이 나아지지 않을 것이다. 눈물을 흘리는 사람들이 너무나 많다. 이런 경우는 처음이다"라고 말했다.[9]

에드워드아이작 도버가 〈애틀랜틱〉에서 썼듯, 슈나이더먼은 2012년 1월 24일 오바마 대통령의 국정연설에서 미셸 오바마 옆에 앉았다.[10] 그 모습은 협상을 마무리 지으려는 백악관의 바람에 동조하고 있다는 인상을 줬을지도 모른다. 해리스는 협상이 끝난 걸로 비쳐지고 싶지 않아 그 초대를 거절했다.

2012년 2월 9일 해리스는 캘리포니아주를 대표해 "수십만 명의 주택 소유자가 캘리포니아주의 헌신을 통해 직접적인 이익을 얻을 것"이라고 발표했다.[11] 모기지 기업과의 합의로 "주택 소유자는 실제로 자신의 집에 남아 있을 수 있는 혜택을 얻었고, 우리는 은행 범죄와 약탈적 대출을 수사할 재량권을 지켜냈다"라고 확인했다. 해리스는 그 거래의 가치를 200억 달러로 책정했다. 한 달 후, 오바마 행정부는 해리스가 상세히 설명한 캘리포니아주의 혜택을 포함해 전국적 합의 내용을 발표했다.

－◆━━◆－

결국 해리스가 나중에 설명한 대로 은행들은 캘리포니아주에 184억 달러의 부채를 탕감해주고 20억 달러의 기타 재정 지원을 했다. 캘리포니아주에서 총 8만 4,102가구가 1차 또는 2차 주택 담보대출을 감면받았다.

해리스는 2012년 2월 합의 내용을 발표하는 기자회견에서 "이 합의는 오로지 주택 소유자들, 열심히 일하는 사람들을 자신의 집에 머물 수 있게 해주기 위함이다"라고 말했다.[12]

그러나 〈로스앤젤레스 타임스〉의 필 윌론이 나중에 보도한 바와 같이 정착금을 지원받은 많은 캘리포니아 주민은 자신의 집에 남지 않았다.[13] 캘리포니아주 주택 소유자에게 지급된 부채 경감액 184억 달러 중 약 절반이 92억 달러 규모의 숏세일을 통해 빠져나갔다. 집주인들이 대출 금액보다 싼값에 집을 팔았기 때문에 은행들은 손해를 보았다. 하지만 그들에게는 살 집이 필요했고 주택 시장이 회복된 후에도 그들은 아무런 혜택도 보지 못한다.

〈인터셉트〉에 주택 담보대출 위기에 관해 폭넓게 저술한 저자 겸 언론인 데이비드 데이언은 이번 합의 내용을 은행 구제금융으로 규정하면서 "퇴출 방지에는 별 도움이 되지 않고 법적으로 드러난 주택 담보대출 사기범을 보호하는 조치"라고 설명했다.[14]

데이언은 "이번 합의 내용은 은행 입장에서는 축하할 만한 일이다"라며 "실제로 이 합의로는 은행의 이윤에 흠집조차 내지 못한다. 또 은행들은 기소될 위험과 법적 폭로 위험에서도 벗어났다"라고 덧붙였다.[15]

주택 가격은 올랐지만 특히 해안을 따라 늘어선 캘리포니아주의 많은 지역이 주택 담보대출 붕괴에서 완전히 회복되지 못했다. 아무리 강하고 노련한 정치인이라도 대침체와 주택 위기에서 모든 것을 제자리로 돌려놓을 수는 없었을 것이다. 새크라멘토에 본부를 둔 비영리 뉴스 기관 칼매터스의 주택 담당 기자 매트 레빈은 2018년 현재 캘리포니아주에는 임대용 단독주택이 10년 전보다 45만 가구 더 늘었다고 보도했다.[16] 그 셋집의 소유주는 누구일까? 압류되어 싸게 내놓은 집을 사들인 이들은 주로 월스트리트의 기업이었다.

◆——◆——◆

은행들과 합의를 본 후 해리스는 입법부로 관심을 돌려 '캘리포니아주 주택 소유자 권리장전'으로 불리는 법안에 초점을 맞추었다. 마크 레노 상원의원이 법안을 마련했다.

그 법안은 로보사이닝 관행을 금지하고, 주택 소유자가 집을 잃을 위험에 처했을 때 명확히 통지를 받게 하며, 모기지 기업은 딱 한 번만 집주인에게 전화를 걸어 집주인이 여러 번 설명을 듣는 스트레스를 겪지 않도록 했다. 이를 통해 거둔 한 가지 효과는 압류 위기에 직면한 주택 소유자와 타협안을 도출하는 데 몇 개월이 소요되도록 했다는 점이다.

법안을 통과시키려면 은행 위원회 위원장이며 종종 은행 편을 드는 남부 캘리포니아주 민주당 상원의원 론 칼데론부터 설득해야 했다. 그는 법안 통과의 세부 작업을 위해 설립한 특별회의위원회의 부동표였다. 그래서 각 은행의 로비스트는 그와 거래를 도모했다.

레노는 칼데론을 언급하며 "나는 최선을 다해 주장을 펼쳤지만 담벼락에 대고 이야기하는 것 같았다"라고 말했다.

해리스는 국회의사당 복도를 거닐다가 국회의원 사무실에 들렀다. 몇 명은 해리스를 피하기도 했지만 그 법안은 결국 의회에서 큰 표 차로 통과되고 상원에서는 좀 더 아슬아슬하게 통과되었다. 해리스는 이 법안을 최종 표결에 부치는 데 도움을 준 입법부 지도자들에게 공을 돌렸다. 하지만 해리스의 충성스러운 친구 레노는 다르게 생각했다.

"그녀가 해냈다. 카멀라가 개입하면서 상황이 바뀌었다. 검찰총장은 일이 자신의 뜻과 다른 방향으로 나아가도록 내버려두지 않았다."[17] 론 칼데론은 결국 그 법안에 투표했다. 2년 후, 론 칼데론은 다른 입법과 관련된 연방 부패 혐의로 전 의회 의원인 그의 형 톰 칼데론과 함께 기소되었다. 그들은 유죄판결을 받고 감옥에 갔다.

18

경이로운
여성들

Phenomenal Women

2012년 9월, 카멀라 해리스는 노스캐롤라이나주 샬럿에서 열린 민주당 전당대회에서 황금 시간대에 연설하는 영예를 안았다. 버락 오바마는 재선에서 밋 롬니 전 매사추세츠 주지사와 접전을 벌이고 있었다. 해리스의 목표는 자신의 친구가 이기도록 돕는 것이었다. 그러나 해리스와 정치 참모들은 2004년 오바마가 전국 무대에서 연설로 국민에게 강한 인상을 심어주고 한 단계 치고 올라갔듯 해리스도 이번 연설로 전국 무대에서 추진력을 얻기를 바랐다.

해리스는 리허설을 위해 무대에 올라 곧 가득 찰 스펙트럼 센터를 쭉 둘러보고는 〈샌프란시스코 크로니클〉의 조 가로폴리에게 "매우 놀랍네요. 정말 영광이에요"라고 말했다.[1] 그런 다음 잠시 멈췄다 말을 이었다. "'어머니가 이 모습을 볼 수 있다면' 하고 생각하지 않을 수 없었어요." 그녀는 긴장했다. 긴장하지 않을 사람이 어디 있을까? 해리스의 순서는 빌 클린턴 바로 앞이었다.

해리스와 보좌진은 2004년 오바마의 연설 수준은 아니지만 강력한 연설문을 준비했다. 여전히 대침체에서 회복 중인 캘리포니아주 청중을 위해 작성한 맞춤형 버전이었다. "이 선거가 정말로 어떤 의미를 지니고 있는지 알고 싶다면 서부로 오세요. 압류 딱지가 붙은

숲으로 오세요. 산더미처럼 쌓인 가계 부채를 보세요. 빠져나갈 길도, 뚫고 올라갈 길도 없이 갇혀 있는 선량한 수천 가구 주민과 대화해보세요."[2]

"미국의 파산한 도시, 캘리포니아주의 스톡턴으로 가보세요."

연설문에서는 오바마 대통령과 바이든 부통령이 월스트리트에 맞섰다고 치켜세웠고, 밋 롬니가 은행 편을 든 것을 비난했다. 그리고 나서 연설 방향이 바뀌면서 어투가 동전 뒤집듯 완전히 바뀌었다. "실패하게 두기엔 너무 중요한 것들" 때문에 거대 금융기관들은 구제 정책을 펴야 한다고 말했다.

"실패하게 두기엔 너무 중요한 것들이 뭔지 말씀드리죠.

중산층은 실패하게 두기엔 너무 중요합니다.

주택 소유자가 되겠다는 아메리칸드림은 실패하게 두기엔 너무 중요합니다.

보편적 무상 공교육의 약속은 실패하게 두기엔 너무 중요합니다.

차세대 젊은이들은 실패하게 두기엔 너무 중요합니다.

환경보호는 실패하게 두기엔 너무 중요합니다.

우리의 포용적 사회의 비전인 민주당은 실패하게 두기엔 너무 중요합니다.

평등결혼은 실패하게 두기엔 너무 중요합니다.

여성의 권리는 실패하게 두기엔 너무 중요합니다.

이민자 공동체는 실패하게 두기엔 너무 중요합니다!"

연설이 너무 훌륭해서 청중이 환호성을 지르며 일어설 생각을 못 하고 있었을까? 그건 절대 아니었다.

해리스는 민주당 전당대회 운영자들이 건네준 핵심만 나열한 그 연설문에 의지했다. 거기에는 해리스 자신이나 어느 누구의 영감도 섞여 있지 않았다. 연설을 시작한 직후, 해리스의 보좌관들은 스펙트럼 센터에 모인 수많은 대표가 연설에 집중하지 못하고 끼리끼리 수군거리기 시작했음을 알아차렸다. 어느 순간, 해리스는 자신에게 주어진 연설문을 읽으며 더듬거렸다.

중요한 순간마다 그녀를 환히 밝혀주던 스포트라이트는 눈에 띄지 않았다. 보좌관들은 끔찍한 상황임을 깨달았다. 카멀라 해리스가 그 문제로 누군가를 지적했더라도 직원들은 몰랐을 것이다. 하지만 마야는 민주당 전당대회 스태프가 해리스 검찰총장에게 건넨 연설문이 참모들의 책임인 것처럼 다른 사람들 앞에서 질책했다. 그들의 책임은 아니었다.

◆━━━━◆

카멀라 해리스의 가족은 유대가 긴밀하고 성취도가 유난히 높은 사람들이다. 카멀라보다 두 살 아래인 마야는 카멀라의 심복이자 정치 고문이다. 해리스의 보좌관들은 결코 둘 사이에 끼어들지 않는다. 카멀라 해리스가 선택해야 한다면 그건 항상 마야일 테니까.

선거운동을 하는 동안 카멀라와 마야는 하루에도 몇 번씩 대화를 나누었다. 두 사람은 주로 아침에 눈을 떴을 때, 그리고 잠들기 전에 마지막으로 통화를 한다. 두 사람은 유머 감각이 비슷하고 웃음소리는 거의 똑같다. 그들은 똑똑하고, 섬세하며, 강인하고, 자매들이 그렇듯 때로는 서로 경쟁하기도 한다.

카멀라가 워싱턴 D.C.에 있는 하워드대학에 다니는 동안, 오클랜드에서 어머니와 함께 살던 10대 시절의 마야에게는 딸 미나가 있었다. 미나는 카멀라에게 조카가 아닌 친딸만큼 가까웠다. 카멀라 해리스는 〈폴리티코〉에서 로스쿨에 다니던 시절을 상기하면서 짧고 드물게 사생활을 잠깐 언급했다.[3] 해리스는 집에 돌아오면 미나가 배변 훈련하는 것을 도왔다고 말했다. "집에 돌아오면 우리 모두 변기 옆에 서서 응가한테 빠이빠이 하고 손을 흔들어주었다." 마야는 딸 미나를 키우며 UC버클리대학과 스탠퍼드대학 로스쿨을 졸업했다. 마야가 들려준 이야기에 따르면, 어린 미나는 로스쿨 학생 토니 웨스트와 숨바꼭질을 즐겨 했다. 마야와 미래의 남편은 그렇게 만났다.

토니 웨스트는 〈스탠퍼드 법 논평〉의 편집장이었고, 1976년 지미 카터를 시작으로 어릴 때부터 대통령 선거운동에 나섰다. 그는 2000년 마야를 선거 재정 담당으로 두고 캘리포니아주 의회 선거에 출마했지만 낙선했다. 2004년 그는 민주당 전당대회에서 버락 오바마의 연설에 매료되었고 처형인 카멀라와 함께 오바마의 2008년 대선 유세에 참여했다. 웨스트는 오바마 행정부의 법무부 민사부장으로 승진해 법무부의 제3인자인 법무장관 보좌관 자리까지 올라갔다. 오바마 행정부가 끝나고 웨스트는 펩시코PepsiCo에서 변호사로 일했다. 더 최근에는 우버의 법률 자문으로 일했다. 그러면서 그는 우버나 이와 비슷한 긱 이코노미(계약직 혹은 임시직으로 고용하는 경향이 커지는 노동시장—옮긴이) 회사에 계약직이 아닌 정규직 고용을 늘리라고 요구하는 노동 조직과 대결해왔다. 카멀라 해리스는 우버가 아닌 노동자의 편에 섰다.

마야는 미국 최대의 시민자유연맹 계열사 중 하나인 북부 캘리포니아주 시민자유연맹의 전무이사가 되었다. 거기서 그녀는 시민자유연맹을 도와 동성결혼을 금지하는 2008년 제8호 법안에 반대하는 캠페인을 조직했다. 2008년 선거가 다가오면서 마야는 뉴욕의 포드 재단에 고용되었는데, 수백만 달러의 보조금을 감독하는 직책이었다. 나중에 마야는 2016년 대통령 선거운동에서 힐러리 클린턴의 정책 자문을 맡는다.

마야의 딸 미나는 스탠퍼드대학과 하버드대학 로스쿨을 졸업했고 해리스의 정치조직에 참여했다. 미나는 페이스북 임원 닉 아자구와 결혼했다. 그녀는 아동 도서를 저술했고, 우버에서 임원으로 일했다. 또 '경이로운 여성 활동 캠페인'의 창시자로, 마야 안젤루의 시구를 활용한 캠페인을 만들기도 했다. "이제 이해가 가지 / 왜 내가 머리를 숙이지 않는지 / 나는 소리치거나 뛰어다니지 않아 / 큰 소리로 말하지도 않아."

미나는 정치조직과 의류 브랜드 영역을 결합하며 '경이로움'을 발휘했다. 그녀는 다양한 영감을 주는 문구가 적힌 티셔츠와 스웨터를 판매한다. 그중 '제가 발언하고 있어요' 티셔츠는 '카멀라 이모'가 2020년 10월 마이크 펜스 부통령과 벌인 토론에서 여러 번 발언한 대사로 화제를 모았다.

19

'그냥 평범한 녀석'

"Just a Dude"

2019년 6월 1일 주말에 캘리포니아주 민주당 전당대회가 열렸다. 카멀라 해리스의 아파트에서 멀지 않은 샌프란시스코 시내의 모스콘 센터 컨벤션 홀 밖에는 한 무리의 남자들이 샅 부분에 빨간 페인트칠을 한 흰색 바지를 입고 있었다. 그들은 포경수술 반대 시위를 벌이고 있었다. 일부 매춘부는 지배 성향의 옷차림을 하고 자신들의 직업을 범죄로 취급하지 말라고 요구했다.

건물 안에서는 도널드 J. 트럼프 시대의 민주당 아이콘인 낸시 펠로시 하원의장이 대통령에게 너무 유연한 태도를 취한다며 야유를 받고 있었다. 꽁지머리를 한 동물 권리 보장 운동가가 무대에 올라, 성별에 따른 급여 불평등에 대해 발언하던 대통령 후보 카멀라 해리스의 마이크를 빼앗았다. 그녀는 당황했겠지만 겉으로 내색하지 않았다. 해리스는 곤란한 표정으로 꼼짝도 하지 않았다.

그 남자가 닭이나 다른 농장 동물들을 도살에서 구출할 필요성을 역설했을 때, 무브온 행사에서 해리스와 인터뷰를 진행했던 캐린 장피에르는 남자보다 훨씬 작은 덩치로 해리스와 그 사이에 끼어들어 다시 마이크를 빼앗으려 했다.

그러자 파란 재킷에 청바지, '해리스를 대통령으로' 티셔츠를 입은 센추리시티의 엔터테인먼트 분야 변호사 더글러스 C. 엠호프가 분노로 입술을 일그러뜨린 채 무대로 뛰어올랐다. 엠호프는 건장한 보안 요원과 함께 무대 밖으로 남자를 끌어냈다. 엠호프는 남자를 때리지는 않았지만 금방이라도 그렇게 할 것 같은 표정이었다.

브루클린에서 태어나 뉴저지와 로스앤젤레스에서 자란 엠호프는 카멀라 해리스의 남편이다. 2013년 두 사람이 만났을 때, 엠호프는 기업 및 엔터테인먼트 산업 고객을 대표하는 국제 로펌 베너블 LLP의 로스앤젤레스 사무실을 관리하며 열심히 변호사 일을 하고 있었다. 그는 이전 결혼에서 아들 하나, 딸 하나를 낳았고, 괜찮은 골퍼이자 레이커스 팬이며, 데이트 장소를 검색하는 중년 남성이었다. 여느 캘리포니아주 사람들과 마찬가지로, 그는 정치에 큰 관심을 쏟지 않았다. 엠호프는 2000년대에 로스앤젤레스 정치인들에게 총 5,800달러, 캘리포니아주 정치인들에게 650달러를 기부했다. 주 후원금은 국회의원직에 출마하는 두 후보자에게 돌아갔는데, 두 사람 모두 낙선했다. 엠호프는 급여 공제를 통해 로펌의 연방정치행동위원회에 매달 100달러를 기부했다. 이 로펌에서 그가 맡은 지도적 역할을 감안하면 의무적인 액수에 불과했다. 그는 존 케리의 2004년 대선 운동에도 100달러를 기부했다. 정치 관련 지출이 많은 사람은 아니었다.

엠호프는 변호사로서, 소비자의 사생활 침해를 방어하기 위해 고객을 변호하고, 광고 캠페인에 치와와를 활용한 것에 대해 타코 벨이 제기한 소송에서 광고 회사를 변호했으며, 노동자들과 임금 분쟁을 벌이는 영화 스튜디오, 사용자의 허벅지 대퇴부를 부러지게 만든 것으로 알려진 약물에 대한 집단소송에서 의약품 제조 회사 머크를 변호했다.

베너블에서 엠호프는 온라인 영상물 저작권을 사들인 어느 로스앤젤레스 회사를 대리해 '아기에게 가운뎃손가락 사용법을 가르치는 고릴라' '깨진 변기에 소변 분사하기' '물리 선생님 대가리 들이받기' 같은 고전 영상에 대한 저작권 침해와 '지하철 타고 피자 배달하는 쥐' 영상에서 캡처한 뉴욕 지하철 장면 관련 저작권 침해 사건을 맡았다.[1] 사건은 해결되었다.

당연하겠지만 카멀라 해리스에게 데이트는 쉽지 않은 일이었다. 그녀는 자신의 선택에 신중해야 했고, 처음에는 대도시의 검사장으로, 그다음에는 캘리포니아주의 검찰총장으로 일하는 데 온 신경을 쏟아야 했다. 캘리포니아주의 검찰청 수장과 데이트를 한다고 하면 약간 겁먹는 남자들도 있을 것이다. 어떤 관계든 해리스는 여전히 사생활을 비밀에 부쳤다.

전 사우스벤드 시장이자 민주당 대통령 후보였던 피트 부티지지의 남편, 채스턴 부티지지가 인터넷에 올린 동영상에서 엠호프는 그들의 이야기를 다음과 같이 회상한다.[2]

해리스의 수십 년 지기인 크리셋 허들린과 그녀의 남편인 영화감독 레지널드 허들린은 까다로운 법률 문제에 대한 자문을 얻으러 엠호프를 찾아갔다. 상담이 끝날 무렵, 크리셋은 엠호프에게 결혼했는지 물었다.

"그건 왜요?" 엠호프가 되물었다.

크리셋은 30년 동안 알고 지낸 미혼 친구가 있다고 설명했다. 엠호프가 누군지 물었다.

크리셋이 "카멀라 해리스"라고 대답했다.

"제가 그 사람을 어떻게 알아요?" 엠호프가 물었다.

크리셋은 캘리포니아주 검찰총장이라고 알려주었다.

엠호프는 채스턴 부티지지에게 이렇게 말했다. "'세상에, 그 사람 정말 멋지잖아요'라고 했어요."

크리셋은 엠호프에게 해리스의 번호를 알려주며 비밀이라고 경고했다. 일을 망치면 허들린 가족은 다른 곳에서 법률 자문을 구할 테니 잘해보라고도 했다. 해리스는 자서전에서 크리셋이 자신에게 전화를 걸어 어떤 남자 이야기를 들려주었다고 썼다. "귀엽고, 로펌의 경영 파트너인 데다 네가 정말 좋아할 것 같아."[3]

그날 밤, 엠호프는 레이커스 경기장에서 해리스에게 문자를 보냈다. 그녀는 그 주말에 로스앤젤레스로 내려갔다.

엠호프는 부티지지에게 "난 그저 변호사나 하는 놈인데"라며 "전설적인 영화감독 레지널드 허들린이 주선한 소개팅에서 카멀라를 만난 거죠"라고 말했다.[4] 전형적인 L.A. 러브 스토리였다.

두 사람은 몰래 관계를 키워나갔다. 심지어 엠호프의 친한 친구들조차 전혀 눈치채지 못했다. L.A.의 로펌 세계도 그리 넓지는 않아서, 변호사 론 우드는 가끔 브렌트우드의 피츠 커피와 일터가 있는 센추리시티의 고층 건물 로비에서 엠호프와 만나곤 했다. 둘 다 이혼한 한 부모 가정의 아버지로, 점심시간이면 만나서 데이트 장소 선정의 까다로움과 기업법의 압박, 바로 퇴근해 집에서 쉴 수 없는 고충과 주말에는 꼬박 자녀들과 함께 있어야 하는 등의 어려움을 공유하며 밥도 먹고 술도 마셨다. 우드는 "여느 이혼한 싱글 대디들처럼 엠호프도 가족의 의무를 진지하게 받아들였다"라고 말했다.[5]

2014년 어느 날, 우드와 엠호프는 단골 점심 식당인 테이크아웃 중국 식당에서 줄을 서서 기다리고 있었는데, 엠호프가 그의 약혼자에게 받은 반지를 자랑했다. 사실은 청혼만 했지만 두 사람 다 반지를 끼기로 했다. 화려한 반지는 전혀 아니었지만 약혼은 큰 뉴스인 데다 너무나 갑작스러웠다. 엠호프는 그만큼 관계를 조용히 유지했다. 엠호프가 약혼녀 이름을 말했을 때 우드는 더더욱 기가 막혔다. 하워드대학 동문인 우드는 대학 시절 해리스와 친구였다. 그들은 그 후 몇 년 동안 연락을 이어갔고, 우드는 해리스의 선거 캠프 기부자가 되었다. 몇 주 후 결혼을 발표했을 때, 그는 엠호프와 해리스를 피츠 커피 전문점에서 우연히 마주쳤는데, 두 사람은 스피닝을 하고 와서 땀에 흠뻑 젖어 있었다. "80억 인구 가운데 어떻게 두 사람이 만났을까?" 우드는 의아했다. 하지만 생각하면 할수록 그럴 만도 하다는 생각이 들었다. 두 사람 모두 각자의 분야에서 선두 주자이고, 똑똑하고, 적극적이며, 기량이 뛰어났다. "아주 잘 만났다는 생각이 들었어요."

해리스는 결혼을 결정하기 전, 엠호프를 시험해보았다. 그녀는 선거 재정위원장인 마크 부엘이 골프를 쳐보면 사람의 성격을 잘 파악할 수 있다고 한 말이 생각났다. 그래서 해리스는 부엘에게 엠호프와 골프를 쳐보라고 부탁했다. 부엘은 와인 산지 서노마 카운티의 전용 클럽인 마야카마 골프장을 선택했다. 엠호프는 골프채를

카멜라 해리스, 차이를 넘어 가능성으로

휘두를 수 있었지만 중요한 건 그게 아니었다. "그는 정말 사랑스러운 남자였다"라고 부엘은 말했다.[6] 그는 확실하게 시험을 통과했다.

해리스와 엠호프는 2014년 8월 22일, 남부 캘리포니아주에서 결혼식 장소로 즐겨 찾는 아름다운 미션 건축양식의 샌타바버라 카운티 법원에서 비공개 결혼식을 올렸다. 해리스의 여동생 마야가 결혼식을 진행했다. 해리스는 자서전에서 인도의 전통대로 엠호프의 목에 화환을 걸었다고 썼다. 엠호프는 유대인 전통대로 유리잔을 밟아 깼다.

두 사람 모두 마흔아홉 살이었다. 엠호프는 신부보다 일주일 먼저 태어났다. 결혼식이 끝난 후, 해리스와 엠호프는 프레시디오 장교 클럽에서 샌프란시스코 친구들을 위한 파티를 열었다. 캘리포니아주 건축 및 건설 무역협회에서 일하는 친구이자 지지자인 에린 르혜인은 "그녀는 정말로 행복해 보였다"라고 말했다.[7]

재혼 후 엠호프는 법률회사 DLA 파이퍼에서 퇴사했다. 거기서 일할 때 그가 로비를 하지는 않았다. 하지만 이 회사는 워싱턴의 방위산업체, 건강보험업자, 엔터테인먼트 대기업 등에 로비를 하고 그들을 대리해왔다.

2014년부터 사람들은 해리스 선거 캠페인에서 엠호프의 모습을 볼 수 있었다. 2016년과 2019년에도 정기적으로 참여했다. 엠호프가 2019년 샌프란시스코 프라이드 퍼레이드에서 오픈카에 서서 춤추는 영상을 누군가 트위터에 올렸다. 해리스는 엠호프더러 '아재 몸에 아재 춤'이라며 웃었다.[8] 2020년에 엠호프는 훨씬 더 큰 무대에 올라 바이든-해리스 득표를 위해 유세를 벌였다. 〈워싱턴 포스

트〉는 그를 "2020년 선거운동의 뜻밖의 인물, 팬데믹 시기 대선의 색다른 주역"이라고 표현했다.[9]

엠호프의 자녀 콜과 엘라는 재즈계의 거장 존 콜트레인과 엘라 피츠제럴드의 이름을 따서 지었다. 엘라 엠호프는 민주당 전당대회에서 해리스를 소개했다. 그들은 해리스를 '모말라'라고 부른다. 자랑스러운 새엄마 해리스는 그녀의 @카멀라해리스 트위터 계정의 자기소개란에 그 애정 표현을 썼다.

✦━━━━✦

꽁지머리를 한 남자는 모스콘 센터 밖으로 쫓겨났다. 샌프란시스코식대로 남자는 언론 인터뷰까지 했다. 나는 그를 인터뷰하지 않았다.

20

서두르는 여자

Woman in a Hurry

2014년에 카멜라 해리스가 캘리포니아주 검찰총장으로서 재선에 성공할 것인가 여부는 중요하지 않았다. 그보다 해리스가 두 번째 임기를 제대로 마칠 것인가가 문제였다.

2014년 8월 해리스는 내게 "그렇게 되길 바란다"라며 말을 아꼈다.[1]

카멜라 해리스는 서두르고 있었다. 사람들은 해리스가 2018년 주지사 선거에 출마하거나 바버라 복서가 은퇴할 경우 2016년 미국 상원의원 선거에 출마할 거라고 생각했다. 상원의원에 출마할 기회가 생기면 어떻게 하겠느냐는 질문에 그녀는 "그 생각은 해본 적이 없는데요"라고 답했다. 온전히 믿음이 가는 답변은 아니었다. 해리스는 빠르게 나아가고 있었다.

2014년에는 민주당의 어느 누구도 재선에 도전하는 카멜라 해리스에게 도전장을 내밀지 못했다. 공화당 경쟁자인 로널드 골드 검사는 마리화나를 합법화해야 한다는 주장을 바탕으로 캘리포니아주의 최고 법 집행자가 되기 위한 캠페인을 전개했다. 당시 〈샌프란시스코 크로니클〉의 칼럼니스트였던 데브라 J. 손더스는 그를 '아카풀코 골드'라 불렀다.[2] 골드는 자신의 선거운동에 채 13만 달러도 쓰지 못했고 캘리포니아주 공화당에서도 별다른 지원을 받지 못했다.

오랫동안 의료용 마리화나를 지지해온 해리스는 상업용 마리화나 판매를 불법화하는 데 대해 어떻게 생각하느냐는 기자의 질문을 어정쩡한 웃음으로 넘겼다. 해리스는 나중에 이 개념을 수용하기는 했지만 마리화나의 상업적 판매 문제는 2014년 검찰총장 선거의 판도를 뒤흔들지 못했다. 첫 4년 임기 동안에도 해리스는 정치적으로 필요한 일이 아닐 때는 입장을 표명하지 않았다.

도박 문제를 예로 들 수 있는데, 캘리포니아주에서는 검찰총장이 도박을 감독할 책임을 진다. 61개 인디언 부족이 소유한 63개 카지노에서 연간 총 80억 달러를 벌어들이고, 또 다른 88개의 카드 룸에서는 연간 8억 5,000만 달러의 수익을 올린다. 복권 사업으로는 연 25억 달러를 벌어들인다. 캘리포니아주는 도박 사업에서 미국 최대 규모인 네바다주와 거의 맞먹는다.

해리스의 재임 기간에 입법자들은 인터넷 포커와 스포츠 도박을 합법화하는 방안을 고려했다. 그러자 캘리포니아주에서 가장 많은 선거 후원자에 속하는 인디언 부족이 분열되었다. 카드 룸 소유주와 경마장 관계자도 이 아이디어를 마음에 들어 했다. 물론 거기서 이득을 얻을 경우에 한해서 말이다. 해리스는 2014년에 이 문제를 검토 중이라고 말했다. 그 이슈의 금전적인 이익을 놓고 잠재적인 선거 후원자들은 서로 반목했다. 그녀는 한 번도 거기에 대해 입장을 표명하지 않았다. 그 문제는 해결되지 않은 채로 남았다.

해리스는 몇 년 동안 초등학교 무단결석을 비난하며 이 문제가 취약 계층 아이들을 평생 따라다닐 것이라고 말했다. 하지만 캘리포니아주에서 형편이 어려운 지역의 학교 학생들에게 영향을 미친 교사 종신 재직권 문제에 대해서는 2014년 캠페인 동안 공개적으로 입장을 밝히지 않았다. 해리스의 지지자와 선거운동 기부자 중 강력한 그룹인 캘리포니아주 교사협회는 종신 재직권으로 교사 직위를 보호하는 방안을 지지했다. 하지만 2014년 캘리포니아주의 한 판사는 학교에 가장 많이 배치되는 이도, 해고 통지를 가장 먼저 받는 이도 젊은 교사들이라는 이유를 들어 교사 종신 재직권이 가난한 학생들의 시민권을 침해했다고 판결했다.

"실질적인 증거를 보면 법률이 빈곤층이나 소수민족 학생들에게 불균형적으로 영향을 미친다는 사실을 분명히 알 수 있다."[3] 롤프 M. 트레우 판사가 작성한 의견서에 대해 오바마 대통령의 교육장관인 안 덩컨은 칭찬을 아끼지 않았다. 해리스의 검사들은 캘리포니아주 공립 교사 교육감을 대신해 항소했고, 2016년 해리스가 연방 상원의원 선거에 출마하면서 하급법원 판결이 뒤집혔다.

해리스는 자신에게 필요하거나 정치적으로 도움이 될 때만 입장을 표명했다. 하지만 그건 '정치인이 입장을 표명할 때마다 누군가는 소외될 위험이 있다'는 진리를 깨달았기 때문이기도 하다. 2014년 사실상 경쟁 없이 선거에 나선 해리스는 회피하기로 한 이슈에 대해 입장을 표명할 필요가 없었고 그렇게 하지도 않았다.

해리스는 재선에 성공하고도 남을 만큼 많은 업무를 수행했다. 은행들로부터 양보를 얻어내 주택 담보대출 위기로 고통받는 주택 소유자를 도왔다. 환경법 집행을 위한 소송도 제기했는데, 오염업소 근처에 사는 사람들, 특히 빈곤 지역과 소수민족 사회에 피해를 줄 수 있는 '폐 손상 가능성이 있는 배기가스' 배출을 제한하지 않는 사업장에 대해 폐쇄 조치를 요구하는 법이었다. 그 소송 덕분에 디젤기관차가 내뿜는 배기가스로부터 롱비치의 한 초등학교 아이들을 보호할 수 있었다.

해리스는 기술 산업이 지배적인 캘리포니아주에서 프라이버시법을 시행하려고 했고, 두 번째 임기에는 훨씬 더 많은 일을 시도한다. 그녀는 캘리포니아주 검찰청 웹사이트에서 경찰서 구류 중 사망과 관련해 일반인이 열람할 수 있는 기록의 수를 크게 늘렸다.

해리스는 검찰총장실 내 법무관실을 마련해 먼저 사건을 검토하고 미 연방대법원과 캘리포니아주 대법원으로 넘어가도록 했다. 직접 사건을 검토하며 지적으로 도전하는 것을 선호하는 숙련된 최고참 차장검사들은 그 조치를 못마땅해했다. 그러나 전문가들은 이 법무관실이 주정부 항소의 질을 향상시켰다고 여긴다.

물론 해리스는 더 많은 일을 할 수 있었을 것이다. 일부 변호사는 그녀가 경찰의 가혹 행위에 대해 강력한 행동을 취하지 않았다고 생각했다. 하지만 해리스는 '사형 제도에 반대해 경찰을 격분시킨 적 있는 흑인 여성'이라는 자신의 위치를 생각하지 않을 수 없었다. 그녀는 변화를 오래 지속시키려면 법 집행기관의 승인이 필요하다는 것을 잘 알았다. 해리스는 임무 수행 중 사망한 경관의 장례식에는 반드시 참석해 경찰 내 반대 세력을 줄여나가려 했다. 해리스는 또 지역 경찰 기관을 방문해 경찰들의 영웅적인 업적에 상을 수여했다.

해리스는 재선 선거운동에 360만 달러를 썼고 130만 달러가 남아 다음 선거에서 사용할 수 있었다. 베이 지역과 로스앤젤레스 카운티에서 엄청나게 큰 표 차로 앞서며 57.5퍼센트의 득표율로 승리했다. 해리스가 부진했던 적을 상대로 승리를 거둔 곳은 주 전체 58개 중 26개 카운티뿐이었다.[4] 이는 그녀가 주 전체 검찰청에서 일해온 4년 동안 공화당 지지 구역과 남부 캘리포니아주 교외 카운티의 지지를 얻는 데 실패했다는 증거로 볼 수 있다.

2015년 1월 5일 타니 칸틸사카우에 주 대법원장은 해리스의 두 번째 임기를 위한 취임 선서를 진행했고, 그날 칸틸사카우에의 역할은 캘리포니아주의 진화와 그 정치 지도자를 담아내는 일이었다. 그녀의 어머니는 필리핀에서 이민 왔고, 어린 칸틸사카우에는 새크라멘토의 골목 안 사창가 옆에서 부모님과 함께 살았다. 그녀는 리노의 카지노에서 웨이트리스와 블랙잭 딜러 일을 하며 대학을 졸업했고, 검사와 판사가 되었으며, 슈워제네거 주지사의 지명으로 대법원장으로 승진했다. 그녀는 공화당원이었지만 브렛 캐버노 대법관의 인사청문회를 지켜본 후 조용히 탈당한다.[5]

해리스는 새크라멘토 시내 크로커 미술관에 모인 소수의 군중 앞에서 캘리포니아주와 거기서 배출한 지도자들에 대해 야심 찬 연설을 했다.[6] "미국인들은 캘리포니아를 주목합니다. 어떤 변화가 찾아오고 있는지 보려고 우리를 바라봅니다. 혁신이 어떤 모습으로 이루어지는지 보려고 우리를 바라봅니다. 우리는 과거에 짓눌리지 않고 앞으로 할 수 있는 일에서 영감을 받기 때문에 그들은 우리를 바라봅니다."

해리스는 자신이 세운 가장 자랑스러운 업적을 나열했다. "가장 높은 보수로 고용된 월스트리트 은행들의 군대와 맞서" 캘리포니아주 주택 소유자를 위해 200억 달러를 얻어냈고, 캘리포니아주 주택 소유주 권리장전을 만드는 것을 도왔다. 첫 4년 동안 캘리포니아주 검찰청 요원들은 1만 2,000파운드의 필로폰을 압수했고 거리에서 1만 2,000개의 불법 총기를 회수했다고 했다.

해리스는 "약속합니다. 다음 임기에는 불법 총기를 절반으로 줄이겠습니다. 저는 이 검찰청의 힘을 이용해 차세대 캘리포니아인들을 일으켜 세울 것입니다"라고 말했다.

해리스는 중앙아메리카를 탈출해 남부 국경 지역에 도착한 미동반 미성년자를 보호하고 법 집행에서 '신뢰의 위기'에 맞서기 위한 의제를 마련했다. 그녀는 자신의 새로운 e크라임 유닛 eCrime Unit을 활용해 "동의 없이 이미지를 게시하는 방식으로 여성을 갈취·모욕·비하하며 이익을 얻는 온라인 포식자들을 기소하겠다"라고 약속했다. 어린이 정의 부서를 신설하는 계획을 세우고 초등학교 무단결석에도 계속 집중하겠다고 다짐했다.

해리스는 "이제 캘리포니아주에서 아이가 교육을 받지 않는 것은 범죄라고 말해야 할 때"라고 선언했다.

그때가 2015년 1월 5일이었다. 하지만 카멀라 해리스는 성미가 급한 여자였다.

열흘 후, 해리스는 다음 단계를 발표했다.

21

해리스를 도와준 조 바이든

Joe Biden Gives Harris a Hand

카멀라 해리스가 캘리포니아주 검찰총장 겸 법무장관으로 두 번째 임기를 시작하기 위해 취임 선서를 한 지 3일 후, 바버라 복서 상원 의원은 2016년 재선에 나서지 않겠다고 발표하며 1992년 이후 점 유하고 있던 상원의원 자리를 열어두었다. 2015년 1월 8일 목요일 이었다.

토요일 아침, 카멀라 해리스는 에이스 스미스, 숀 클레그, 댄 뉴먼 으로 구성된 선거 전략 팀의 샌프란시스코 사무실에 일찌감치 도착 했다. 진지하게 의논할 일이 있었기 때문이다. 회의 테이블은 UC버 클리대학 캠퍼스에 있는 캘리포니아 메모리얼 스타디움에서 공수 한 오래된 오크나무로 만들었는데, 바로 아래 땅속에 펼쳐진 헤이 워드 단층선으로부터 보호하기 위해 심어둔 것이었다. 회의실 벽은 토머스 내스트가 그린 그림과 〈하퍼스 위클리〉 표지, 링컨 행정부 와 19세기 후반부터 20세기 초반까지 정치 유머와 풍자를 다룬 잡 지인 〈픽〉의 표지로 장식되어 있었다. 그 잡지는 셰익스피어의 대 사를 모토로 내세운다. "이 얼마나 어리석은 인간들인가!"

해리스는 제리 브라운이 2018년에 은퇴하면 주지사 선거에 출마 하려고 했다. 주변 사람들은 해리스가 미국에서 가장 큰 주를 통치하는 최초의 여성이 되는 상상을 했다. 샌프란시스코 동료 개빈 뉴섬도 2010년 브라운에게 도전할 가능성을 염두에 두면서 주지사 선거에 출마할 생각이었다. 해리스는 그 주 초에 부지사로 두 번째 임기를 맞은 뉴섬 앞에서 선서했다. 그녀는 두 사람이 맞붙으면 자신의 '프레너미(친구이자 적)'를 이길 수 있다고 자신했다. 하지만 복서가 은퇴를 발표하자 해리스는 다른 정치적 포상 쪽으로 눈을 돌렸다.

해리스는 100명의 상원의원 중 한 명이 된다면 자신이 어떤 영향력을 발휘할 수 있을지 궁금해졌다. 해리스는 그녀가 자주 쓰는 표현대로 어떻게 하면 '이 방에 없는' 사람, 도움이 필요한 사람, 이민자, 유색인종을 가장 잘 대변할 수 있을지 알고 싶었다. 해리스는 힐러리 클린턴의 2016년 대선 출마를 지지했지만 당에서는 클린턴이 아닌 오바마의 사람이었고 상원과 하원도 공화당이 장악하고 있었다. 해리스는 연공서열 밑바닥에 있는 소수당의 당원으로서 자신의 모습을 상상해보았다.

최근 수십 년 동안 지미 카터, 로널드 레이건, 빌 클린턴, 조지 W. 부시 등은 주지사를 발판으로 대통령이 되었다. 하지만 존 케리, 버락 오바마, 존 매케인, 힐러리 클린턴, 버니 샌더스 등을 보면 상원의원도 디딤돌이 될 수 있음을 알 수 있었다. 미국 정치는 상당수 중앙집권화되어가는 추세였는데, 이는 주 및 지역 뉴스 조직이 줄어들고 주의회 의사당, 시청에서의 보급률이 감소하면서 나타난 안타까운 결과 중 하나였다. 주지사, 특히 캘리포니아 주지사도 많은 권력을 갖고 있었지만 언론과 유권자는 워싱턴에만 집중했다.

선거 전략가들은 매사추세츠주 출신의 두 정치인에 대해 이야기했다. 해리스는 정기적으로 전국적인 토론을 이끈 엘리자베스 워런 상원의원과 온갖 재능을 갖추었지만 캘리포니아주 외 지역에서는 거의 알려지지 않았던 더발 패트릭 주지사를 보면서 지도자가 된 자신의 모습을 떠올려보았을까?

검사장과 검찰총장 출신 상원의원으로서 해리스는 대법관 인준에 큰 영향을 미칠 수 있었다. 2015년에는 아무도 2016년 대선 결과를 예측할 수 없었다. 그러나 캘리포니아주 출신의 밝고 야심 찬 상원의원은 아이오와주와 뉴햄프셔주에서 대통령 출마 가능성을 타진하는 자신을 발견할 수 있었다. 해리스는 상황을 다각도로 가늠하며 집으로 가서 남편과 여동생, 토니 웨스트와 함께 신중하게 고민했다.

그 일요일 저녁, 뉴섬은 해리스에게 상원의원에 출마하지 않겠다고 말했다. 그리고 월요일에 2018년 주지사 선거에 출마한다고 선언했다. 검찰총장으로서 두 번째 임기 선서를 마친 지 불과 8일 후인 그 주 화요일, 해리스는 미국 상원의원에 출마할 뜻을 밝혔다. 해리스는 원래 방식대로 대대적으로 선언했고, 첫날에만 무려 9만 2,452달러의 후원금을 모금했다. 해리스의 선거 전략 팀은 그녀가 타의 추종을 불허한다는 이야기를 퍼뜨렸고 이는 충분히 믿을 만했다.

〈가디언〉은 "해리스는 여성 오바마로 불린다. 요리도 직접 하고 후드 티를 입고 체육관에 간다"라고 썼다.[1] "그녀는 검사들을 영웅으로 여기며 엘리자베스 워런이 월스트리트에 한 것처럼 모기지 기업들에 대항했다."

해리스가 출마를 발표한 날 워런 상원의원은 성명을 내고 "똑똑하고, 터프하며, 월스트리트에 꾸준히 맞서온 노련한 검사"라고 말했다.[2] 코리 부커 상원의원은 자신의 트위터 팔로어에게 해리스에게 기부할 수 있는 웹사이트를 방문해달라고 요청했다. 키어스틴 질리브랜드 상원의원은 해리스를 "상원에서 우리에게 꼭 필요한 지도자"라고 불렀다.[3] 세 사람 모두 2020년 대선 후보 경선에서 해리스와 경합을 벌이게 된다. 하지만 당시에는 모두가 한 팀이었다.

◆――◆――◆

1992년 바버라 복서는 앨런 크랜스턴이 네 번 연임한 상원 의석에 출마했고, 다이앤 파인스타인은 1990년 주지사 선거에서 자신을 꺾은 피트 윌슨의 상원 임기를 채우기 위해 보궐선거로 당선된 공화당 의원의 두 번째 임기에 도전하겠다고 나섰다. 복서와 파인스타인 모두 치열한 경쟁에 직면했다. 민주당원으로는 1998년 주지사가 된 그레이 데이비스, 레오 매카시 주지사, 영향력 있는 로스앤젤레스 하원의원 멜 러빈이 있었다. 2015년에 캘리포니아주 유권자들은 현세대에게 처음으로 개방된 미국 상원 의석이기에 더더욱 큰 관심을 가졌을 것이다. 분명 야심 찬 정치인이 많았다.

애덤 시프, 하비어 베세라, 로레타 샌체즈 등 남부 캘리포니아주 출신 민주당 의원 모두 출마를 고려하고 있었고 샌프란시스코의 헤지펀드 억만장자이자 기후변화 운동가인 민주당원 톰 스타이어도 마찬가지였다. 스타이어는 자비로 선거 경비를 댈 수도 있었다. 그러나 멕 휘트먼과 다른 부유한 후보들이 그랬듯 캘리포니아주 사람들은 자비로 선거 자금을 대는 후보들을 고운 시선으로 보지 않았다. 스타이어는 그 편이 낫다고 생각했다. 베세라와 시프는 지역구 외에는 거의 알려지지 않은 인물이었다.

앤토니오 비어라고사 전 로스앤젤레스 시장도 출마를 고려했는데, 출마했다면 강력한 경쟁자가 되었을 것이다. 그는 능숙한 선거운동가이며, 백만 달러짜리 미소를 갖고 있었고, 클린턴을 든든한 후원자로 두었으며, 많은 캘리포니아주 사람들에게 어필할 만한 입장을 취했다.

그와 해리스는 1995년 비어라고사가 의회 첫 임기를 수행할 때 만난 친구 사이였다. 한동안 두 사람은 정기적으로 만나 대화를 나눴다. 비어라고사는 해리스가 누나처럼 사랑한다고 말하며 대화를 마무리 짓는 방식은 늘 감동을 준다며 좋아했다. 윌리 브라운은 1995년 국회의장을 그만둘 무렵, 비어라고사에게서 자신의 모습을 발견하며 멘토가 되어주었다. 비어라고사는 동부 로스앤젤레스에서 홀어머니 아래 자랐고 알코올의존증 환자인 아버지는 곁에 없었다. 어린 앤토니오는 신발 밑창에 구멍이 나면 판지를 잘라 대고 신었다. 고등학교를 중퇴하고 식당에서 난동을 부리다가 체포됐지만, 자신을 믿어주는 교사를 만나 UCLA를 거쳐 로스쿨에 진학해 로스앤젤레스 교사노동조합에 취업했다. 1994년 그는 로스앤젤레스 다운타운 지역대표로 선출되었고, 의회에서 가장 진보적인 세력으로 부상해 총기 규제와 캘리포니아 주민에 대한 부유세 증세를 추진했다. 어느 것도 인기를 얻을 만한 정책은 아니었다.

그는 임기를 마치고 로스앤젤레스로 돌아가기 전에 국회의장 자리까지 올랐고, 2005년에 로스앤젤레스 제41대 시장으로 선출되었다. 당시 비어라고사의 선거 전략가 중에는 해리스의 샌프란시스코 출신 선거 전략 팀원도 다수 포함되어 있었다. 비어라고사가 상원의원 선거에 출마하려고 할 때, 윌리 브라운은 그에게 대신 해리스를 밀어주라고 강력히 충고했다. 브라운은 "그의 충성심과 해리스와의 관계는 매우 가치 있다. 나는 이번 기회에 그 충성심을 증명할 수 있다고 본다"라고 말했다.[4] 비어라고사의 전 멘토인 브라운은 "언젠가는 그가 주 전체 선거에 출마해 보상받을 수 있기를 희망한다"라고 덧붙였다.

당시 62세였던 브라운은 비어라고사에게 해리스의 편을 들어주라고, 다음 차례가 오길 기다리라고 말한 것이다. 라틴계 인구가 40퍼센트를 차지하는 캘리포니아주에서 비어라고사가 성취한 것들을 볼 때 이는 상당히 모욕적인 발언이었다.[5]

그러나 미국에서 두 번째로 큰 도시의 시장이었던 비어라고사는 주의 최고 경영자가 되는 것을 더 선호했다. 그는 뉴섬처럼 주지사가 되고 싶었다. 비어라고사와 다른 남부 캘리포니아 주민에게 이번 결정은 후원금 모금 능력, 여론조사, 캘리포니아주 유권자에 관련된 기본적인 사실(캘리포니아주 인구는 남부 캘리포니아가 더 많지만 베이 지역 사람들의 투표율이 더 높기 때문에 북부 캘리포니아 민주당원에게 유리하다는 사실)에서 출발했다(비어라고사는 해리스의 지지 없이 2018년 뉴섬을 상대로 주지사 선거에 출마했다). 브라운 한 명만 빼고 다른 경쟁자

들은 모두 해리스에 맞서 상원의원 선거에 출마하는 편이 더 낫다
고 생각했다.

◆——————◆

2015년 5월 14일 해리스가 출마를 발표한 지 5개월 후, 오렌지
카운티 출신의 10선 의원 로레타 샌체즈가 출마를 발표했다. 서류
상으로는 샌체즈가 강해 보였을 수도 있다. 그녀의 이야기는 무척
흥미로웠다. 그녀는 이민자 부모의 일곱 형제 중 한 명으로 태어났
고, 그녀의 언니 린다 샌체즈 역시 국회의원이었다.[6] 샌체즈는 저렴
한 공립 어린이집 헤드 스타트에 다녔다. 그녀는 남부 캘리포니아
주 인구 중심지에 둔 자신의 뿌리와 라틴계 유권자를 기반으로 상
원의원 자리까지 올라가길 바랐다. 하지만 후보자로서 그녀는 실언
을 남발했다.[7]

선거운동 초기에 샌체즈는 인디언과 인도에서 온 사람의 차이를
언급하며 인디언 특유의 함성을 흉내 내기도 했다. 결국 그녀는 미
국 원주민 지도자들에게 사과했다. 후보 토론회에서 샌체즈는 자기
딴에는 기발하다고 생각한 이상한 춤 같은 것을 만들어냈는데, 당
시 캐롤라이나 팬서스의 쿼터백 캠 뉴턴이 유행시킨 '댑'이라는 춤
동작에서 따온 것이었다.[8]

해리스는 깜짝 놀라 그 모습을 다시 쳐다보았다.

샌체즈는 중요한 정책에 대해 캘리포니아주 민주당원들과 보조
를 맞추지 못했다. 의회에서 그녀는 총기 제조사들과 조지 W. 부시

대통령의 편을 들어 총기 제조사에 면책특권을 부여하는 데 투표했다. 그것은 미국 총기협회NRA가 후원한 법안이었다. 그 결과 총기 난사 사건에 사용된 무기를 제조한 회사들은 사건의 생존자 가족들이 제기한 소송으로부터 면책특권을 누렸다.

◆———◆

2015년 1월 13일 출마를 선언한 후, 해리스는 지지 세력을 견고히 하고 후원금을 모금하기 위해 전화를 돌리느라 바빴다. 샌체즈가 경선에 합류한 5월 중순까지 해리스는 397만 7,000달러를 모금했는데, 당시 단일 선거에서 개인이 후원할 수 있는 연방 상한선이 2,700달러임을 감안할 때 나쁘지 않은 수준이었다. 이 돈은 마크 부엘과 수지 부엘, 월스트리트의 억만장자 조지 소로스와 로널드 페렐먼, 바브라 스트라이샌드, 로브 라이너, 숀 펜, 케이트 캡쇼, 돈 치들 등 할리우드 스타, 그리고 변호사, 실리콘밸리 노조 같은 샌프란시스코 출신 친구들이 후원한 것이다. 397만 7,000달러는 샌체즈가 선거운동 전체 기간 동안 모금한 420만 달러와 맞먹는 금액이었다. 해리스의 선거 전략 팀은 샌체즈의 무능력에 경탄할 정도였다. 하지만 그런 상태는 오래가지 못했다.

여러 이슈에 대해 확신이 없었던 해리스는 2015년 초에는 대개 기자들을 피해 다녔다. 출마를 발표한 지 3개월 후인 4월에 해리스는 샌프란시스코에서 킥오프 행사를 크게 열었다. 제니퍼 그랜홈 전 미시간 주지사, 코리 부커 뉴저지주 상원의원, 하원의원 몇 명,

시 공무원이 참석했다. 그러나 당시 〈샌프란시스코 크로니클〉의 카를라 마리누치가 보도한 대로 언론은 출입을 거부당했다.[9] 선거 캠페인의 시작이라기엔 참으로 기이한 방식이었다.

아무리 연방 상원의원에 출마한 것이라 해도 해리스는 캘리포니아주에 중요한 연방 문제는 물론 러시아의 우크라이나 침공, 나토 동맹, 중동 문제 등 국제 현안에 대한 입장도 밝히지 않았다. 해리스는 인터뷰를 거절해 기자와 경쟁자 들에게 지나치게 신중하다는 인상을 심어주었다. 그해 말이 되자 상황은 더 악화되었다.

해리스의 캘리포니아주 선거 전략가들은 주 경선에서 승리를 거머쥐는 데 경험이 있는 사람들이었다. 주 전체에서 안정적으로 유권자를 확보하고 있는 인물은 제리 브라운, 개빈 뉴섬, 해리스 등이었다. 그들의 목표는 해리스에게 수백만 달러의 후원금을 모아주어 2015년에는 아껴서 지출하다가 선거가 다가오고 유권자들이 경선에 관심을 갖기 시작하면 절실히 필요한 광고에 남겨둔 돈을 쏟아붓는 것이었다.

하지만 워싱턴 내부 인사들이 운영하며 마야 해리스를 중심으로 활동하는 민주당 상원 선거대책위원회가 캘리포니아주 톱클래스 후보에게 필요하다고 생각한 것들은 사뭇 달랐다. 우선 수십 명으로 이루어진 조직 구성에 어마어마한 비용이 들었다. 해리스가 선거운동에 비용을 너무 많이 쏟아붓는다는 소문이 퍼졌다. 2015년 10월 〈새크라멘토 비〉는 해리스의 선거 캠프에서 후원금을 모금할 때와 같은 빠른 속도로 돈을 써대고 있다고 보도했다. "우편 후원금 호소, 로스앤젤레스에 상주하는 대규모 선거 캠프, 전국에 흩어져 있는 저명한 모금 운동가 등에 수십만 달러를 지출하고 있다."[10] 11월 〈로스앤젤레스 타임스〉는 선거운동을 대대적으로 개편한다고 보도했다.[11] 캘리포니아주 출신의 후안 로드리게스가 선거 사무장을 맡았고 워싱턴의 직원들도 축출되었다. 그 후 "고급 자동차, 항공권, 최고급 숙박권으로 돈을 물 쓰듯 썼다"라는 내용을 담은 12월 〈애틀랜틱〉 기사가 뜨며 해리스의 선거 캠프에 날벼락이 떨어졌다.[12] 이 잡지는 워싱턴의 세인트 레지스, 시카고의 월도프 아스토리아, 로스앤젤레스의 W 같은 고급 호텔에서 총 1만 8,000달러를 사용했다고 보도했다. 이 기사는 "그녀의 오라에 불가피하게 흠집이 날 수밖에 없는 빈혈성 후원금 모금"이라고 언급했다. 후원자들은 자신의 돈이 낭비되고 있다는 사실에 화가 났고, 해리스 팀은 다 이긴 것처럼 보였던 2015년 4월 경선에 위기감을 느꼈다. 로드리게스는 원칙을 세우고 월급을 삭감하며 지출을 통제했다. 당시 샌체즈의 경쟁력이 거의 바닥이었다는 사실이 그나마 다행이었다.

2016년 공화당은 뒷전이었다. 공화당원이 캘리포니아주에서 승리할 수 있는 실낱 같은 기회라도 얻으려면 슈워제네거나 레이건처럼 스타 파워가 있고, 주머니에서 1억 달러를 기꺼이 꺼낼 수 있는 억만장자여야 했다.[13] 공화당은 캘리포니아주에서는 단 한 푼도 쓸 생각이 없었다. 상원의원 선거에서는 몇백만 달러도 아주 소소하지만 작은 주에서는 훨씬 더 유용하게 쓸 수 있었기 때문이다.

당을 막론하고 캘리포니아주 예비선거에서 1~2위를 차지한 두 후보자가 총선에서 맞붙게 되어 있었다. 운이 나빴던 공화당 후보들은 2016년 예비선거에서 안 그래도 적었는데 더 줄어든 유권자

세력이 분열되는 바람에 민주당의 샌체즈가 명백한 1위인 해리스에 이어 2위를 차지했다.

11월 결선 투표에서 경쟁력을 갖추려면 샌체즈는 덜 진보적인 민주당원임을 내세워 공화당 유권자들에게도 어필하면서, 민주당을 소외시킬 정도까지 너무 우파 쪽으로 기울지 않게 균형을 잡아야 했다. 샌체즈는 공화당 리처드 라이어든 전 로스앤젤레스 시장의 지지를 얻었다. 그는 2001년 이후 은퇴한 상태였다. 보수 성향인 살렘 미디어 그룹의 라디오 토크쇼 진행자 휴 휴잇도 그녀를 지지했다. 샌디에이고 카운티 공화당 소속 대럴 아이사 하원의원도 샌체즈를 지지했는데, 그는 오바마 행정부에 대해 날카로운 공격을 일삼고 크리스 스티븐스 대사를 포함한 미국인 네 명이 사망한 사건에 대해 벵가지 주재 미 영사관에서 정도가 지나친 조사를 벌여 민주당원들을 격분시켰다.

해리스는 캘리포니아주 민주당의 지지를 얻는 것을 목표로 삼았다. 해리스는 바이든 부통령에게 전화를 걸어 2016년 2월 새너제이에서 열리는 주 전당대회에 참석해달라고 요청했다. 바이든은 그렇게 해주었다. 바이든은 이전 해에 암으로 사망한 자신의 아들 보와 해리스가 친한 친구였다고 언급하며 연설을 시작했다. 바이든은 거의 한 시간 동안 진행된 연설에서 45분 만에야 본론으로 들어갔다. 2020년 대선 유세 때 내세운 것과 같은 논점이었다. "문제는 국민이 아닙니다. 정치가 문제입니다. 너무 옹졸하고, 사적이고, 분노로 가득 차 있고, 추합니다."[14] 바이든은 해리스를 축복했고 캘리포니아주 민주당은 그녀를 지지했다. 오바마 대통령도 해리스에게 지지를 보냈다. 샌체즈는 스페인어 방송과 나눈 인터뷰에서 "두 사람 다 흑인이어서 오바마가 해리스를 지지한 것"이라고 오바마 지지의 의미를 일축시키려 했다.[15] 민주당 정치인 중 캘리포니아주에서 오바마보다 더 인기 많은 사람은 없었고 지금도 없다. 샌체즈의 이 발언은 그녀의 망언 목록에 추가되며 해리스에게 행운으로 작용했다.

2016년에 접어들면서 어느 후보가 당선될지에 대해서는 의심의 여지가 없었다. 그동안에도 해리스는 캘리포니아주 검찰청의 고된 업무를 수행해야 했다.

21. 해리스를 도와준 조 바이든

22

저격은
최대한 신중하게

Picking Her Shots

한때 미국 내 최대 영리 대학이었던 코린티안 칼리지는 더 나은 교육을 찾는 사람들을 먹잇감으로 삼는 돈벌이 기관의 부끄러운 역사에서 특별한 자리를 차지한다.

도널드 트럼프가 자신의 브랜드와 자신이 진행했던 리얼리티 TV 프로그램 〈어프렌티스〉를 활용하기 위해 만든 영리법인 트럼프대학도 오명을 얻었다. 카멀라 해리스 검찰총장은 코린티안 칼리지에는 소송을 제기했지만 트럼프대학에는 하지 않았다. 이런 결정은 해리스의 공익사업 수행 방식을 살펴보는 데 도움이 된다.

뉴욕이나 다른 주 정치인들이 자금을 찾아 캘리포니아주로 가듯 캘리포니아주의 정치인들도 선거 자금을 구하러 정기적으로 뉴욕에 간다.

해리스는 후원금도 모으고 전국적인 명성을 쌓기 위해 2011년 9월 맨해튼으로 갔다. 당시 뉴욕 검찰총장이었던 에릭 슈나이더먼은 주 검찰총장보다는 고객을 상대하는 데 더 익숙한 어느 뉴욕 변

카멀라 해리스, 차이를 넘어 가능성으로

호사의 도움을 받아 해리스가 대중의 관심을 끌 수 있게 도왔다. 해리스의 뉴욕행은 여느 정치 비즈니스나 마찬가지였고 그렇게 보였다. 해리스에게 기부한 뉴욕 시민 중에는 트럼프도 있었다. 그는 2011년 9월 26일 자로 5,000달러를 기부했다. 또 2013년 2월 20일에 1,000달러를 더 기부했다. 그의 딸 이방카 트럼프는 2014년 6월 3일 2,000달러를 추가로 기부했다. 트럼프 조직은 캘리포니아주를 포함해 여러 주에서 사업을 벌이고 있었다. 그러니 주정부 최고위 검사와 관계를 구축하려는 것도 충분히 납득이 가는 일이었다. 트럼프와 그 가족이 사업을 운영하면서 번 돈에 대한 기부금 형식이기도 했다.

2011년 5월 슈나이더먼이 뉴욕 소재 '대학'에 대한 조사를 시작했다는 뉴스가 나왔고 트럼프의 이름도 언급되었다. 해당 대학은 부동산으로 돈을 벌려는 수강생들에게 별 도움이 안 되는 고액의 세미나를 열었다는 의혹을 받았다. 2013년 8월까지 슈나이더먼은 이 학교에서 벌어진 관행에 대해 트럼프를 고소했다.

트럼프는 슈나이더먼이 선거 후원금을 기부할 것을 요청하며 자신을 괴롭혔다고 비난했다. 뉴욕주 감시 기구인 공공윤리공동위원회는 슈나이더먼의 불법행위에 대한 트럼프의 주장을 놓고 조사에 착수했다. 6월 16일 트럼프가 트럼프 타워의 금빛 에스컬레이터를 타고 내려와 뜬금없이 대선 출마를 선언한 이후, 이 사건은 2015년 무혐의로 종결됐다. 트럼프와 소위 그의 '대학'은 대통령 당선 후인 2016년 11월 뉴욕과 민간 원고들이 제기한 소송에서 합의금으로 2,500만 달러를 내기로 했다.

2016년 미국 상원의원 선거운동에서 허우적대던 여성 하원의원 로레타 샌체즈는 선두 주자인 해리스를 비방함으로써 이슈를 만들어낼 수 있다고 생각했다. 정치적으로 샌체즈의 생각은 틀리지 않았다. 2016년 캘리포니아주에서 트럼프보다 인기 없는 정치인은 없었다. 당시 대선 후보 트럼프는 집회에서 지지자들에게 선거 기부금은 일종의 거래라며 정치인들은 부패했다는 이야기를 퍼뜨렸다. 그는 후원금을 기부하면 정치인들은 그 대가로 특혜를 준다고 말했다. 당시 샌체즈 선거 대변인은 "특정 후보가 정치 후원금을 기부하고 특혜를 받았다고 말한다. 그렇다면 트럼프가 왜 해리스에게 두 번이나 후원금을 기부했는지, 왜 하필 트럼프대학이 조사를 받을 때 해리스가 트럼프에게서 후원금을 받았는지에 대해서도 의문을 제기해야 한다"라고 말했다.[1]

샌체즈는 충분히 이의를 제기할 만했다. 샌체즈에게는 이슈가 필요했다. 해리스는 그 사건을 공개적으로 논의한 적은 없다. 하지만 당시 해리스가 6,000달러의 후원금을 받고 대신 소송을 기각했다는 의혹을 제기하는 것은 무리수였다. 공직에 입후보하기 시작한 2002년부터 2016년 사이에 해리스는 선거운동비로만 3,200만 달러 이상을 모금했다. 상급직을 열망하는 야심 찬 정치인(검사 못지않게)이라면 그런 소송건에 깊이 관여하려고 하지 않는다. 게다가 소송을 제기할 가치가 있었다면 해리스는 2016년 대선 유세 당시 트럼프를 고소해 국민적 관심을 끌었을 것이다.

트럼프를 고소하지 않은 이유에 대해서는 그보다 훨씬 더 그럴듯한 가설이 있다. 트럼프대학 사기의 희생자 중 캘리포니아주 사람들은 비교적 적었다. 트럼프의 허풍에 넘어간 사람들은 돈은 좀 잃었지만 궁핍해질 정도는 아니었다. 2015년 해리스는 샌체즈가 본격적으로 항의하기 전에 트럼프가 자신에게 기부한 6,000달러의 적당한 사용처를 찾아내 교묘하게 이슈를 무마했다. 해리스 검찰총장의 선거운동 본부는 난민과 이민자를 돕는 비영리단체, 로스앤젤레스의 중앙아메리카 자원 센터에 6,000달러를 기부했다.

━━━◆━━━◆━━━

그동안 해리스는 트럼프의 학위 발급 사업보다 훨씬 더 큰 목표물을 겨냥했다. 이 사건에서는 많은 캘리포니아 주민이 피해를 입었다. 코린티안 칼리지는 오렌지 카운티 산타아나에 기반을 두고 있다. 주식은 나스닥에서 거래되며 수익성에 따라 오르내렸다. 그곳의 수익은 학생 유치 능력과 학생의 연방 보조금 대출을 받는 능력에 달려 있었는데, 그래야 학생들이 코린티안 칼리지의 비싼 등록금을 지불할 수 있었기 때문이다. 코린티안 칼리지의 주주들에게는 학생들이 직장을 구했는지, 대출금을 갚을 여력이 되는지 따위는 그다지 중요하지 않았다.

2007년 당시 캘리포니아주 검찰총장 제리 브라운은 코린티안 칼리지에서 학생들을 오도했다는 이의 제기를 처리하기 위해 대학에서 660만 달러를 받았다. 코린티안 칼리지는 개혁을 약속했다. 그후 대침체가 닥쳤다. 다양한 이름으로 운영되는 코린티안 칼리지는 〈제리 스프링거 쇼〉와 〈모리 포비치 쇼〉가 방송되는 오후에 시청자를 겨냥해 대대적으로 광고를 냈다. 내부 문서에는 코린티안 칼리지가 '고립되고' '인내심이 부족하며' '자존감이 낮고' '자신을 아껴주는 사람들이 거의 없는 사람들'과 '앞날이 막막하고 계획조차 세우기 어려운 사람들'을 대상으로 등록자를 모집했다는 내용이 담겨 있다.[2] 〈로스앤젤레스 타임스〉는 당시 실업자들이 직업훈련과 더 나은 삶을 약속하는 코린티안 칼리지를 믿었기 때문에 코린티안 칼리지는 경기 침체의 큰 수혜자가 되었다고 보도했다. 코린티안 칼리지는 대침체 초기인 2007년부터 2011년까지 약 17억 5,000만 달러로 기존의 거의 두 배에 달하는 수익을 올렸다.[3]

한때 코린티안 칼리지의 캘리포니아주 학생은 2만 7,000명에 달했다. 코린티안 칼리지는 캘리포니아주 공립 2년제 대학에서 거의 공짜로 받을 수 있는 준학사 학위를 취득하는 데 3만 9,000달러 이상을 청구했다. 더욱 논란의 여지가 된 4년제 학사 학위를 따려면 최대 6만 8,800달러를 지불해야 했다. 캘리포니아주립대학에서 학위를 따면 훨씬 적은 비용을 들일 수 있었다. 그래서 2013년 10월 10일 해리스는 코린티안 칼리지를 상대로 전면적인 소송을 제기했다. 영리 대학을 상대로 제기한 소송 중 가장 컸고, 결국 코린티안 칼리지는 파산한다. 안 그래도 강력한 힘을 지닌 워싱턴의 민주당원들은 영리 대학 산업에 연료 역할을 했던 학자금 대출 형태의 연방 보조금을 제한하려는 시도를 하고 있었다. 특히 해리스의 상원의원 출마를 지지한 최초의 전국적 영향력을 지닌 엘리자베스 워런 상원의원도 이 소송건에 주목했다. 코린티안 칼리지는 워런이 오바마 행정부에서 일할 때 창설한 소비자 금융 보호국의 첫 타깃이 되

카멜라 해리스, 차이를 넘어 가능성으로

었다. 워런은 또 다른 11명의 상원의원과 함께 오바마 행정부의 교육부 장관인 안 던컨에게 영리 대학 단속을 촉구하며 편지를 쓰기도 했다.[4] 그 영리 대학 목록에는 코린티안 칼리지도 포함되어 있었다.

편지에는 "코린티안 칼리지의 위험 수준은 현재 학생들에게 지원되는 안전망 제공 시스템을 넘어서는 규모다. 코린티안 칼리지는 영리 대학 산업에서 최악임을 드러냈다…"라고 적혀 있다.

다른 영리 대학들과 마찬가지로, 코린티안 칼리지도 학생들이 과도한 등록금을 지불하기 위해 빌리는 이자 보조 학자금에 의존했다. 학업이 끝날 무렵에 직장을 구했든 구하지 못했든 학생들은 대출금을 갚아야 하는 곤경에 처했다. 코린티안 칼리지 학생 중 3분의 2는 중퇴했고, 졸업생이나 중퇴자의 4분의 3은 빚을 갚지 못했다. 해리스가 소송에서 코린티안 칼리지가 학생들에게 바가지를 씌우고 혜택은 거의 제공하지 못했다고 주장하면서 밝혀진 내용이었다.

선거를 앞둔 2016년 3월 23일, 해리스는 11억 달러의 판결을 발표했다. 그중 코린티안 칼리지가 학생들에게 갚아야 할 돈은 8억 달러였다. 그러자 코린티안 칼리지는 학교를 폐쇄하고 파산 신청을 해버렸다. 학교는 돈을 지불할 수 없었다. 해리스는 다른 주 검찰총장들과 함께 오바마 행정부에 코린티안 칼리지 학생들의 연방 학자금 대출금을 변제해달라고 촉구했다. 오바마 교육부는 이에 동의했다. 하지만 트럼프 행정부는 반대 입장을 취하고 상환을 요구했다. 많은 학생들이 그 의무를 이행할 수 없었다.

해리스가 코린티안 칼리지에 소송을 제기한 이유는 분명했다. 이 사건은 번드르르한 스위트룸에서 화려한 정장을 차려입은 사람들이 힘없는 이들을 피해자로 만든 것이었다. 피해자 대부분은 한 부모 가정 부모, 퇴역군인, 가진 것이 없는 유색인종이었다. 해리스는 그들 중 누구도 결정을 내리는 방 안에 있지 않았다고 말할 것이다.

———◆———

비평가와 몇몇 친구는 카멀라 해리스가 검찰총장 시절에 지나치게 신중했다고 말한다. 그 견해를 뒷받침할 증거도 있다. 하지만 너무 서둘러 소송을 제기하거나 형사 고발을 하는 것은 매우 위험한 태도다. 검사에게는 사람들의 자유를 박탈하고, 평판을 망가뜨리고, 재산을 압류할 권한이 있기 때문이다. 검사는 개인이나 기업이 잘못한 일을 비난하기 전에 자신의 의견이 옳다는 확신부터 가져야 한다. 카멀라 해리스는 그 권력을 성급하게 휘두르지 않았다. 하지만 소송을 제기해 누군가를 저격할 때는 빗맞히는 적이 거의 없었다.

23

끝없는
전쟁

Fighting the Forever War

'가족계획연맹Planned Parenthood' 웹사이트의 정치 지지 세력 섹션에
는 '카멀라 해리스를 사랑하는 아홉 가지 이유'가 나열되어 있다.[1]

그중에는 이런 내용도 있다. "그녀는 피임약에 대한 접근과 생식
의료 서비스를 방어하기 위해 아낌없는 노력을 퍼붓고 있다."

그녀는 상원 법사위원회 인사청문회에서 브렛 캐버노 대법관을
멋지게 상대했다.

그리고 약간은 엉뚱하게 "춤과 드럼라인. 그걸로 충분하다"라고
적혀 있다.

낙태권에 대한 해리스의 입장은 그녀의 대다수 캘리포니아주 유
권자들의 의견과 일치한다. 하지만 4,000만 명의 주민이 거주하는
캘리포니아주에는 다양한 사람들이 산다. 데이비드 댈리든이라는
남자도 그중 한 명이었다. 진보적인 대학 도시 데이비스에서 고등
학교 시절을 보낼 때부터 댈리든은 자칭 낙태 반대를 외치는 전사
였다. 2013년 10월부터 2015년 7월까지 20대 무렵에 그는 가짜 신
분증을 이용해 파트너와 낙태 회의에 참석하고, 가족계획연맹의 의
사와 다른 사람들의 대화를 몰래 비디오로 녹화했다. 2015년 7월
그는 가족계획연맹이 낙태 후 태아의 몸체 거래에 동의하는 발언을

한 것처럼 오해할 소지가 있는 비디오를 선별적으로 편집해 영상을 공개하면서 자신이 만든 의료진보센터와 함께 전국적인 주목을 받았다.[2]

댈리든의 행동에는 법적 문제가 있었다. 캘리포니아 주법에서 비밀리에 대화를 녹화하는 건 범죄였다. 양측 모두가 녹화에 동의해야 한다. 댈리든은 그 법이 불법을 폭로하려는 언론인인 자신에게는 적용되지 않는다고 믿었다.

2015년 여름, 낙태권을 둘러싼 끝없는 전쟁이 뜨겁게 달아올랐다. 가족계획연맹의 업무(피임약을 포함해 여성들에게 생식 의료 서비스 제공, 10대 임신 줄이기, 성병 퇴치, 선천적 장애를 유발할 수 있는 살충제에 대한 최신 경고 발령)는 댈리든이 테이프를 공개한 이후 더욱 복잡해졌다. 그 이슈로 공화당이 장악한 의회 질의와 가족계획연맹의 승인에 대한 새로운 요구가 대두되었다. 그 후 몇 달 동안 가족계획연맹은 위협과 폭력에 시달렸고 병원들은 화염에 휩싸였다. 병원에서 여성들을 위해 의료 서비스를 제공했던 의사와 간호사는 암살 위협에 떨어야 했다. 워싱턴의 한 남성은 비디오에 언급된 캘리포니아주 회사의 생명공학부 간부를 살해하면 돈을 지불하겠다고 제안했다가 체포되었다. 2015년 11월 콜로라도주 스프링스의 한 가족계획연맹 병원에서 태아 몸체에 대해 열변을 토하며 총을 들고 난동을 부리던 사람이 경찰관과 이라크 전쟁 참전용사, 두 아이의 어머니 등 세 명을 살해했다.[3] 그는 나중에 자신이 죽으면 하늘에 있는 태아들이 낙태에 반대해준 것에 대해 감사해할 거라고 경찰에게 말했다.

댈리든은 그 폭력 사건은 자신의 비디오와 관련이 없다고 주장했다. 그는 2016년 4월 당시 〈새크라멘토 비〉의 숀 허블러에게 "낙태 반대 운동이나 내 동영상은 그런 사건과 관련이 없다고 생각한다. 내 동영상은 강렬한 비폭력 메시지를 담고 있다"라고 말했다.

뉴욕의 제럴드 '제리' 내들러 의원과 새너제이의 조 로프그린 의원 등 의회 민주당 의원들은 댈리든이 한 일의 합법성과 그에 따른 가족계획연맹에 대한 공격을 조사하라고 해리스에게 촉구했다.

로프그린은 2015년 7월에 "가족계획연맹은 우리 사회에서 존경받는 중요한 단체다"라고 썼다.[4] 그녀는 "최근 몰래 녹화한 영상은 흔히 볼 수 있는 가족계획연맹에 대한 반복적인 괴롭힘과 당파적 공격이며, 오히려 의료진보센터가 불법을 저질렀는지 조사해야 할 심각한 법적 의문이 제기된다"라며 해리스의 수사를 촉구했다.

캘리포니아주에서 24년 동안 가족계획연맹의 정치조직을 이끌었던 캐시 니어도 캘리포니아주 검찰총장실에서 이 문제를 조사해야 한다고 생각했다. 어쨌든 캘리포니아주에서는 대화를 비밀리에 녹화하는 것은 범죄로 규정하고 있었다.

◆━━◆

2015년 7월 24일, 로프그린과 내들러의 요청에 대한 응답으로 해리스는 그 문제를 조사하겠다는 성명을 발표했다. 해리스는 내부적으로 치료가 필요한 환자뿐만 아니라 병원에서 일하는 직원을 걱정하는 발언을 했지만 성명을 발표하는 것 외에는 공식적으로 아무

말도 하지 않았고 기자회견도 열지 않았다.

가족계획연맹은 해리스 캠페인의 지지자이자 기부자였기 때문에 조직에서 어느 정도는 해리스와 접촉할 기회가 있었을 수도 있다. 하지만 적어도 초반에는 그렇지 않았다. 캐시 니어는 해리스의 휴대폰 번호나 개인 이메일 주소도 몰랐다. 니어는 정식 경로를 통해 캘리포니아주 검찰청 직원들과 약속을 잡았고 결국 해리스를 제외한 검사들을 만났다. 침묵은 계속되었다. 니어는 "그들은 전형적인 공무원처럼 천천히 일을 진행했다"라고 말했다.[5]

하지만 폭력의 위협은 수그러들지 않았다. 니어와 다른 가족계획연맹 지도부는 직원들의 안전을 걱정하면서 현지 법 집행기관이 이 문제를 심각하게 여기지 않는다고 우려했다. 그래서 그들은 다시 캘리포니아주 검찰청으로 눈을 돌렸다. 2016년 3월 그들은 검찰청의 고위 관리들에게 면담 약속을 받아냈다.

당시 이메일을 보면 캘리포니아주 법무부 변호사 한 명이 2016년 4월 7일로 예정된 새크라멘토 시내 쉐라톤 그랜드 호텔에서 열린 가족계획연맹 총회에서 연설한 것을 알 수 있다.

이 모임을 이틀 앞둔 2016년 4월 5일 캘리포니아주 법무부 변호사 질 E. 하빅은 이메일을 통해 논의할 내용에 대해 언급했다. "귀하의 계열사에 필요한 보안 요청/수요(개인 의사 및 클리닉 모두) 관련 자료를 제출하시면 현지 법 집행기관과 함께 필요한 지원을 제공하겠습니다."[6] 그녀는 20분간 발언하고 몇 분간 질문을 받기로 했다. 하루 종일 소요되는 일정의 일부였다.

공교롭게도 2016년 4월 5일은 데이비드 댈리든의 인생에서 중요한 날이었다. 그가 몇 번이나 이야기한 대로 그는 헌팅턴 비치 아파트에서 주방 쓰레기를 들고 나와 쓰레기통에 버리고 있었는데, 캘리포니아주 검찰청 요원들이 아무 표시도 없는 흰색 밴에서 나와 영장을 내밀며 그의 아파트를 수색했다. 해리스가 조사를 약속한 지 9개월이 지난 그날, 검찰청 요원들은 댈리든의 컴퓨터, 하드 드라이브, 문서를 압수했다.[7] 압수 수색을 집행하는 검찰청 요원들은 강력한 공무원 제도와 노조의 보호를 받는다. 선출직인 검찰총장이 자리를 들고 날 때도, 그들은 업무를 수행하며 그 자리에 남는다. 그들은 정치인이 아니라 경찰이었지만, 댈리든과 그의 변호인단은 수색 명령이 맨 윗선인 해리스에게서 내려온 것이라고 주장했다.

가족계획연맹 지도자들과 캘리포니아주 검찰청 고위 관리들은 수색 작업에 착수하기 위해 며칠 동안 이메일을 교환해왔다. 이메일로 검찰청 관계자 중 일부는 이 수색이 계획되고 있다는 사실을 알았다. 하지만 정보는 새어 나가지 않았다. 니어와 다른 가족계획연맹 임원들은 그 사실이 공개되고 나서야 수색에 대해 알게 되었다. 니어는 "사전에 들은 말은 없었다. 조금도 눈치채지 못했다"라고 말했다.[8]

물론 니어는 돌아가는 상황을 보고 기뻐했다. 니어는 댈리든의 테이프가 유출된 것은 '불붙은 휘발유'처럼 '충격적'이었다고 말했다. 이 테이프가 공개된 지 9개월이 지난 지금, 어쩌면 가족계획연맹을 보호하기 위해 법을 이용했을지도 모른다.

4월 7일 가족계획연맹 총회가 예정대로 새크라멘토에서 열렸다. 발언을 한 법무부 변호사는 연설 중 압수 수색이나 수사에 대해서는 언급하지 않았다. 해리스는 그 행사에 나타나지 않았고, 기자회견을 열어 압수 수색의 성과를 홍보하지도 않았다. 대신 더 긴 침묵이 이어졌다. 조사는 여름과 가을 내내 계속되었다. 해리스가 검찰총장으로 재직하는 동안은 댈리든에 대한 어떤 혐의도 제기되지 않았다.

◆━━━━◆

2015년 댈리든의 테이프가 낙태 전쟁에 불을 붙이자 카멀라 해리스는 임신위기센터를 겨냥한 입법의 주요 후원자로 나섰다. 낙태권 단체인 '흑인여성건강' '임신중절합법화 캘리포니아' 등도 후원에 참여했다. 캘리포니아주를 포함해 전국에서 운영되는 이 임신위기센터들은 보수적인 기독교 단체가 운영한다. 대개 의료 전문가가 아닌 직원들은 여성에게 임신중절을 하지 말라고 충고한다. '자유, 책임, 포괄적 돌봄 및 투명성(팩트FACT: Freedom, Accountability, Comprehensive Care, and Transparency) 법'으로 불리는 이 법안은 낙태에 반대하는 임신위기센터가 여성들에게 낙태 선택권이 있음을 알리는 표지를 게시하도록 하는 내용을 담고 있다. 캘리포니아주에서 그런 선택에는 공공 자금으로 낙태받는 것까지 포함된다.

다음과 같은 안내 문구도 볼 수 있다. "캘리포니아주에는 포괄적 가족계획 서비스(FDA가 승인한 피임법 모두 포함), 산전 의료 서비스, 해당 여성의 낙태와 관련해 즉각적으로 무료 혹은 저비용으로 접근 가능한 공공 프로그램이 있다."[9]

명시된 바와 같이, 이 법안의 목표는 "캘리포니아 사람들이 생식 의료 서비스를 스스로 결정할 권리가 있고 관련 의료 서비스를 이용할 수 있다고 알려주는 것"이었다.

반대론자들 중에는 버지니아주에 기반을 둔 "낙태에 취약한 여성과 가정이 태아를 살리는 선택을 하도록 힘을 실어주며 생명 중시 임신센터를 보호하는" 전국가족생명옹호협회NIFLA도 있었다.[10] 캘리포니아주에서 100개가 넘는 임신위기센터를 운영하는 전국가족생명옹호협회는 "강요된 발언은 해결책이 아니다"라며 입법에 반대한다고 서한에서 밝혔다.[11]

캘리포니아주 입법부에서 일하며 의원들에게 조언하는 변호사들은 이 법안이 헌법상의 문제를 제기하고 있음을 알았다. 그러나 그들은 거짓, 기만, 오해의 소지가 있는 이슈, 특히 공중 보건 문제 관련 진술을 막기 위해 정부가 상업적 발언을 규제하는 것을 오래전부터 법으로 허용해왔다고 여겼다.

댈리든의 테이프는 공화당 의원들이 무산시키려 했지만 실패했던 팩트법에 대해 새크라멘토 공화당 의원들에게 논의거리를 던져주었다. "우리는 낙태의 강한 동기가 도움이 필요한 사람을 돕는 일이 아니라 태아의 몸체를 손에 넣기 위한 것일 수도 있음을 알게 되었다. 커다란 이해 충돌이 일어난 듯하고 국가도 이 점에 눈뜨고 있다."[12] 오렌지 카운티 공화당 소속 존 무를라흐 상원의원은 이 법안에 반대하는 연설에서 이렇게 말했다.

세력이 약해진 공화당은 캘리포니아주에서 어떤 법도 저지할 수 없었다. 이 법안은 대부분의 민주당 의원이 찬성하고 공화당이 반대표를 던지면서 민주당의 방침대로 쉽게 통과되었다.

해리스는 종종 조심스럽다는 비난을 받았지만 이번에는 그렇지 않았다. 제리 브라운 주지사가 2015년 10월 9일 법안에 서명했을 때 해리스는 환호했다. "생식 팩트법을 공동 후원하게 된 것을 자랑스럽게 생각한다. 이 법으로 모든 여성이 포괄적 생식 의료 서비스에 동등하게 접근하고 여성들의 건강과 삶에 대한 결정을 내리는 데 필요한 정보를 제공받을 수 있게 되었다."[13]

미래를 내다볼 수 있었다면, 혹은 연방대법원의 구성에 대해 생각했다면, 해리스 검찰총장은 그다지 열성적으로 나서지 않았을지도 모른다.

◆━━━━◆━━━━◆

전국가족생명옹호협회는 이 법이 센터에 신념과 상충되는 게시물을 게시하도록 요구함으로써 센터의 언론 자유권을 침해했다고 주장하며 소송을 제기했다. 하급법원은 주의 손을 들어주었다. 하지만 하급심에서 패소한 낙태 반대 세력은 연방대법원에 항소했다. 전국가족생명옹호협회를 대표하는 변호사들 중에는 해리스가 당선된 2010년 검찰총장에 출마한 클래런스 토머스 대법관의 전 서기 존 C. 이스트먼도 포함되어 있었다. 2018년 6월 18일, 토머스 판사가 판결문을 작성한 재판에서 법원은 5 대 4로 전국가족생명옹호협회의 손을 들어주었다.

토머스는 "면허증을 소지한 클리닉에 연락처 정보를 제공하면 주에서 지원하는 서비스의 이용 가능 여부와 서비스를 받는 방식에 대해 정부가 작성한 자료를 제공받을 수 있다"라고 썼다.[14] "그런 서비스 중 하나는 낙태다. 바로 청원자들이 반대하기 위해 애쓰는 관행이다."

그것으로 끝이 아니었다.

법에 따르면 민권 소송에서 승소한 당사자들은 변호사 비용을 받는다. 2019년 캘리포니아주 검찰총장 하비어 베세라는 팩트법에 대해 소송을 제기한 낙태 반대 단체 변호사들에게 200만 달러를 지급하기로 합의하며 이 같은 주장을 해결했다. 그리고 2019년 그 변호사들 중 몇 명이 샌프란시스코에 있는 윌리엄 오릭 연방지방법원 판사의 법정에 있었다.

그곳에서 그들은 다름 아닌 데이비드 댈리든의 변호를 맡았다. 알려진 대로 댈리든이 낙태 반대 운동을 하는 이유는 그가 개인의 사생활권을 침해하고 비밀리에 녹화할 때 무단 침입했다고 주장하는 가족계획연맹의 소송을 피하기 위해서였다. 그의 법률 팀은 무려 16명의 변호사와 준법률가로 구성되어 있었는데, 모두 그를 위해 무료로 일하고 있었다.[15]

2019년 11월 15일, 샌프란시스코 연방법원의 배심원단은 댈리든과 그의 동료들이 불법 침입, 사기, 불법 녹화, 공갈로 법을 위반했다고 보고 가족계획연맹에 220만 달러를 보상하라고 판결했다. 댈리든은 항소했다. 그는 해리스와 주정부가 수정헌법 제1조의 권리를 침해했다며 소송을 제기했다.

카멀라 해리스는 2016년 미국 상원의원 선거에 출마하면서 댈리든을 상대로 한 사건을 홍보하기 위해 기자회견을 연 적이 없다. 그를 형사 고발하지도 않았다. 여성이 자신의 신체에 대한 통제권을 갖도록 지지하는 대중의 태도를 감안할 때 캘리포니아주에서 그런 소송을 제기했다면 정치적으로 도움이 되었을 것이다. 그 일은 해리스의 후임자에게 넘어갔다.

2017년 3월 28일, 상원의원이 된 해리스와 함께 검찰총장 베세라는 몰래 녹화한 행위에 대해 댈리든과 그의 동료를 상대로 형사 고소장을 제출했다.[16] 댈리든에 대한 형사소송은 계류 중이다. 그는 진실을 찾는 기자로서 행동했을 뿐이라며 무죄를 주장한다. 댈리든에게는 최고의 변호 팀이 있었다. 그중에는 2010년 해리스와 맞붙었던 전 로스앤젤레스 카운티 검사장 스티브 쿨리도 있었다. 쿨리는 해리스가 가족계획연맹에 신세를 지고 있는 입장이기 때문에 그녀의 행동은 옳지 않다고 주장했다. 댈리든도 같은 주장을 펼쳤다. 댈리든은 제대로 제작한 동영상에서 "나만 카멀라 해리스의 표적이 된 이유는 내가 감히 가족계획연맹과 낙태 산업을 비난했기 때문"이라고 말했다.[17]

캐시 니어는 2017년 7월에 가족계획연맹에서 은퇴했다. 그녀는 해리스의 역할에 대해 어떻게 생각했을까?

"신중했던 것 같다. 해리스를 만났을 때도 그녀는 '당신 편에 서겠어요' 따위의 말은 하지 않았다. 중립을 유지했다."

해리스는 여성의 선택권을 지지하는 것을 자랑스럽게 여겼다. 하지만 니어가 경험했듯 해리스는 직업 검사였다. 그게 바로 해리스의 방식이었다.

24

"가서
잡아요"

"Go Get 'Em"

카멀라 해리스는 오클랜드와 샌프란시스코에서 검사로 근무하면서 아동 성 착취의 실태를 직접 확인했다. 그녀는 캘리포니아주 검찰총장이라는 직위를 이용해 그 이슈를 수면 위로 끌어올렸고 그런 노력은 전국적으로 반향을 불러일으켰다.

해리스는 검찰총장 임기 2년 차인 2012년에 발표한 보고서에서 "인신매매는 현대판 노예제도"라고 밝혔다.[1] "여기에는 강요, 사기, 강압적인 방식으로 사람을 통제해 강제 노동이나 성매매, 또는 두 가지 모두를 통해 피해자를 착취하는 것도 포함된다."

보고서는 인터넷 시대에 "특히 성매매 사업이 온라인으로 옮겨갔다"라고 지적했다. "백페이지닷컴Backpage.com 같은 부조리한 웹사이트"의 이름도 언급되었다.

해리스와 다른 사람들이 본 대로라면 백페이지는 온라인 매춘 알선업자나 마찬가지였다. 그곳은 온라인 성매매 시장을 지배하고 있었다. 스마트폰만 있으면 누구나 항목별로 목록에 접근해 매춘부를 부를 수 있었다. 943개 지점, 97개 국가에서 운영되었고 연 매출은 1억 달러를 넘어섰다.

백페이지의 기원은 1960~1970년대 대안 신문으로 거슬러 올라간다. 주류 신문과 마찬가지로 대안 신문도 수익의 대부분을 다양한 광고에 의존했다. 2004년 크레이그 뉴마크는 크레이그리스트 웹사이트를 통해 무료 항목별 광고를 제공해 기존 사업 모델에 타격을 입혔다.

마이클 레이시와 제임스 라킨은 '빌리지 보이스 미디어' 지주회사의 일부인 〈피닉스 뉴 타임스〉와 출판사를 운영하고 있었다. 그들은 크레이그리스트의 위협에 대응하기 위해 백페이지닷컴을 만들었다. 대안 신문에 게재되는 '뒷면 광고back-page'에서 이름을 딴 이 사이트는 베일을 벗겨내고 보면 성매매 거래소나 마찬가지였다. 크레이그리스트는 법 집행기관과 변호사 단체의 압력으로 2010년에 '성인'란을 폐쇄했다.[2] 그러자 백페이지가 금세 그 공백을 메웠다.

라킨과 레이시는 수익이 증가하자 돈을 펑펑 썼고, 정기적으로 해외여행을 갔으며, 고가의 부동산도 매입했다. 샌프란시스코 금문교가 보이는 언덕 꼭대기의 어느 집은 시가 1,399만 달러에 달했다. 내파밸리 와인 산지 중심부에 위치한 세인트헬레나의 방 다섯 개짜리 집은 340만 달러나 나갔다.

취임 8개월 만인 2011년 8월, 해리스는 "인신매매, 특히 미성년자 인신매매가 점점 더 우려된다"라는 내용의 서한을 다른 44명의 주 검찰총장들과 함께 백페이지 변호사에게 보냈다.[3] 사법 당국 관계자는 백페이지닷컴이 "그런 활동의 중심지"였다고 말했다. 하지만 그 편지는 아무 영향도 미치지 못한 듯 보였고 백페이지의 사업활동은 계속되었다.

2013년 7월, 해리스는 다른 주 검찰총장 48명과 함께 상·하원

주요 의원들에게 서한을 보내, 주 사법 당국이 "매춘을 조장하고 아동을 위험하게 만드는 사람들을 조사하고 기소하는" 의무를 수행하는 데 연방 통신 품위법이 제한 요소로 작용하고 있다고 지적했다.[4] 1995년 클린턴 대통령이 서명한 통신 품위법은 어린이들이 온라인상에서 포르노 보는 것을 막으려고 만든 법이었다. 하지만 실제로는 달랐다. 통신 품위법은 페이스북, 트위터, 구글, 레딧, 그 밖에 인터넷을 지배하는 기업들이 기업 사이트에 게시되는 콘텐츠에 대해 민형사상 책임을 지지 않아도 되도록 보호하고 있었기 때문이다. 면책특권은 이 기업들의 사업 모델 기반이 되었다.

백페이지도 그 면책특권 뒤로 몸을 숨겼다. 임원들은 광고 내용에 대해서는 책임질 수 없다고 입을 모았다. 2013년 의회에 보낸 서한에서 주 검찰총장들은 이 사이트가 남성의 성적 만족을 위해 아이들을 사고팔면서 매춘 알선업과 백페이지의 금전적 이득에 이용되었다는 증거를 제출했다. 편지 내용에 따르면, 플로리다주의 한 포주는 13세 아이가 자신의 재산임을 보여주려고 아이의 눈꺼풀에 자신의 이름을 문신했다.

향후 몇 년에 걸쳐, 더 자세한 피해자 정보가 속속 밝혀졌다. 이스트 코스트의 백페이지를 통해 팔려 간 여자아이는 총구를 들이대는 바람에 어쩔 수 없이 질식할 정도로 오럴 섹스를 해야 했고 윤간을 당했다. 2013년과 2014년, 삼촌으로부터 백페이지를 통해 팔려 간 15세 여자아이는 호텔 방에서 시간당 200달러를 받고 강간당했다. 2015년 6월 20일에는 텍사스주에서 팔려 간 소녀가 고객에게 살해당했다. 남자는 아이의 몸을 불태워서 범죄를 은폐하려고 했다.

검찰총장들은 2013년 의회에 보낸 서한에 "연방정부의 법 집행만으로는 인터넷 성매매를 막기에 역부족인 것으로 판명되었다. 아동 성 착취와의 전쟁에서 최전선에 있는 사람들, 즉 주와 지방 법 집행자들이 이런 끔찍한 범죄를 조장하는 사람들을 조사하고 기소할 권한을 가져야 한다"라고 썼다.

2013년에 의회는 행동에 나서지 못했다. 그다음 해, 그다음 해, 또 그다음 해에도 의회는 행동하지 않았다. 하지만 해리스 검찰총장에게는 계획이 있었다.

◆————————◆

매기 크럴은 2003년에 UC데이비스 로스쿨을 졸업하고 미국 샌와킨 카운티에서 지방검사로 일했다. 그곳은 미국에서 가장 부유한 주의 가장 부유한 농업 카운티이기도 했지만 그곳의 많은 농장은 한창 주거지 및 상점가로 개발되고 있었다. 크럴은 지방검사로서 성매매 사건을 기소할 책임이 있었다. 다시 말해 매춘으로 신고된 젊은 여성들을 고발한다는 뜻이었다. 그들은 매우 취약해 보였다. 크럴은 그들의 이야기를 듣고 있으면 "속이 쓰렸다"라고 말했다.[5] 더 나은 해결책이 필요했다.

크럴은 2005년 캘리포니아주 검찰청으로 옮긴 뒤, 카운티 경계를 넘나드는 복잡한 범죄를 기소하는 일을 맡았다. 많은 검사들이 주택 담보대출 사기 사건에 매달렸다. 물론 그것도 흥미롭고 중요한 일이었지만 크럴은 인신매매 사건, 특히 성매매 사건에 더욱 관심을 쏟았다. 캘리포니아주 검찰청에서 근무하면서는 안마 시술소로 위장해 사창가를 운영하는 사람들을 기소하는 일을 도왔다. 또 국내외 폭력 조직원을 상대로 소송을 제기했다. 총이나 마약은 일회성으로 판매하지만 아이나 여성은 팔고 나서 되파는 것이 가능했다. 여자아이와 여성은 스스로의 삶을 전혀 통제할 수 없었다. 크럴은 "각 사건 모두 공통분모를 갖고 있었는데, 그건 백페이지였다"라고 말했다.

2016년 7월 크럴은 도너 레이크에서 여덟 살 난 아들과 카약을 타고 있었다. 도너 레이크의 이름은 1846~1847년 시에라의 혹독한 겨울에 발목 잡혀 인육을 먹으며 살아남은 개척자들의 '도너 파티'에서 따온 것으로, 엽서 배경으로 쓰일 만큼 멋진 곳이었다. 휴대폰이 울렸지만 발신 번호가 표시되지 않아 크럴은 전화를 무시했다.

몇 분 후, 해리스 검찰총장의 비서실장인 네이선 배런킨이 전화를 받으라고 문자를 보냈다.

또 전화가 울렸다.

전화를 건 사람은 해리스였다.

크럴은 노를 저어 선착장으로 돌아가 맨발로 카약 밖으로 나왔다. 휴대폰 수신 상태가 좋지 않아 크럴은 소리를 잘 들으려고 언덕 위로 올라갔다. 해리스는 크럴이 3년 동안 진행해온 사건의 세부 사항을 알고 싶어 했다. 희생자는 얼마나 되죠? 미성년자였나요? 증언을 할까요? 이 경우에 걸림돌이 될 만한 법적 요소는 뭐죠? 언덕 위라 바람이 심하게 불었지만 그는 최선을 다해 답변했다. 크럴은 "검찰총장과 이야기를 나누고 있었다. 그녀는 내 말을 이해했다.

카멜라 해리스, 차이를 넘어 가능성으로

통화가 끝날 무렵, 해리스가 '가서 잡아요'라고 했다"라고 말했다.

크럴은 카멀라 해리스 검찰총장의 지원을 받으며 캘리포니아 주법의 한계를 시험하는 사건의 기소를 준비했다. 그녀는 최첨단 기술을 사용하고 전 세계에 운영되는 6억 달러 규모의 기업 백페이지 닷컴의 소유주들을 가장 오래된 범죄인 매춘 알선으로 기소했다.

◆————◆

미국 국립실종학대아동방지센터는 2013년에 백페이지에 대한 뉴스 계정과 백페이지 광고를 이용해 캘리포니아주에서 매매되는 수백 명의 아동 의심 사례를 찾아냈고 크럴은 그 보고서를 통해 사건을 조사하기 시작했다.

백페이지가 매춘에 이용되었다는 사실을 증명하는 데는 많은 노력이 필요하지 않았다. 크럴과 요원들은 백페이지에 돈을 내고 두 가지 광고를 실었다. 하나는 소파 광고였고 다른 하나는 '에스코트' 광고였다. 소파에 대해 문의 전화를 걸어온 백페이지의 독자는 한 명이었다. 에스코트 서비스에 대해서는 48시간 동안 803건의 전화가 걸려왔다.

크럴의 지시로 요원들은 새크라멘토 북동쪽 교외 록클린에 있는 80번 고속도로 외곽의 한 모텔 객실로 여성과 여자아이를 불렀다. 응답한 네 명의 여성은 20대였다. 그리고 그곳을 찾아온 아이 두 명은 열다섯 살, 한 명은 열여섯 살, 다른 아이는 열일곱 살이었다. 그 중 한 명이 E.V.라는 이니셜로만 알려진 다섯 번째 아이에 대해 말

267

해주었다. E.V.는 열세 살이었고, 백페이지에 사진도 올라와 있었다. 크럴은 다른 세상에서 E.V.가 생일 파티에서 친구들과 함께 피냐타(히스패닉 사회에서 아이들이 파티 때 눈을 가리고 막대기로 쳐서 넘어뜨리는 장난감과 사탕이 가득 든 통─옮긴이)를 두드리는 모습을 상상해보았다. 백페이지의 세상에서, E.V.는 열일곱 살 멘토의 지시대로 포주에게 돈을 가져다 바쳤다. 열일곱 살짜리 아이는 어느 날 포주가 옷 가게로 그들을 데려갔다고 했다. 그 아이는 너무 작아서 아동복 코너에서 옷을 골라야 했다.

크럴은 "그 아이는 찾지 못했다. 계속 그 아이 생각이 났다"라고 말했다.

크럴은 2016년 9월 말, 캘리포니아주를 대표해 백페이지의 최고 경영자 칼 페러, 주 소유주인 레이시와 라킨에 대해 여러 매춘 알선 혐의로 형사 고소장을 제출했다. 그녀는 또한 페러, 라킨, 레이시의 체포영장을 신청했다. 당국은 10월 휴스턴의 조지 부시 인터콘티넨털 공항에서 암스테르담으로 출국하려던 페러를 체포했다. 페러가 유치장에 있을 때 그들은 댈러스에 있는 백페이지 사무실을 수색했다.

선거일을 한 달 남짓 앞둔 2016년 10월 6일, 캘리포니아주는 이 소송건을 공개했다.[6] 캘리포니아주 당국을 도왔던 켄 팩스턴 텍사스주 검찰총장은 이날 기자회견을 열어 체포 사실을 알렸다. 해리스는 보도 자료만 내고 기자회견은 열지 않았다. 2016년 10월 12일 세 피고인이 모두 소환되고 나를 포함해 수많은 기자들이 새크라멘토 법정에 있었지만 해리스는 그곳에 오지 않았다. 해리스는 체포 후 기자회견을 거의 열지 않았고, 범인을 포토라인에 세우는 자리에도 함께하지 않았다.

착취당한 아이들의 부모와 변호인단은 그날 법정에 앉아 있었다. 그들은 백페이지 간부들이 법정에 선 모습을 보기 위해 몇 년을 기다려왔다. 해리스는 다른 누구도 하지 않았던 일을 했다. 해리스는 기소를 발표하면서 카리사 펠프스가 아동 피해자를 찾고 상담하는 일을 도와줬다고 칭찬했다. 변호사인 펠프스는 자신의 책 《도망간 소녀Runaway Girl》에서 어렸을 때 인신매매당한 아이의 이야기를 들려준다. 펠프스는 해리스에 대해 "누군가는 시작해야 했던 일이다. 캘리포니아와의 관계는 분명하다. 여기가 바로 범죄의 발상지다"라고 말했다.[7]

<hr />

백페이지의 변호인들은 해리스가 11월 8일 선거에 맞춰 고소했다고 비난하며 서둘러 고발 조치를 취했다. 해리스가 미국 상원의원 선거에 출마한 건 사실이지만 선거 결과는 불 보듯 자명했다. 백페이지 관련 체포가 이루어지기 2주 전에 실시한 여론조사에서도 해리스는 샌체즈를 22포인트 차이로 앞서고 있었다.

법정에서 백페이지 임원들은 사이트의 광고 콘텐츠에 대해서는 책임질 수 없다고 주장했다. 통신 품위법 덕분에 그들은 주정부 매춘 알선법에 대해 면책특권을 갖고 있었다. 그들의 주장을 뒷받침하기 위해, 피고 측 변호사들은 해리스가 다른 주 검찰총장들과 함께 서명한 2013년 7월 서한에서 의회가 아동의 성매매를 광고하는 웹사이트를 기소할 수 있도록 통신 품위법을 개정할 것을 촉구한 해리스의 말을 그대로 돌려주며 공격했다.

2016년 12월 9일 캘리포니아주의 판사는 백페이지의 변호인들과 합의하고 사건을 기각했다. 하지만 그것으로 끝이 아니었다. 백페이지의 사무실을 수색하면서, 검찰청 요원들은 백페이지의 금융 거래 내역을 상세히 기술한 방대한 양의 문서를 수거했다. 검사들은 주요 카드사들이 백페이지에 대한 결제 처리를 중단하자, 백페이지가 고객들에게 사서함으로 수표를 보내라거나, 암호화폐를 사용하거나, 페이퍼 컴퍼니 앞으로 지불하라고 안내한 사례를 입증할 문서들을 증거로 제출했다. 백페이지는 아이슬란드, 헝가리, 리히텐슈타인의 은행들을 이용해 자금 세탁을 시도했다.

2016년 12월 23일 퇴임하는 검찰총장의 축복을 받은 크럴이 세 사람 모두를 자금 세탁 관련 주법 위반으로 기소했을 때 해리스는 미국 상원의원 당선자였다. 백페이지 제국이 무너지고 있었다.

◆──────◆

백페이지에 도전하기로 한 해리스의 결정에 정치적 위험이 없는 것은 아니었다. 백페이지는 범법 회사였지만 그녀는 다른 어떤 주보다 인터넷 회사가 많은 주에서 인터넷 회사를 공격하고 있었고, 통신 품위법에서 제공하는 보호조치에 도전하고 있었다. 캘리포니아주에서 가장 큰 사업을 벌이며 주 최대 납세자이기도 한 기업들

카멜라 해리스, 차이를 넘어 가능성으로

은 그 법의 보호에 의존해왔다. 한 논평가는 "사람들이 회사를 이용하는 방식이 마음에 들지 않는다는 이유만으로 해리스가 기업을 괴롭히는 것은 끔찍한 권력 남용"이라며 "해리스와 검찰청 직원들은 범법자들을 추적하기 위해 사람들이 그 회사의 서비스를 이용하는 방식을 그대로 활용해 법을 집행하는 일도 개의치 않았다. 정말 수치스러운 일이다"라고 말했다.[8]

2017년 8월 23일 새크라멘토에서 고등법원 판사 로런스 G. 브라운이 그녀의 결정을 옹호하고 캘리포니아주에서 라킨, 레이시, 페러에 대한 자금 세탁 혐의를 적용할 수 있다고 판결했을 당시, 해리스는 연방 상원의원이었다.[9]

2018년 4월 페러는 주 자금 세탁 혐의에 대해 유죄를 인정했고, 그의 전 상사인 라킨과 레이시에 대해 증언하기로 약속했다. 이 글을 쓰는 현재, 라킨과 레이시에 대한 캘리포니아주의 소송은 계류 중이며 그들은 무죄를 주장하고 있다.

2018년 4월 9일 피닉스의 연방 검찰청은 백페이지 임원 일곱 명을 공모, 주 경계를 넘은 성매매 조장, 자금 세탁 등 93건에 대한 혐의로 기소했다.[10] 이 재판 역시 계류 중이며 피고인들은 무죄를 주장했다. 페러는 FBI에게 협력하고 있다. 연방 기소 건 중에는 캘리포니아주에서 이루어진 조사 내용을 넘겨받은 것도 있었다.[11] 크럴은 "이것은 전국적인 사건이다"라며 "다른 주에서 하지 않았기 때문에 캘리포니아주에서 기소한 것이다"라고 말했다.

연방 당국은 2018년 4월에 백페이지를 폐쇄했다. 그러자 그 빈자리를 메우려는 새로운 사이트가 속속 등장했다. 하지만 백페이지처럼 뻔뻔하게 영업할 수는 없었다. 2018년 4월, 트럼프 대통령은 아동 매춘을 알선하는 웹사이트에 통신 품위법으로 면책특권을 부여하지 않으며, 피해자와 주 검찰총장이 이런 사이트를 기소할 수 있다는 내용의 법안에 서명했다.

25

"저는 싸우겠습니다"

"I Intend to Fight"

2016년 10월 유권자들에게 카멀라 해리스와 로레타 샌체즈 간의 연방 상원의원 경선은 뒷전이었다. 해리스는 1년 이상 모든 여론조사에서 선두를 유지했다. 꼭 필요한 일은 아니었지만 선거 마지막 주에 퇴임을 앞둔 버락 오바마 대통령이 주 전역에 방영된 광고에 출연하면서 끝까지 힘을 실어주었다.

오바마는 유권자들에게 "상원의원으로서 카멀라 해리스는 매일매일 캘리포니아 주민에게 두려움 없는 투사가 되어줄 것"이라고 말했다.

캘리포니아주 유권자들이 그보다 더 큰 관심을 기울이고 있었던 건 도널드 트럼프와 〈액세스 할리우드〉 테이프에 녹음된 여성 폭행에 관한 그의 거친 발언, 힐러리 클린턴의 이메일에 대한 조사를 재개한다고 발표한 제임스 코미 FBI 국장의 편지였다.

유권자들은 그나마 주의 쟁점인 자극적인 법안에만 관심을 기울였다. 첫째, 대마초 판매 합법화. 둘째, 담배 한 갑당 2달러 세금 인상. 셋째, 합법적으로 총을 소지할 수 없는 사람들의 탄약 구매 불법화. 넷째와 다섯째는 사형 제도 폐지 혹은 사형 조기 집행이었다.

팻 브라운 주지사 시절부터 캘리포니아주 유세를 취재해온 〈로스앤젤레스 타임스〉의 정치 칼럼니스트 조지 스켈턴은 선거 한 달 전 해리스 대 샌체즈의 대결은 "모기 퇴치 이사회 자리 정도의 관심을 끌고 있을 뿐"이라고 썼다.[1] "캘리포니아주는 과거에 여러 치열한 상원의원 선거가 벌어졌던 곳이다. 복서 대 칼리 피오리나, 다이앤 파인스타인 대 마이크 허핑턴, 제리 브라운 대 피트 윌슨, 앨런 크랜스턴 대 맥스 래퍼티, 그런데 카멀라 해리스 대 로레타 샌체즈라고? 하품이 나올 정도다."

◆———◆

해리스가 자신의 쉰 번째 생일인 2016년 10월 20일 샌프란시스코 시내 고급 레스토랑 '불러바드'에서 오찬 모금 행사를 열었을 때 이미 승리를 확신했다고 해도 모두가 당연하게 여겼을 것이다. 특별 손님으로 해리스의 친구인 뉴저지 민주당 상원의원 코리 부커도 참석했다. 해리스는 발언하려고 일어서서 종종 하던 대로 총기 규제와 총기 폭력, 학교 총기 난사 사건 이야기를 꺼냈다.

샌프란시스코는 다른 도시들처럼 총기 폭력에 익숙한 도시다. 1978년 샌프란시스코 경찰과 소방관 출신 댄 화이트는 샌프란시스코 감독관에서 해임되자 감지 장치를 피해 건물 옆 유리창을 타고 시청으로 진입했다. 그는 조지 모스코니 시장의 사무실로 걸어 들어가 모스코니에게 복직을 요구했다. 거절당하자 화이트는 권총을 꺼내 모스코니에게 네 발을 발사해 죽였다. 그 후 화이트는 샌프란시스코 최초의 게이 감독관 하비 밀크를 스토킹했다. 화이트는 밀크의 사무실로 걸어 들어가면서 총을 다섯 발 쏘았다. 감독관 다이앤 파인스타인은 총소리가 들리고 화약 냄새가 나자, 밀크의 사무실로 달려가 맥박을 확인했다. 사무실에는 아무도 없었다. 샌프란시스코시의 후임 절차에 따라 파인스타인은 충격에 빠진 도시의 시장이 되었다.

파인스타인이 연방 상원의원이 된 지 6개월이 지난 1993년 7월 1일, 어느 실패한 사업가가 두 자루의 인트라텍 DC9 반자동 권총과 0.45구경 반자동 권총, 수백 발의 탄약을 헤드셋에 장착한 채 불러바드에서 걸어서 10분도 채 걸리지 않는 도심 고층 건물 34층으로 들어갔다.[2] 그는 로펌에 총격을 가해 여덟 명을 살해했다. 그 학살의 여파로 파인스타인 상원의원은 연방 공격 무기 금지 법안을 통과시켰지만 그 법은 10년 만기 기한이 있었다.

해리스는 불러바드 행사에서 살육에 대해 상세히 기술한 경찰 보고서를 언급했다. 그녀는 총기 사고로 죽은 어린이들을 떠올리며 "아기들, 아기들, 아기들"이라고 되뇌었다.

그러고 나서 말을 멈췄다.

"에린, 정말 미안해요. 깜빡했어요."

그날 해리스의 후원자로 참석한 에린 르헤인은 일곱 살 된 딸 로즈를 데려왔다.

로즈가 아기였을 때부터 알고 지낸 해리스는 로즈의 눈을 똑바로 바라보며 행사가 끝난 뒤 함께 이야기를 나누기로 약속했다. 손님들이 자리를 뜨기 시작하자 해리스는 의자 두 개를 가까이 끌어당겨놓고 로즈 쪽으로 몸을 숙여 자신의 발언 내용 때문에 놀라지 않

카멜라 해리스, 차이를 넘어 가능성으로

았는지 물었다.

르헤인은 해리스가 하는 말을 다 듣지는 못했다. 로즈는 나중에 엄마에게 해리스가 걱정하지 말라고, 엄마와 선생님, 경찰을 비롯해 많은 사람들이 보호해줄 거라고 말했다고 전해주었다.

"해리스는 로즈를 안심시키려고 했다"라고 르헤인은 말했다.[3] "해리스는 로즈에게 질문이 있는지 물었고 두 사람은 긴 시간 함께 이야기를 나눴다. 카메라도 없었고 언론도 없었다. 아무도 알지 못했다. 해리스는 그 순간 매우 인간적이었고 로즈가 안심하기를 바랐다."

르헤인은 수행원들이 해리스를 기다리고 있는 것을 알았다. 보좌진은 안달이 난 것 같았다. 참석해야 할 다른 행사들이 있었기 때문이다.

르헤인은 "인간적인 모습을 보여줄 시간이 많지 않은 사람에게 매우 인간적인 순간이었다"라고 말했다.

◆━━━◆━━━◆

카멀라 해리스는 자신의 싸움은 선거 종료와 함께 끝났다고 확신하며, 입법부와 의회 의원 선거에 나선 다른 후보들을 도우러 나섰다. 해리스는 동지와 자기 사람들을 끌어들이기 시작했다. 해리스는 언젠가는 그런 관계가 실질적으로 도움이 된다는 것을 잘 알았다. 투표와 개표가 이뤄지기 전부터 해리스의 다음 행보에 대한 추측이 나돌았다.

〈샌프란시스코 크로니클〉 칼럼니스트 필 매티어와 앤디 로스는 운명의 선거일을 이틀 앞둔 2016년 11월 6일 "아는 사람들은 대선 출마 이야기를 꺼내고 있다"라고 썼다.[4]

2016년 선거일에 동부에서 투표가 마감되자 해리스의 선거 전략 팀원들은 로스앤젤레스 시내 캘리포니아주 검찰청 인근 식당에서 과카몰레, 칩, 타파스를 주문했다. 해리스의 공보 담당 비서관 네이선 클릭은 "그동안 내내 휴대폰을 들여다보고 〈뉴욕 타임스〉 개표기의 눈금을 확인하고, 계속 새로 고침을 하면서도 눈에 보이는 결과를 믿을 수 없었다"라고 회상했다.

"이런, 젠장." 해리스의 메인 선거 전략가 숀 클레그가 말했다.

클레그는 모두가 생각하고 있던 것을 가장 먼저 입 밖에 냈을 뿐이었다. 있을 수 없는 일이 일어났다는 것을 깨닫고 클레그는 허겁지겁 해리스의 당선 파티 장소로 돌진했다. 그곳은 한때 태평양 증권거래소가 있었던 개조된 아르데코 다운타운 행사장 '익스체인지 LA'였다.

해리스는 가족과 절친한 친구 크리셋 허들린, 레지널드 허들린, 그리고 그들의 아이들과 함께 다른 레스토랑에 있었다. 현실을 직시한 허들린의 10대도 안 된 아들 알렉산더가 눈물을 글썽이며 곧 상원의원이 될 당선자를 바라보았다고 해리스는 자서전에 썼다.

"카멀라 이모, 저 사람은 이길 수 없어요. 이기지 못할 거예요, 그렇죠?"[5]

아이의 공포가 해리스에게도 엄습했다. 그녀는 서둘러 익스체인지 LA로 달려가 클레그, 후안 로드리게스와 함께 한쪽 구석에 모여

카멀라 해리스, 차이를 넘어 가능성으로

앉았다. 그리고 힐러리 클린턴의 승리를 기대하며 쓴 희망찬 연설문을 찢어버렸다.

이날 밤 다른 지역의 민주당 지도부가 트럼프 당선인과 협력해 일하자고 대담하게 제안했다. 해리스는 아니었다. 적어도 그날 밤은 아니었다. 13년 전 첫 출마 때 말했던 신화 속 전사 여신 칼리처럼 잘린 머리로 목걸이를 만들어 착용하고 있지는 않았지만 종잇조각에 손으로 쓴 연설은 해리스가 칼리처럼 되어가고 있음을 암시했다. 확실한 입장을 취하지 않는다며 자주 비난받던 그 정치인이 신중함 따위는 쓰레기통에 처박아버렸다.

오후 10시쯤, 해리스가 무대에 올랐다. 남편이 곁에 있었고 1,000명가량이 지켜보고 있었다. 대부분 눈물을 글썽이며 믿을 수 없다는 반응을 보였다. 해리스는 약 8분 동안 진행된 연설에서 '싸움'이라는 단어를 26번 이상 반복했다. 텔레프롬프터는 없었다.

"물러설 것입니까, 싸울 것입니까? 싸웁시다. 저는 싸우겠습니다. 우리의 이상을 위해 싸우겠습니다.[6]

합법이든 불법이든 이 나라에서 가장 많은 이민자들이 거주하는 캘리포니아를 위해 싸우고, 그들에게 법을 통한 정의와 존엄, 공정성을 가져다주고 포괄적 이민 개혁을 통과시키기 위해 할 수 있는 모든 것을 하겠습니다. 어둠 속에서 그들을 끌어내고 우리 자신을 위해 싸울 것입니다. 저는 싸우겠습니다.

저는 '흑인의 목숨도 소중하다'는 것을 보여주기 위해 싸우겠습니다.

진실과 투명성과 신뢰를 위해 싸우겠습니다. 저는 싸우겠습니다.

여성의 의료보험 접근성과 생식 의료권을 위해 싸우겠습니다.

기후변화 같은 것은 없다고 주장하는 사람들과 맞서 싸우겠습니다."

해리스는 모든 국민의 시민권과 평등결혼을 지키기 위해 싸우겠다고 약속했다. 학생들의 대출 빚에 맞서 싸우고, 거대 석유업체와 기후변화를 부정하는 자들과 맞서 싸우고, 노동자의 단체교섭권과 총기 안전법을 위해 싸우겠다고 약속했다.

"자, 여러분, 핵심은 바로 이겁니다. 우리의 이상은 지금 위태로운 상태에 놓여 있습니다. 우리는 우리 자신을 위해 싸워야 합니다."

해리스는 그날 밤 61.6 대 38.4퍼센트로 손쉽게 우승했다. 750만 표를 획득했고 캘리포니아주의 58개 카운티 중 네 곳을 제외하고 모두 승리했다. 캘리포니아주에서 870만 표를 얻은 힐러리 클린턴 보다 120만 표가 적었지만 트럼프보다는 310만 표를 더 받았다.

해리스의 연설이 끝날 때, 선거 전략 팀원들은 실수이긴 했지만 풍선을 날렸다. 아무도 축하할 기분이 아니었다. 사람들은 금세 그 곳을 빠져나갔다. 해리스와 그녀의 선거 전략 팀은 다음 날 아침 월셔대로에 있는 선거사무소에서 만나기로 했다.

다음 날, 해리스는 지지자들에게 감사 전화를 돌렸고 이제 가장 큰 영향을 미치게 될 위원회 배정에 대해 고민했다. 해리스는 팀원들과 상의해 상원의원 당선자로서 첫 공식 석상에 모습을 드러내기로 했다. 그곳은 이민자 지원 단체인 로스앤젤레스 이민자인권연합 본부였다. 이 행사를 취재한 기자들은 해리스가 자신이 추방당할지 묻는 아이들을 떠올리며 목이 메었다고 전했다.

카멀라 해리스, 차이를 넘어 가능성으로

"여러분은 혼자가 아니에요"라고 그녀는 모임에서 말했다. "여러분은 소중해요. 저희가 힘이 되어줄게요."[7]

카멀라 해리스 상원의원은 입장을 분명히 했고 그 자세를 유지한 채 워싱턴으로 갔다. 해리스는 그날 밤도, 그다음 날에도 다음 선거에 대해 이야기하지 않았다. 그러나 그녀의 선거 전략 팀은 2020 선거 캠페인에 들고 나갈 메시지를 미리 고민해야 했다.

전국 무대로
뛰어들다

Stepping onto the National Stage

2016년 선거일 몇 달 전부터, 카멀라 해리스와 직원들은 전국적인 주목을 받게 될 상원의원 경력의 기초를 다져왔다.

하지만 그 계획은 해리스의 생각이 아니었다. 해리스를 재촉한 것은 직원들이었다. 해리스는 투표가 마감될 때까지 승리를 자신하지 않았다. 해리스는 심지어 단 1분이라도 다른 데 집중하다가는 후보자가 실수하거나 정치 경력에 타격을 입는 일이 생길 수 있다고 생각했다. 하지만 9월 중순까지도 해리스는 샌체즈를 여유롭게 앞서고 있었다. 그래서 수석 보좌관들은 다양한 지지자들과 이야기를 나누며 선거 후의 일에 대해 지속적으로 아이디어를 떠올렸다. 오바마 행정부의 한 고위 관계자는 해리스에게 선거 이후를 미리 생각하지 않는 것은 큰 실수이며 위원회 배정을 미리 요청하는 게 좋다고 직접 조언해주었다. 해리스는 아직 승리한 게 아니기 때문에 그런 요청은 하지 않겠다고 대답했다. 그 관계자는 워싱턴의 방식을 설명해주려고 애썼다. 그는 선거 결과가 확정되기를 기다리다가는 줄 맨 끝에 서야 할 거라고 말했다.

해리스는 망설임을 뒤로하고 관계자의 충고를 받아들였고 선거 참모들에게 다음 단계로 이행하라고 요청했다. 참모들은 즉시 작업에 착수했다. 여기에는 해리스가 원하는 위원회에 배정받도록 하는 일도 포함되었다. 특히 해리스는 자신의 야심 찬 선거공약을 실현할, 전국적 인지도가 높은 위원회에 들어갈 생각이었다.

우선 해리스는 환경및공공사업위원회에 들어가고 싶어 했다. 그 위원회는 물과 산림 관리를 관할했는데, 기후변화 때문에 특히 캘리포니아주에는 매우 중요한 이슈였다. 가뭄이 길어졌고, 이례적인 포악한 불길이 해안에 가까운 언덕의 덤불과 시에라숲, 참나무를 집어삼켰다. 오바마는 2005년 새내기 상원의원으로 그 위원회에 참여했고 매우 즐겁게 일했다. 또 캘리포니아주에는 200만 명의 참전용사가 거주하고 있었기 때문에 해리스는 재향군인위원회에도 관심이 있었다.

무엇보다 법사위원회에 들어가고 싶어 했는데, 검사로서의 기술과 경험, 형사 사법 개혁에 대한 관심에 꼭 들어맞는 곳이었기 때문이다. 법사위원회는 상원위원회 중 평판이 가장 높은 곳이기도 했다. 법사위원회 청문회는 종종 텔레비전으로도 방송되었다. 법사위원회는 들어가고 싶어 하는 의원들의 줄이 길기로도 유명했다.

❖

2016년 사회적 통념, 여론조사, 그 밖의 여러 지표는 힐러리 클린턴이 대통령이 될 거라는 신호를 보내고 있었다. 해리스가 상원에 진출하는 것뿐만 아니라 어떻게 차기 클린턴 행정부 조직에 들어가 워싱턴 전역에 어떤 파급효과를 미칠지 계획을 세워야 한다는 의미

이기도 했다.

해리스는 대부분의 신입 상원의원들이 갖추지 못한 자질을 지녔고, 오바마 세계의 지지를 받고 있었다. 오바마 행정부의 고위 관계자들과 다른 저명한 보좌관들은 해리스가 과도기에 현명한 결정을 내리도록 도울 뿐 아니라, 일부 지위를 내주거나 배후에서 영향력을 발휘해 해리스를 특별 취급할 수도 있었다.

해리스도 전국 규모로 시야를 넓혔고 주변의 저명한 민주당원들의 지지도 받았다. 오리건주의 론 와이든은 그녀의 선거운동을 도운 상원의원 중 한 명이었다. 매사추세츠주의 엘리자베스 워런 상원의원, 뉴저지주의 코리 부커 상원의원, 뉴욕의 키어스틴 질리브랜드는 해리스가 출마를 발표한 날 지지 선언을 했다.

또 자금 문제도 있었다. 워싱턴 선거 자문위원들은 해리스에게 성공적으로 선거운동을 하려면 4,000만 달러는 모금해야 한다고 말했는데, 이는 워런이 2012년 선거운동에서 모금한 금액과 거의 비슷한 액수였다.[1] 캘리포니아주 선거 팀은 해리스에게 그 정도까지는 필요 없으리라는 걸 알았다. 게다가 해리스는 그다지 열성적으로 모금 활동을 하는 사람도 아니었고, 지인들에게 후원금을 요구하는 것도 불편해했다. 결국 해리스는 2016년 선거에서 1,500만 달러를 모금했고 선거운동에 1,410만 달러를 지출했다. 그러나 해리스는 민주당원들의 현금 지급기로 알려진 주 출신이었기 때문에, 남은 돈을 다른 지역 선거에서 사용하도록 민주당 상원 선거대책위원회에 기부했다. 동료 민주당원들을 기꺼이 도우려는 해리스는 민주당 전국 상원 선거운동 감독으로서 직접적인 수혜를 입은 뉴욕의

카멜라 해리스, 차이를 넘어 가능성으로

척 슈머 상원의원과 좋은 관계를 맺었다. 재선에서 승리한 슈머가 퇴임하는 네바다주의 해리 리드 대신 상원의 민주당 원내대표가 될 것이라는 전망이 우세했다.

누가 어떤 상원위원회에 배정될지 결정하는 과정은 매우 복잡하고 까다롭다. 명확하게 알려진 규정도 없다. 설령 있다 하더라도 전통적으로 사실상 슈머가 모든 결정을 내리게 되어 있었다. 그 때문에 해리스는 결과를 더욱 낙관적으로 예측할 수 있었다.

해리스가 지나야 할 지뢰밭은 위원회뿐만이 아니었다. 연공서열과 연대가 바탕이 되는 입법기관에서는 해리스가 만들고 관리해야 할 다른 중요한 관계가 있었다. 가장 중요한 것은 캘리포니아주 출신의 선임 상원의원 다이앤 파인스타인과의 협력이었다. 연공서열로 볼 때 파인스타인은 상원에서 상당한 권력을 장악하고 있었다. 그녀는 해리스를 도울 수도 있고 그렇지 않을 수도 있었다. 파인스타인과 동맹을 맺는 것은 까다로울 수 있었다. 2004년 아이작 에스피노자 경관의 장례식 때로 거슬러 올라가보면 파인스타인은 에스피노자를 살인한 범인에 대해 사형을 구형하지 않겠다고 한 해리스를 공개적으로 질책했다. 해리스는 파인스타인을 공손하게 대하는 것과 자신감을 잃지 않고 독립적으로 행동하는 것 사이에서 균형을 잘 유지해야 했다. 해리스와 파인스타인의 껄끄러운 관계는 개선되었다. 그러나 민감하게 주의를 기울일 필요가 있었다. 해리스는 파인스타인의 세계로 들어가고 있었다. 그다지 알려지지 않았던 도널드 트럼프가 대통령 자리를 차지하기 위해 준비해왔듯 해리스도 캘리포니아주 이외 지역에 대해 그렇게 재접근하고 재평가할 필요가 있을지도 몰랐다.

　상원의 전통대로 11월 14일 월요일, 초선 상원의원들은 상원의 비공식 부트 캠프로 알려진 행사에 일주일 동안 참석하느라 일찍 위싱턴으로 가야 했다.

　해리스는 직원들에게 두 가지를 원한다고 말했다. 첫 번째는 초기에 계획했던 대로 최대한 다양한 직원을 고용하는 것이었다. 예를 들어 그 당시 흑인 보좌진은 거의 없었고, 입법부 이사와 또 다른 핵심 직책에만 한 명이 있다고 알려져 있었다.

　두 번째 결정은 지금까지 계획에는 없었다. 힐러리 클린턴 행정부 입성을 계획했다가 실직한 사람들과 만나 최대한 그들의 의견을 존중하고 경청하는 것이었다.

　즉 해리스와 고위 보좌진이 수십 개의 회의 일정을 잡기 위해 수백 통의 전화를 돌리고 이메일을 작성해야 한다는 뜻이었다. 해리스가 선출직 첫 선거에 나서기 전부터 함께해온 가장 가까운 보좌관인 데비 메슬로와 캘리포니아주 검찰총장 비서실 직원이었던 마이클 트롱코소가 앞장섰고, 제대로 된 결과를 얻을 수 있도록 위싱턴으로 이사했다. 두 사람 모두 몇 달 동안 머물 예정이었다.

　2016년 선거에서 찾은 한 줄기 희망은 유색인종 여성 세 명이 대부분 백인과 남성 일색인 상원에 입성했다는 것이다.[2] 하트 상원 사무국 건물 지하 사무실로 출근하면서 해리스는 다른 두 사람의 사무실이 그다지 멀지 않다는 사실을 알게 되었다. 주택 압류 위기를 겪으며 은행들과 싸웠던 네바다주의 캐서린 코테즈 매스토는 미국 최초의 라틴계 상원의원이었다. 일리노이주 출신의 장애인 전쟁 영웅 태미 더크워스는 상원의원으로 선출된 최초의 태국계 미국 여성이었다. 세 사람은 즉시 끈끈한 관계가 되었다.

놀랍고 반갑게도 파인스타인은 처음부터 핵심 파트너이자 동지가 되어주었다. 해리스의 보좌진은 최고를 기대하면서도 최악의 경우까지 대비하고 있었기에 파인스타인의 관대함에 놀라고 충격을 받기까지 했다. 파인스타인과 상원을 떠나는 바버라 복서는 해리스가 상원의 조직 문화에서 예상치 못하게 맞닥뜨린 문제를 해결할 수 있도록 도와주었다. 또 파인스타인은 해리스가 직원을 채용할 때도 도움을 주었고 해리스에게 필요한 일을 도와주라고 자신의 직원을 보내기도 했다. 그뿐 아니라 해리스가 상원에서 시간 관리를 잘하고 정치적으로 한 단계 위로 올라설 수 있도록 여러 조언을 해주었다. 해리스는 '상원 인텔'로 알려진 상원 정보위원회에 가입할 생각도 하고 있었다.

위원회의 최장수 위원 중 한 명인 파인스타인은 녹초가 될 정도의 긴 업무 시간, 장기간 이어지는 위원회 청문회, 가장 민감하고 시급한 국가적 문제를 비밀리에 논의하는 수많은 비공개 회의 때문에 골치 아픈 업무가 될 거라고 경고했다. 위원회에서 매일같이 쏟아지는 정보는 극비라서 도와줄 직원을 따로 고용할 수 없고, 그 많은 업무를 직접 처리해야 하기 때문에 업무량도 엄청나다는 것이었다. 파인스타인은 해리스에게 위원회에 들어가면, 아침에 기밀 보고서와 메모를 받아 밤늦게까지 검토해야 하고 다음 날 아침까지 결정을 내리고 미팅 준비를 해야 한다고 경고했다.

파인스타인은 또 해리스에게 정보위원회에 들어가면 또 다른 단점이 있다고 말했다. 본질적으로 모든 작업은 기밀이기 때문에 힘은 힘대로 들면서도 표가 나지 않으며 결과도 익명으로 낸다는 것이다. 그리고 해리스가 위원회에 출석한다고 해도 상원에서 이름을 떨치거나 전국적 명성을 쌓거나 정치 경력을 넓히기 위해 할 수 있는 일은 거의 없다고 했다. 따라서 많은 상원의원, 특히 초선 의원과 고위직에 진출하겠다는 포부를 가진 사람들은 위원회에 배정 요청서를 제출하지 않고 다른 일을 알아보았다. 그래도 해리스는 위원회에 지원했다.

◆━━━━━━━◆

분주한 시간이었다. 해리스는 재무위원회의 고위 위원으로서 공화당원들의 화를 돋웠던 오리건주의 와이든 의원을 비롯해 주요 위원회의 민주당 의원들에게 제안을 받고 있었다. 와이든이 선거가 끝난 후 해리스에게 던진 첫 질문은 "카멀라, 재정위원회에 관심 있어요?"였다.[3] 두 사람 모두 서부 주 출신이어서 거대한 산불에서 주를 보호하는 데 관심이 있었기 때문에 그는 해리스가 환경및공공사업위원회에도 들어가길 원했다. 와이든은 강한 검사라는 해리스의 평판이 도움이 될 거라고 생각했다.

와이든은 해리스가 상원의원으로서 그만큼 재능과 가치가 있는 사람이었기 때문에 모두가 해리스를 원했다고 회상했다. "해리스는 대기자들이 있다는 것을 알았다. 하지만 많은 고위직 위원은 해리스가 자신의 위원회에 들어오기를 희망했을 것이다." 해리스는 와이든에게 자신이 생각하는 의제와 성취하고 싶은 일에 대해 말하는 것으로 답변을 대신했다.

와이든은 "해리스가 자기 방식대로 밀어붙이면 다수의 위원회에 들어가게 될 것 같다는 느낌이 들었다"라고 말했다.

2016년 12월 20일 슈머가 위원회 배정을 발표했을 때 해리스는 정치적 대박을 터뜨렸다.[4] 선배 상원의원들이 몇 년 동안 대기자 명단에 올라 있었을 법사위원회에는 들어가지 못했지만 평판 높은 위원회 네 곳에 배정받았다. 하나는 상원 인텔이었고 또 다른 하나는 환경및공공사업위원회였다. 해리스는 건강보험 개혁법(오바마 케어)을 관할하는 주요 위원회 중 하나인 상원 예산위원회에도 배정되었다. 그리고 전국적으로 주목받을 수 있는 위원회에도 들어가게 되었는데, 바로 국토안보및정부정책위원회였다. 해리스는 담당자들이 트럼프 행정부나 대통령 당선자와 대결하기 완벽한 곳에 자신을 배치해주었다고 곧바로 글을 올렸다.

해리스는 "이 네 개 위원회는 미국의 미래를 위한 핵심 싸움터가 될 것"이라고 말했다. "많은 캘리포니아 주민과 미국인이 미래에 대해 불안을 느끼는 상황에서 저는 가족과 미국의 이상을 위해 공격

291

적으로 싸움에 임할 것입니다."⁵

　해리스가 전국 무대에 이름을 알리기 위해 나섰다는 사실은 그녀를 알고 있던 캘리포니아인들에게는 전혀 놀랄 일이 아니었다. 하지만 해리스는 방식에 변화를 꾀하고 있었다. 이제는 더 이상 소송에서 캘리포니아주를 대표할 필요도 없고 의견을 자유롭게 개진할 수 있게 되었기 때문일 것이다. 트럼프의 당선, 그리고 해리스의 당선이 거기에 영향을 미쳤음은 분명하다. 해리스는 자신에게 주어진 지위를 이용해 이 예상치 못했던 저항, 비정통적이며, 분열을 조장하고, 해리스가 보기에 인종차별주의자인 대통령에 대한 저항을 이끌어갈 준비를 했다.

27

저항

The Resistance

2017년 1월 3일, 부통령 조 바이든은 캘리포니아주의 45대 상원의원 카멀라 해리스의 취임 선서를 진행했다. 고등교육과 더 나은 삶을 찾아 미국으로 온 인도와 자메이카 출신 이민자 시아말라 고팔란과 도널드 해리스의 딸은 미국에서 가장 배타적인 상원에서 일하는 두 번째 흑인 여성이자 최초의 인도계 여성이 되었다.

해리스는 그곳에 입성하기 전에 워싱턴과 캘리포니아주 최고의 정치인들에게 상원에서 성공하는 방법에 관련된 조언을 들었다. 무엇보다 훌륭한 직원을 뽑고 준비를 철저히 해야 했다. 해리스는 조언받은 것 이상으로 준비했다. 하지만 해리스는 물론이고 다른 상원의원들도 115차 회기가 시작되자마자 닥쳐온 대혼란을 미리 준비할 수는 없었다.

워싱턴의 기대(경쟁자에서 동맹이 된 두 사람, 오바마 대통령에서 힐러리 클린턴으로 이어지는 우호적 정권 이양)가 무너졌고 민주당은 도널드 J. 트럼프 때문에 와해되고 있었다. 트럼프는 오바마와 민주당의 업적을 최대한 지우려고 했다.

그 업무를 관장할 트럼프의 지명자들은 그 어느 때보다 훨씬 심하게 분열된 상원에서 곧바로 인사청문회를 거쳤다.

상·하원을 장악한 공화당원들은 이민, 환경, 의료보험, 세금, 대법관 후보자를 포함해 차기 행정부의 중요한 이슈를 전부 통과시키려고 했다. 민주당원들은 약간의 이의 제기만 할 수 있을 뿐이었다.

트럼프의 취임식을 앞두고, 퇴임하는 오바마 행정부 관계자들은 트럼프의 선거 캠프 혹은 대통령 당선인이 직접 힐러리 클린턴을 물리치기 위해 러시아와 공모했을 수도 있다는 기밀 정보에 대해 심각하게 우려했다. 오바마의 국가안보 팀은 비밀리에 작업하면서 트럼프가 1월 20일 권력을 장악하기 전에 최대한 연관 관계를 조사하기 위해 뛰어들었다. 오바마 행정부의 목표는 트럼프가 이 문제를 은폐하지 못하도록 범죄 정보를 문서화하고 보호하는 것이었다. 의회 회기 시작과 트럼프의 취임식 사이에 그 모든 일을 진행해야 했기 때문에 하루하루가 긴박하게 흘러갔다.

민주당에서 볼 때 해리스는 26년 동안 법 집행에 종사해왔고, 일선 검사로서의 기술을 활용할 수 있는 인물이었다. 직접 소송을 심리하지 않은 지 10년이 넘긴 했지만, 해리스는 법정 경험을 활용해 대다수 상원의원은 할 수 없는 방식으로 비협조적인 트럼프 행정부 관계자들을 반대 심문할 수 있었다.

상원 민주당 원내대표인 척 슈머가 해리스를 그렇게 많은 중요 위원회에 앉힌 데는 분명 그만한 이유가 있었다. 보통 새내기 의원이 들어가기 어려운 상원 정보위원회도 마찬가지였다.

이 위원회에서 가장 오래 활동한 편에 속하는 론 와이든은 새내기 상원의원이 정보위원회에 들어간 사례가 있었는지 모르겠다고 했다. 그러나 해리스가 취임 선서를 한 후 며칠간만 봐도 그녀가 이

시기에 상원의원에 당선된 것은 해리스 자신은 물론이고 그녀의 정치적 포부와 곤경에 빠진 민주당에 더할 나위 없이 좋은 일임이 점점 더 분명해졌다.

해리스는 인텔, 국토안보위원회, 환경및공공사업위원회, 예산위원회 사이에서 트럼프 의제의 핵심은 아니더라도 많은 이슈에 맞서 민주당 노선을 유지하고 최전방에서 맞서는 인물이 되었다. 그런 노력 혹은 그에 반하는 노력을 기울이며 해리스가 수행한 역할은 상원 내 인지도를 높이고 대통령 선거에 출마하는 그녀를 정의 내리는 데 큰 도움이 되었다.

◆――――◆

카멀라 해리스 상원의원이 취임한 지 6일째인 2017년 1월 10일은 앞으로 겪을 논쟁과 지칠 줄 모르는 바쁜 시기의 전조 같은 날이었다. 국토안보위원회는 이날 오전 해병대 대장 출신, 존 F. 켈리의 인사청문회를 열었다. 켈리는 미국 남부 사령부의 사령관으로서 2012년 11월부터 2016년 1월까지 중앙아메리카, 남아메리카, 카리브해에서 모든 미군 작전을 감독했다. 켈리는 트럼프 대통령의 강력한 국토안보부 장관 후보자이며, 캘리포니아주의 경계 주와 국가에 매우 중요한 사안을 이끌어갈 사람이었다. 이 4성 장군은 초당적 지지를 얻고 있었고 의회에서도 주목할 정도로 국회의원들의 칭찬이 자자했다.

민주당의 노스다코타주 상원의원 하이디 하이트캠프는 켈리 후보자 인사청문회에서 "훌륭한 공무원"이라고 말했다.[1] "후보자께서도 오늘날 우리가 후보자와 함께하는 이 사랑의 축제를 통해 알 수 있듯 이번 내각이 국토안보부에는 복권에 당첨된 거나 마찬가지라고 믿는 이유는 후보자께서 남부 국경과 미국 전체 국경 안보에서 문제 지역에 폭넓은 경험을 갖고 계시기 때문입니다."

해리스가 질문할 차례가 되었을 때 그녀는 축하 인사는 거의 건네지 않았다.

그동안 켈리가 수행한 공무에 감사의 뜻을 밝힌 뒤, 트럼프 대통령이 밝힌 국경 장벽 건설 계획, 불법 이민자 수천 명 추방, 행정부의 집행 권한 확대, 전국 구치소 증설 계획 등을 이행할지에 대해 질의를 시작했다. 다코타주에서는 그런 문제가 별로 중요하지 않을 수도 있었다. 하지만 캘리포니아주는 인구의 40퍼센트가 라틴계이고 대부분 중앙아메리카에 뿌리를 두고 있으며, 27퍼센트는 외국 태생이다.[2]

해리스는 미성년 입국자 추방 유예 제도Deferred Action for Childhood Arrivals program의 줄임말인 다카DACA를 추진했다. 오바마의 대표적인 프로그램인 다카는 드리머스Dreamers라고 부르는 아이들을 보호하는 조치였다. 그 아이들의 부모는 더 나은 삶을 위해 아이들을 데리고 국경을 넘어 미국으로 왔다. 드리머스는 미국 시민권자는 아니었지만, 대부분은 부모의 고국과는 아무런 연결 고리도 없었다. 캘리포니아주에는 지금까지 다른 주보다 훨씬 많은 18만 3,000명의 드리머스가 있으며, 그들 중 많은 수가 대학에 다니거나 일하고 있다. 그들을 추방하는 일은 트럼프가 가장 먼저 행할 조치였고, 해리스는 당연히 켈리의 입장을 알고 싶어 했다.

"전임 장관들이 재직하던 시기에 국토안보부 국장이 그런 결정을 내리고 그 정보를 군에 공표한 사실을 아십니까? 대통령이 아닌 국장이 말이에요. 그 사실을 잘 알고 계셨습니까?" 해리스가 물었다.

"네." 켈리가 대답했다.

"좋아요. 그리고 그 젊은이들 중 많은 수가 어릴 때 이곳에 왔고 자신의 고향은 오로지 미국이라고 생각하고 있다는 사실에 동의하시나요?" 해리스가 다시 물었다.

"많은 수는 그 범주에 속합니다"라고 켈리는 답변했다.

해리스는 발언을 이어갔다. "그들이 현재 미국 전역의 대학과 대학원에서 공부하고 있고, 일부는 〈포천〉 100대 기업, 주요 기관에서 일하거나 크고 작은 사업체를 운영하고 있다는 사실에 동의하십니까?"

켈리는 "일부는 그렇다고 알고 있습니다"라고 말했다.

"그런데 국토안보부의 한정된 법 집행 자원을 활용해 그들을 국외로 추방할 생각이십니까?"

켈리는 "저는 법대로 따를 것입니다"라고 말했다.

해리스는 정중한 태도로 질의했지만 직설적으로 몰아붙였다. 해리스는 청문회 내내 동료들이 기대했던 무시무시한 불도그 같은 검사보다는 훨씬 더 세련된 의원의 모습을 보여주었다. 하지만 이번에는 질문에 대한 답변을 얻어냈다. 켈리는 직접적인 언급을 피하며 드리머스의 추방으로 이어질 수 있는 정책을 감독할 것을 시사하는 발언을 했다. 그것은 해리스의 출신 주에 사는 15만 명이 넘는 사람들에게는 직접적인 위협이나 마찬가지였다.

해리스는 켈리에 대한 결정을 아끼고 있다가 9일 후 반대표를 던질 것이라는 성명을 발표했다.

"불행히도 나는 드리머스의 얼굴을 똑바로 쳐다보며 존 켈리 장군이 그들을 추방하지 않으리라고 보장해줄 수 없다"라고 해리스는 말했다.[3] "그리고 그 보장 없이는 그가 국토안보부 장관에 임명되는 것을 지지할 수 없다. 윤리적, 도덕적 이유로 우리는 미국 정부가 이 젊은이들에게 한 약속을 지켜야 한다."

다음 날인 1월 20일, 88 대 11의 상원 표결을 통해 장관으로 확정된 켈리는 몇 시간 후 트럼프의 취임식 날 취임 선서를 했다. 해리스는 반대표를 던진 11명 중 하나였고, 파인스타인은 찬성표를 던졌다.

◆———◆

켈리의 인사청문회가 끝난 지 약 한 시간 만에 해리스는 상원 정보위원회의 첫 공개 청문회에 참석했다.

증인으로 정부 국가안보실장 네 명이 참석하기로 했다. 이들은 트럼프에게 유리하게 대선을 몰아가려는 러시아의 다각적 노력에 대해 막 공개된 기밀 보고서를 상원의원들에게 브리핑할 예정이었다.

당시 러시아가 트럼프 선거 캠프를 지원했을 가능성에 대한 여론의 추측(그리고 경각심)은 극에 달했고, 대통령 당선자는 이를 '가짜 뉴스'라고 비난하는 것 외에는 별다른 반박을 하지 않았다.

2016년 12월 오바마 대통령은 국가정보국, FBI, CIA, 국가안보국의 국장실에 〈최근 미국 선거에서의 러시아 활동과 의도 평가〉라는 극비 보고서를 취합하는 임무를 맡겼다. 많은 부분이 삭제되고 기밀 해제된 그 판본은 청문회 며칠 전에 발표되었고, 거기서 내린 결론은 오싹할 정도였다.

이 보고서는 러시아가 실제로 대선을 방해하고 트럼프를 돕기 위한 포괄적 사이버 캠페인을 벌였으며, 블라디미르 푸틴 러시아 대통령이 이를 직접 지시했다고 설명했다.

보고서는 "2016년 미국 대선에 영향을 행사하려는 러시아의 노력은 미국이 주도하는 자유민주주의 질서를 훼손하려는 모스크바의 오랜 염원 중 가장 최근 사례를 보여주는 것일 뿐"이라며 "하지만 이전 활동에 비해 개입의 직접성이나 강도, 노력 범위 등이 현저히 확대되었음을 알 수 있다"라고 분석했다.[4]

트럼프와 오바마 대통령 모두 이 보고서에 대해 브리핑을 받고 사본도 제공받았다.

이후 트럼프는 러시아뿐 아니라 중국 등의 국가와 단체도 민주당과 공화당의 컴퓨터 시스템을 침해하려 했을 가능성이 있다고 주장하며 문제를 확대하는 성명을 발표했다. 그리고 "선거 결과에는 전혀 영향을 미치지 않았다"라고 덧붙였다.[5]

하지만 이 공개 보고서에 선거 결과에 관한 언급은 없었다. 고도로 기밀화된 버전의 보고서에는 결론은 같지만 훨씬 더 자세하게 "선거에 영향을 미친 핵심 요소"라고 되어 있었다. 세부 사항은 상원과 워싱턴을 뒤흔들 만큼 폭발적이었다.

〈워싱턴 포스트〉에 따르면 미국 첩보 기관들은 러시아가 트럼프 대통령의 사생활과 재정에 관련해 약점이 될 정보를 무차별 수집하거나 당혹스럽고 낯 뜨거운 정보를 갖고 있는지 여부를 검증하지는 않았다.[6] 하지만 이번 조사 결과 중에는 충분히 그렇다고 믿을 만한 내용도 있었다. 즉 곧 백악관의 주인이 될 사람이자 세계에서 가장 큰 영향력을 발휘할 사람이 자신의 당선에 도움을 준 미국의 가장 공격적인 적으로부터 잠재적으로 협박과 강압에 시달릴 수도 있다는 뜻이었다.

이 같은 조사 결과는 보고서 전문에 첨부된 2페이지 분량의 요약본에도 포함되었다. 〈워싱턴 포스트〉는 이 부록에 트럼프 내부 인사들과 크렘린 대표들이 지속적으로 접촉했다는 의혹도 포함되어 있다고 보도했다.

캘리포니아주 검찰총장으로서 해리스는 초국가적 폭력 조직, 테러 위협 등에 대한 민감한 법 집행기관의 정보에 접근할 수 있었다. 상원 정보위원회는 훨씬 더 다양하고 깊은 수준으로 정보를 비밀로 유지한다. 그곳의 전 직원은 상원 사무소의 특수 정보 시설SCIF에서 일하는데, 그곳은 내부 깊숙한 곳에 벙커처럼 구획된 장소로, 창문도 없이 금고처럼 생겼다. 상원에 입성한 지 며칠밖에 되지 않은 해리스에게 국가안보에 매우 중요한 사안을 '입력시키는' 작업은 눈이 번쩍 뜨이는 일이었다.

정보위원회 청문회 자체만으로도 꽤 볼 만한 구경거리였다. 청문회는 주요 케이블 뉴스 네트워크를 통해 생중계되었으며, 워터게이트 탄핵 청문회 상황을 고스란히 담아냈던 150대 이상의 카메라가 상원의원들을 비추었다. 해리스의 차례가 되었을 때는 이미 중요한 질문이 많이 나온 뒤였다.

그래서 해리스는 대신 제임스 클래퍼 국가정보국장이 잘 파악하고 있을 만한 질문을 던졌다. 지속적으로 사이버 침투를 시도하는 러시아로부터 대통령 당선자와 인수위원회의 컴퓨터 네트워크와 개인 기기를 안전하게 보호하고 있는지에 대한 질문이었다.

클래퍼는 "우리는 보안 영역 내에 있는 모바일 장치의 위험에 대해 인수위원회에 할 수 있는 모든 교육을 했습니다"라고 말했다.[7]

"그런 교육이 성공적이었다고 생각하시나요?" 해리스가 물었다.

"그 사람들에게 물어봐야 할 것 같네요"라고 클래퍼는 퉁명스럽게 대답했다.

그 후 몇 달 동안 트럼프 대통령의 고위 관계자들이 사적인 휴대폰과 컴퓨터를 이용해 백악관 업무를 수행하는 등 해리스가 질문한 것과 정확히 같은 종류의 부주의한 보안 위반 사례가 있었다는 사실이 한 언론을 통해 보도되었다. 해리스가 제임스 코미 FBI 국장에게 몇 가지 질문을 더 한 뒤 모든 사람들이 비공개 회의에 들어갔지만 논쟁거리는 없었다.

하지만 해리스는 이틀 뒤 트럼프가 지명한 캔자스주 공화당 하원의원인 마이크 폼페이오 CIA 국장 후보자 인사청문회에서 공세를 펼쳤다.

해리스는 이제 막 공개된 기밀 보고서의 내용부터 파고들어 갔다.

해리스는 폼페이오에게 기밀 보고서에 대해 물었다. "이 보고서의 내용을 온전히 받아들이십니까? '예, 아니요'로 대답하세요."[8]

카멜라 해리스, 차이를 넘어 가능성으로

폼페이오 후보자는 "보고서에 나온 조사 결과에서 의심할 만한 내용은 보지 못했습니다"라고 대답했다.

또 해리스는 잠재적 위험을 피해가면서 동료들에게 자신이 청문회를 위해 많은 준비를 했고 기밀 사안에 진보 정치를 주입하려는 의지가 있음을 보여주었다.

미국 정부 과학자들이 만장일치에 가까운 의견을 냈음에도 기후변화에 대해 보인 폼페이오의 입장에 대해 긴 질문을 이어가, 그가 얼마나 회의적인 견해를 갖고 있는지 알아보려고 했다. 해리스는 CIA는 이미 전 세계적으로 불안정과 갈등을 촉발하고 있는 지구온난화 문제에 관한 정보를 수집하고 있는데, 지명자 개인의 믿음이 이에 부정적인 영향을 미치지 않겠느냐고 더 중요한 질문을 던졌다.

폼페이오가 답변을 회피하자 해리스는 청문회 후반에 다시 순서가 돌아왔을 때 그를 묵사발로 만들었다.

"폼페이오 의원님, 기후변화 문제에 대해서는 의원님이 과학자가 아니라는 점은 이해합니다. 제가 알고 싶은 점, 그리고 의원님께 듣고 싶은 말, 원하는 것은 의원님이 정치적으로 불편하거나 이전에 유지했던 입장을 바꿔야 하는 상황이 되더라도 버거운 증거의 무게를 기꺼이 수용할 줄 아는 CIA 국장의 모습입니다."

해리스는 폼페이오에게 그렇게 할 것이라는 답변을 받아냈다.

이어 해리스는 CIA 국장 내정자에게 "CIA는 그동안 LGBTQ를 영입하고 유지하려는 노력을 지속해왔는데, 트럼프 행정부가 이런 노력을 저해하는 차별적 관행을 채택할 것이 우려된다"라고 말했다. 또 "그곳에서 뛰어난 기량을 발휘하며 근무하는" 무슬림 미국인

직원들에게 큰 위험 요소가 되고 있다고 언급했다.[9]

해리스는 이에 적용되는 특수법에 대한 일련의 질문을 던지며 폼페이오에게 모든 직원을 동등하게 보호하겠다는 확답을 얻어냈다. 나중에 언론에서 묘사한 것과 달리 초기 청문회나 그 밖의 상황을 보면 해리스가 보여준 모습은 하룻밤 사이에 갑자기 생긴 것이 아님을 알 수 있다. 또 해리스는 자화자찬을 일삼으며 스포트라이트를 받으려 애쓰는 사람도 아니었다. 그녀는 일했을 뿐이다.

＊＊＊

카멀라 해리스는 잘 준비된 모습으로 나타났다. 청문회 기간에는 서류와 노트가 가득한 두꺼운 바인더를 펼쳐놓고 질문거리가 생각나면 흰 포스트잇에 재빨리 휘갈겨 썼다. 해리스는 상원의 난해한 절차와 규약의 원칙도 빨리 습득했다. 동료들을 존경하고 상원 서열에서 자신의 위치도 제대로 인식하고 있었다.

해리스는 똑똑하고 다양한 직원을 고용하는 작업에 착수해, 검찰총장 시절 최고위 보좌관 네이선 배런킨을 상원 비서실장으로, 미국 의회 경험이 있는 참전용사 출신의 로히니 코소글루를 비서실 부실장으로, 클린트 오덤을 상원 유일의 흑인 입법 담당관으로, 힐러리 클린턴의 선거운동을 담당했던 스물아홉 살의 아프리카계 미국인 타이론 게일을 공보 비서로 발탁했다. 또 전국적 미디어 전략을 감독하기 위해 릴리 애덤스를 고용했다. 고故 앤 리처즈 텍사스 주지사의 손녀인 애덤스는 힐러리 클린턴 팀에서도 비슷한 역할을 담당했다. 그녀는 상원 참모들 사이에서 금세 좋은 평가를 얻었고, 해리스가 트럼프의 고위 관리들을 질의하는 등 파급력이 큰 순간들을 준비하는 데 중요한 역할을 한 것으로 알려졌다. 샌프란시스코에 있는 해리스의 주요 정치 컨설턴트 에이스 스미스, 숀 클레그, 댄 뉴먼도 계속 조언해주었다.

해리스는 다른 민주당원과 공화당원 모두에게 공동 관심사를 함께 연구하자고 손을 내밀었다. 켄터키주 공화당 상원의원 랜드 폴도 그중 한 명이었는데, 두 사람 모두 현금 보석 제도 개혁에 관심이 있었다. 그들은 또한 미성년 입국자 추방 유예 제도로 불법 거주 중인 청소년을 보호하기 위한 법안을 공동 후원하기로 합의했다. 또 해리스는 존 매케인 애리조나주 공화당 상원의원과 커피 타임을 갖기도 했다. 그는 해리스에게 의회와 유세장에서 얻은 경험을 들려주었다.

그동안 해리스는 트위터 등 SNS 홍보 시스템을 통해 중요 이슈에 관한 입장을 알리고 트럼프에 대한 엄중한 우려와 트럼프 행정부의 정책, 그리고 부정과 은폐 의혹 등에 대한 소식을 전하느라 분주했다.

해리스는 이민자, 노동자, 유색인종에 대한 트럼프의 행동에 초점을 맞추면서 전국적으로 충실한 트위터 팔로어를 끌어들였다. 겨울에서 봄으로 계절이 바뀌면서 해리스는 정보, 국토안보, 환경, 예산위 청문회에서 계속되는 증인심문에 더욱 공격적으로 나갔다. 그녀는 국내에서 가장 많이 보는 뉴스와 유명한 신문에 점점 더 자주 등장했다. 트럼프 행정부의 사건을 기록해 자국 시청자들에게 내보내는 워싱턴의 외신 기자들 덕분에 그녀의 세계적인 인지도도 더욱 높아졌다.

초여름까지 해리스는 트럼프 행정부에 대해 가장 공격적이고 세간의 이목을 끄는 비평가로 떠올랐다. 카멀라 해리스는 2016년 선거 날 밤 연설대로 상원에서 트럼프에 대한 민주당 저항 세력의 지도자로 급부상하고 있었다. 더 넓게 보면 해리스는 워싱턴에서 새로운 세대의 상징으로 여겨졌다.

해리스가 입성하면서 상원에 변화가 찾아왔다. 그렇지만 더 많은 변화는 아직 오지 않은 상태였다.

카멀라 해리스, 차이를 넘어 가능성으로

28

"저는
질문하고 있어요"

"I'm Asking the Questions"

2017년 1월 29일 카멀라 해리스 상원의원은 1960년대 시민권을 위해 행진했던 부모들의 발자취를 따라 백악관 밖 시위대에 합류했다. 시위대는 트럼프 대통령이 발표한 주요 이슬람 7개국 여행 금지 명령은 불법이라고 비난했다.

워싱턴에서는 공화당의 존 매케인 상원의원과 린지 그레이엄 상원의원이 "테러와의 싸움에서 자해적인 상처가 될 것"이라고 경고하며 금지 조치를 비난했다.[1] 캘리포니아인들은 이슬람 여행 금지령은 반트럼프 저항 세력의 최악의 공포가 현실로 드러난 것이라고 여겼다. 주지사 선거에 출마한 개빈 뉴섬 부주지사는 샌프란시스코 국제공항에서 열린 즉석 시위의 1,000여 명 시위대와 합류했다. 그들은 우디 거스리의 시위 음악 〈이 땅은 너의 땅This Land is Your Land〉(바이든 대통령의 취임식에서 제니퍼 로페즈가 부른 곡이기도 함—옮긴이)을 불렀다.

그날 밤, 해리스는 존 켈리 국토안보부 장관의 집에 전화를 걸어 그녀와 유권자들의 우려를 표명하고 행정부의 세부 계획에 대해 물었다.

"이런 일로 왜 집에까지 전화를 거는 겁니까?" 켈리는 연방 상원의원에게 퉁명스럽게 대답했다.[2] 해리스는 그 반응에 놀라 설명하려고 했다. 켈리는 다시 걸겠다며 재빨리 전화를 끊었다. 하지만 그는 절대 다시 전화를 걸어오지 않았다고 해리스는 자서전에 썼다.

그 후 몇 달 동안 해리스는 트럼프 행정부 관리에 대한 반대 심문의 강도를 점차 높여갔다. 2017년 6월 6일, 켈리가 국토안보위원회에 모습을 드러냈을 때 해리스는 심문 강도를 더 높였다. 해리스는 그날을 기다려왔다.

트럼프 행정부는 강력한 새 이민자 구금 명령을 시행하지 않는 도시들은 연방 대테러 자금을 삭감하겠다고 위협했다. 해당 도시의 검사들은 이 문제가 민사책임으로 이어질 수 있다고 결론 내렸고, 따라서 캘리포니아주 주요 도시에 대한 직접적인 위협이 될 수 있었다. 해리스는 이에 관해 켈리에게 강도 높은 질문을 이어갔다.

해리스는 속사포처럼 연속해서 질문을 던졌고, 켈리에게서 즉각적으로 답변을 이끌어내려고 그의 말을 자주 끊었다. 눈에 띄게 기분이 상한 전 장군은 평상시처럼 침착한 태도를 유지하지 못하고 한마디도 못하게 한다며 항의했다.

결국 켈리는 화가 나서 말했다. "한 번이라도 좀 말을 끝내게 해주시겠어요?"[3]

"뭐라고요?" 해리스가 대답했다. "전 질문하고 있어요."

청문회는 그렇게 흘러갔다. 위원회의 공화당 의원들은 기분이 좋지 않았다. 해리스는 그들의 신경을 건드렸다는 사실에 개의치 않는 것 같았다.

2017년 6월 7일, 법무부 차관 로드 로즌스타인이 상원 정보위원회에 출두했다. 상원의원들은 한 달 전 제임스 코미 FBI 국장을 해임한 트럼프 대통령의 결정에 그가 어떤 역할을 했는지 알고 싶어 했다. 트럼프의 대선 캠페인과 러시아의 관계에 제기된 의혹에 대한 법무부 수사를 총괄할 특별검사로 로버트 뮬러를 임명한 로즌스타인의 결정 역시 추궁하려 했다.

차례가 오자 해리스는 켈리에게 했듯 로즌스타인에게도 질문에 '예, 아니요'로 답변하라고 말했다. 그리고 그가 반박하려고 할 때마다 끼어들었다. 로즌스타인이 백악관의 간섭이나 보복에 대항하는 완전한 독립적인 방벽으로 뮬러를 내세웠다는 점을 인정하게 하는 것이 해리스의 목적이었다.

해리스는 손에 펜을 들고 말하면서 로즌스타인을 가리켰다. 당황한 그는 이 문제는 복잡해서 '매우 긴 대화'로만 답변할 수 있다고 설명했다.

"'예, 아니요'로 답변해주시겠어요?" 해리스가 대답했다.[1]

로즌스타인은 "그렇게 단답형으로 대답할 수 있는 문제가 아닙니다, 의원님"이라고 말했다.

"할 수 있어요." 해리스가 쏘아붙였다. "그럴 마음이 있느냐 없느냐에 달렸죠."

해리스의 심문에 점점 짜증이 난 노스캐롤라이나주 공화당 상원의원 리처드 버 위원장이 말을 끊었다. 버는 해리스 쪽을 바라보며 말했다. "의원님, 좀 멈춰주시겠어요? 위원장의 직권으로 증인들이 질문에 답할 권리를 행사하도록 하겠습니다."

해리스는 믿기지가 않았다. 그녀는 본질적으로 자신을 억누르라는 말을 듣는 데 익숙하지 않았다. 해리스는 고개를 돌려 버를 바라보았다. 텔레비전 생방송 시청자 수백만 명 앞에서 자신을 향한 질책이 계속되자 못마땅한 듯 눈을 가늘게 뜨고 귀를 쫑긋 세웠다. 버는 해리스에게 자신은 위원장으로서의 권리를 행사하고 있다며 로즌스타인에게 "전반적으로 베풀어지지 않은 예의를 베푸는 중"이라고 말했다. 해리스가 자신의 질문 방식에 대해 설명하려 하자 버가 다시 말을 끊었다. 민주당 의원들은 침묵을 지켰고, 일부는 노트만 쳐다보았다. 카멀라 해리스는 확실한 인상을 남겼다.

순식간에 신경전이 벌어지자, 나이 든 백인 남성 상원의원들은 위원회의 유일한 흑인 여성인 해리스에게 조용히 하라고 말했다. 이 일이 트위터에 퍼지면서 민주당과 공화당 상원의원 간, 민주당과 트럼프 행정부 간의 악의적 당파 싸움은 더욱 심해졌다.

몇 시간 만에 해리스와 보좌진은 '짤방'을 만들어내 이 사건을 기민하게 활용했다.

'예의가 아니라 용기.'

그렇게 입소문이 나면서 관련 상품이 팔려 나갔다. 해리스는 트위터를 통해 "'예의가 아니라 용기' 스티커를 주문하신 분, 친구와 가족도 스티커를 받길 바라시는 분은 이 포스트를 리트윗하십시오"라고 트윗을 남겼다.[5] 일부는 해리스와 협의 없이 '해리스 2020'이라는 말을 추가하기도 했다. 그로부터 6일 후, 해리스는 스스로를 가장 잘 홍보할 만한 순간을 만들어냈다.

◆━━━◆

2017년 6월 13일, 정보위원회의 증인은 제프 세션스였지만, 해리스의 몇몇 참모는 그의 풀 네임인 '제퍼슨 보러가드 세션스 3세'를 큰 소리로 외쳤다. 남부연합 의장과 남부연합군의 총재였던 그의 아버지, 할아버지와 이름이 같다는 것을 밝히고자 한 것이다. 세션스는 앨라배마주 출신의 연방 상원의원으로 2016년 2월 주요 공화당원 중 처음으로 트럼프의 대선 출마 지지를 선언했다. 법무부 장관이 되고서는 법무부의 지침을 따랐지만 트럼프 선거 전략 팀의 국가안보자문회의 수장이었기 때문에 이해가 충돌된다는 이유로 트럼프-러시아 수사에서 물러났다. 트럼프는 그 때문에 격분했는데, 공무원인 로즌스타인이 수사 책임자가 되었기 때문이다. 그런저런 이유로 세션스가 증언하는 청문회는 꼭 봐야 하는 텔레비전 프로그램이었고, 일부는 해리스가 그에게 반대 심문하는 것을 보려고 채널을 맞추었다. 사람들은 트럼프가 선거운동 기간과 그 이후 러시아와 연계되었을 가능성, 코미 전 국장을 해임한 이유, 수사를 방해하려는 트럼프의 노력에 대해 해리스가 어떤 발언을 끌어낼지 궁금해했다.

루이지애나주 유권자이자 대학 강사, 그리고 가끔 트위터를 하는 짐 스피어스는 "화요일 제프 세션스에게 잔뜩 겁을 줘요. 그자를 다그치는 모습을 보고 싶어요"라고 해리스에게 트윗을 보냈다.[6] 스피어스는 해리스가 세션스에 대항하는 최고의 무기라고 생각하는 민주당 유권자로 "제프 세션스의 헛소리와 인종차별적 발언을 짓뭉개고 필요한 답변을 얻어낼 것"이라고 말했다.[7]

70대 나이에 키 158센티미터의 온순한 요정처럼 보이는 세션스의 남부 특유의 느린 말투는 특히 해리스의 빠른 질문과 대조되었다. 품위 있는 태도와는 별개로, 그는 상원에 있을 때 이민정책에 가장 강경한 태도를 취한 사람이었다. 세션스는 청문회의 여러 질문을 회피하기만 했다.

그는 몇 번이나 "기억나지 않습니다"라고 말했다.

해리스는 나중에 크렘린 작전의 핵심으로 밝혀진, 오하이오주 클리블랜드에서 열린 2016 공화당 전당대회에서 러시아 재계 지도자나 정보 요원을 만났는지 캐묻자 세션스는 아니라고 답변했다. 그러고 나서 그는 클리블랜드에서 너무 많은 사람들을 만났기 때문에 자신의 답변에 대해 좀 더 설명하고 싶다고 말했다. 해리스가 계속 압박해나가자 세션스는 눈에 띄게 난처해하며 좀 천천히 질문해줄 것을 부탁했다.

세션스는 더듬거리며 이렇게 말했다. "이렇게 몰아치면 못해요. 긴장하게 된다고요."[8]

전·현직 보좌진이 말했듯, 해리스는 그런 영향력을 발휘할 수 있는 사람이었다. 핵심 쟁점을 두고 토론하거나 위원회와 문서를 공유할 수 없다는 세션스에게 해리스는 그가 들먹인 법이나 정책이 구체적으로 무엇이냐고 요구하며 밀어붙였다. 세션스는 "그 질문에는 대답할 수 없습니다"라고 답했다. 해리스는 그에 동의하지 않았다.[9]

"계속 대부분의 질문에 답변을 회피하면서 그 정책을 가지고 핑계를 대시는데, 일부러 그런 정책을 직원들에게 찾아보라고 요청하신 것 아닙니까?"

해리스는 다시 한번 답변을 가로막았다.

"해리스 의원님, 대답하게 놔두세요"라고 위원회의 고위 공화당 의원이 말했다.

그 후, 공화당 상원의원과 보수 논평가들은 해리스가 무례하고 상원의 규칙을 따르지 않았다고 비난했다. 오래된 워싱턴의 권력자들, 특히 나이 든 남자들은 해리스의 대담성과 집념을 껄끄러워했다. 하지만 캘리포니아주에서부터 그녀를 알던 사람들은 그것이 바로 카멀라 해리스의 방식임을 그 누구도 의심하지 않았다.

29

"'예, 아니요'로 답변하세요"

"Yes or No"

───◇───

존 켈리, 제프 세션스, 로드 로즌스타인 등 트럼프 행정부 고위 관리들을 집중 추궁한 2017년 6월 청문회 이후, 카멀라 해리스의 인기는 점점 높아져 갔다.

당연히 공화당원들은 해리스의 방식에 대해 비판 일색이었다. 정치적으로 다른 속셈은 없지만 해리스에게 모욕감을 느낀 동료 민주당 의원들과 국토안보부 공무원들도 해리스를 거슬려했다.

일부 민주당 의원들은 개인적으로 그녀의 독설적인 어조가 과시용이라고 생각했다. 다른 이들은 해리스가 어떻게든 주목받으려고 안달하는 이유가 가능한 한 상원에 오래 머물면서 '오바마 끌어당기기'를 통해 대통령 선거에 출마하려는 장기 계획의 일환이 아닐까 의구심을 품었다. 그런 견해에 부채질하듯 해리스는 4월 중순, 일주일간의 중동 순방에서 막 돌아왔다고 발표했다. 이는 전국 무대에서 설 자리를 찾는 상원의원이 외교 분야에서 경력을 쌓는 중요한 방법이기도 했다. 해리스는 이라크에서 IS를 격퇴하기 위해 파견된 캘리포니아주 군부대를 방문했고, 필요한 지원은 받았는지, 파병 기간은 얼마나 되었고 파병 후 귀국한 적은 있는지 물었다. 해리스는 바샤르 알아사드 정권이 야기한 시리아 난민 위기의 충격적인 상황을 직접 보기 위해 요르단으로 갔다.

해리스는 귀국 기자회견에서 "중동 테러와의 싸움을 이어가려면 건전하고 상세하며 장기적인 국가안보 전략과 이민정책을 마련해 폭력과 억압을 피해 도망 온 사람들에게 안전한 안식처를 제공하는 것이 매우 중요하다"라고 말했다.[1]

공식 의회 대표단으로서 간 순방은 아니었다. 해리스는 그보다는 상원 정보위원회와 국토안보위원회에서의 위치 때문이었다고 설명했다. 하지만 해리스는 군사위원회나 외교위원회같이 군을 직접 감독하는 위원회에서는 활동하지 않았다. 그 모습을 보며 일부 참전용사는 상원의원 시절의 버락 오바마가 대통령 출마를 앞두고 외교위원회에서 좋은 자리를 얻어 외교정책 분야 경력을 쌓았던 것을 떠올렸다.

익명을 요구한 어느 전직 국토안보부 고위 간부는 2020년 여름에 국토안보부를 그만둔 뒤, "분노가 깊어졌다"라고 말했다. 일부 상원의원과 위원회 직원들은 해리스가 위원회에서 자신에게 할당된 지루한 업무 대부분을 회피하고 있다고 생각했는데, 초선 상원의원으로서는 뻔뻔스러운 위반 행위라는 것이었다. 설상가상으로 일부 관리들은 해리스의 무뚝뚝하고 적대적인 스타일이 수년 동안 중요 안보 문제에 기울여온 초당적 노력에 위험 요소로 작용한다고 믿었다.

상원의원들과 위원회 직원들을 상대했던 전 국토안보부 고위 관리는 "해리스는 국토안보위원회에서 상대했던 대다수 사람들에게 그다지 호감을 주지 못하는 것 같았다"라고 말했다.

해리스는 상원 인준을 받으려는 국토안보부 고위 관리들에게 그들이 감독하는 내용이 무엇이든 결례를 했을 수 있다. 그들이 캘리포니아 주민들에게 직접적인 영향을 미치는 트럼프의 이민정책을 강요한 사람들이었다면 그나마 이해할 수 있었을 것이다. 하지만 24만 명의 국토안보부 소속 직원들은 정파와 관계없는 문제를 다루고 미국인의 안전을 지키는 데 헌신한다.

공화당과 민주당 행정부에서 근무하다가 공개적으로 트럼프에 반대하기 위해 국토안보부를 그만둔 전 관계자는 이렇게 말했다. "전·현직 고위 관리자들 중에서 적어도 네 명은 조 바이든을 지지하다가 조 바이든이 해리스를 부통령 후보로 지명하자 지지를 철회했다. 그들은 '죄송합니다. 할 수 없습니다'라고 말했다. 해리스의 작업 방식은 정말로 사람들을 불편하게 만들었다. 그들이 보기에 해리스는 자신의 임무가 아닌 정치에만 신경 쓰는 것 같았다."

◆━━━◆

일부 관계자들은 트럼프의 국토안보부 최고위직 지명자들과의 만남을 해리스가 거부했다고 화를 냈다. 대신 해리스는 공개 인사 청문회에서 간단히 답변할 수 없는 복합적인 주제에 대해 '예, 아니요'로 대답하라고 지명자들을 다그쳤다. 트럼프의 지명자들이 질문에 대답하지 못하거나 답변을 거절하는 영상을 발췌해 공개하는 건 효과가 좋을지 몰라도 그날의 가장 중요한 정책 이슈에 대한 답변을 대중에게 전달하지는 못했다. 이는 또 상원이 감독 역할을 성공적으로 수행하는 데 도움이 되는 훌륭한 관리 방식도 아니었다. 무엇보다 중요한 것은 부서 최고 관리와 그들을 감독하는 상원의원(해리스를 포함해)의 생산적 관계를 키워가는 데도 도움이 되지 않았다.

전통적으로 해리스가 공개 청문회에서 자주 제기했던 여러 난제는 사적인 미팅에서 먼저 논의되었다. 예방禮訪이라고 부르는 이 미팅은 소수의 지명자를 평가하는 고된 과정 끝에 이루어지기 때문에 부서 업무에 매우 중요하며 상원 전체의 승인이 필요하다.

지명자들은 감독하는 위원회에 엄청난 양의 개인 및 직업 관련 참고 자료를 보낸다. 위원회는 그 자료를 검토한 다음, 후보자에게 긴 정책 관련 질문을 보낸다. 후보자들이 답장을 보내면 위원회 직원들과 몇 시간에 걸쳐 만남을 갖기도 한다. 마지막 단계는 상원의원들과의 예방이다. 가장 중요한 것은 상원의원들과 고위 직원들이 후보자들과 그들의 관리 방식을 어떻게 느끼느냐 하는 점이다. 예방은 중요 직책을 위한 면접과 비슷하다. 덜 당파적이었던 시대에는 그 미팅이 인준이냐 거부냐를 결정하는 데 큰 영향을 미쳤다. 설령 지명에 동의하지 않더라도, 상원의원과 지명자는 어느 정도 공감과 신뢰 관계를 구축할 수 있다.

2017년 봄, 트럼프가 국토안보부 차관 자리에 지명한 일레인 듀크는 국토안보위원 전원이 참석하는 면담을 추진했다. 그녀는 특히 민주당원들과 만나, 헤드라인에 등장하거나 공개 청문회에서 이야기하기에는 복잡한 주요 현안에 관해 상세한 답변을 주고 싶어 했다. 직업 공무원인 듀크는 28년간 공직 생활을 하며 오바마와 조지

319

W. 부시 행정부에서 일했다. 거의 모든 민주당 상원의원이 그녀를 개인적으로 만났지만 해리스는 만나지 않았다. 해리스는 공개 청문회에서 질문했다.

"해리스가 만나고 싶어 하지 않는 사람이 저뿐만이 아니라는 것을 압니다"라고 정파에 속하지 않은 온건파로 널리 알려진 듀크는 말했다.[2] "제가 알기로 해리스 의원은 공화당 지명자들과는 아무하고도 만나지 않았습니다."

듀크는 해리스가 검사처럼 던지는 질문은 다음 단계로 나아가기 위한 최선의 방법을 알아내기보다 헤드라인을 장식하기 위한 것으로 보였다며 "감독하기 위해 정보를 얻으려는 것인가, 기소하려는 것인가?" 하는 의문이 들었다고 말했다.

듀크는 2017년 85 대 14로 인준받았고 해리스는 반대표를, 파인스타인은 찬성표를 던졌다. 듀크는 국토안보부 장관 대행으로 지낸 5개월을 포함해 2018년 4월까지 근무했다. 듀크는 바이든 부통령이 해리스 후보를 러닝메이트로 선택한 것이 민주당 후보를 공개적으로 지지하지 않겠다는 결정에 영향을 미쳤느냐는 질문에 아무 답변도 하지 않았다.

"해리스 의원의 공식 기록과 청문회, 선거운동 내용에서 근본적인 분노를 느끼셨나요? 그게 과연 이 나라에 도움이 될까요? 아니면 연민에서 벗어나 분노를 조장해 나라를 더 분열시킬까요?" 듀크가 물었다.

도널드 트럼프가 대통령으로서 리더십을 펼치는 방식은 선거 유세 때와 같았다. 그는 리얼리티 쇼에서 역할을 맡았는데, 시청자들이 화면 앞에 모여들고 집중할 만큼 재미있는 캐릭터와 줄거리를 선보였다. 의도적이든 아니든 해리스는 트럼프와 같은 식으로 게임을 주무를 수 있는 몇 안 되는 민주당 의원이었다. 그녀는 스스로 식별하기 쉬운 캐릭터를 구축해나갔다. 자신의 메시지를 꺼내 스토리 전개를 바꾸면서 스포트라이트를 받는 것은 트럼프가 활용한 방식이었다.

보통 때도 국회의원들은 정치인처럼 행동하고 세상의 이목을 끌려고 한다는 비판을 받는다. 질투나 경쟁으로 인한 노골적인 자기 선전은 미덕이 아닌 악덕으로 비친다. 하지만 트럼프가 워싱턴을 차지한 동안 해리스는 그 혼란을 틈타 우뚝 올라섰다. 간결하고 효과적인 어구, 화제가 된 온라인 영상, 눈길을 끄는 헤드라인으로 해리스는 쇼의 단역에서 스타플레이어로 떠올랐다. 공화당원들이 그녀를 민주당 저항의 대중적 얼굴로 몰아가면서 해리스의 스타성은 더욱 커져갔다. 기자들도 기사를 쏟아내면서 해리스가 트럼프나 그의 행정부를 상대로 다윗과 골리앗의 싸움을 벌이는 듯한 이미지를 만드는 데 한몫했다.

그런 스토리는 특히 자신의 지역 사람들에게 트럼프 드라마를 취재해 전하려는 워싱턴 기자들에게 인기가 많았다. 그 이야기의 창안자들이 종종 간과했던 것은 트럼프와 싸우고 승리를 거둔 민주당

의원이 해리스뿐만은 아니라는 사실이었다. 다른 많은 민주당 의원들도 여러 이슈에 대해 행정부 관리들을 능숙하게 옥죄고, 트럼프가 그들을 집어낼 수 있을 만큼 도발하고 있었다.

그중 한 명은 로스앤젤레스 교외 버뱅크 출신의 민주당 하원의원 애덤 시프였다. 그는 해리스가 당선된 상원의원직에 출마하려고 생각했고, 당시 하원에서 트럼프-러시아 조사를 주도하고 있었다. 또다른 한 명은 뉴욕 출신의 초선 여성 의원 알렉산드리아 오카시오코르테스였다.

상원에는 해리스처럼 검사라는 전직에 그다지 큰 의미를 부여하지 않았던 두 검사 출신을 포함해 트럼프 저항 세력이 가득했다. 셸던 화이트하우스 상원의원은 로드아일랜드주의 연방 검사로서 수많은 검사들을 감독했다. 코네티컷주의 리처드 블루먼솔은 해리스가 캘리포니아주 검찰총장을 역임한 것보다 더 오랜 세월 주 검찰총장을 지냈다. 정보위원회의 다른 민주당 의원 여섯 명은 가장 적대적인 증인들에게서 능숙하게 답변을 얻어냈다. 이 위원회의 최고위 민주당 의원 마크 워너 상원의원은 특히 그런 점에서 뛰어났다.

파인스타인 같은 베테랑 의원 중에는 철저히 준비하고, 정보에 입각해 질문하고, 필요한 답변을 얻어내는 것으로 유명한 사람들도 있었다. 하지만 해리스가 직접 맞서는 자리에서 파인스타인은 더 본능적으로 행동했다.

파인스타인은 제임스 코미 전 FBI 국장을 심문하는 과정에서 트럼프-러시아 관련 청문회에서 나온 것 중 가장 중요한 발언을 끌어냈다. 로즌스타인 청문회 바로 다음 날 코미 국장 청문회는 트럼프 대통령이 그를 백악관으로 초청해 둘이서 사적인 만찬을 했고, 그에게 충성할 것을 요구했다는 언론 보도가 나온 가운데 이뤄졌다. 코미 전 국장은 그 요구를 거절했으며, 이유 없이 해고당했다. 코미 전 국장이 법정에서 증거로 채택될 만한 따끈따끈한 내용을 상세하게 메모로 남겼다는 사실 때문에 그의 청문회 출석은 더욱 의미가 있었다.

그 보고를 접한 트럼프 대통령이 코미 전 국장이 틀렸다는 것을 입증할 비밀 백악관 테이프가 있다고 암시하는 트윗을 남겼다는 사실도 마찬가지였다.

코미 전 국장은 해리스를 포함한 민주당 의원들의 우호적인 질문에 길고 때로는 장황하게 답변하면서 증언에 많은 시간을 할애했다. 파인스타인의 질문에 답하는 도중, 그는 "그 테이프에 관한 트윗은 봤습니다. 그런 테이프가 있다면 보고 싶군요"라고 말한 후 바로 본론으로 돌아갔다.[3] 그날이 가기 전에 그 질의 영상이 인터넷에 올라와 수백만 명이 시청했다.

※

정상적인 시기였다면 해리스의 지나친 자신감과 비타협적인 야망은 극도로 경쟁적인 상원 내에서 더 큰 마찰을 야기했을 것이다. 하지만 해리스는 상원에 입성한 시기 때문에 운이 좋았다. 115차 의회 시작부터 민주당 상원의원들은 서로가 서로에게 가하는 위협보다 트럼프 행정부가 그들에게 더 큰 위협이 된다는 사실을 금세

323

깨달았다. 그래서 대부분은 협력을 선택했다.

상원에서 일하는 많은 직원들은 해리스가 다른 상원의원들보다 접근하기 훨씬 쉬운 사람임을 알았다. 그런 해리스의 태도는 결국 그녀에게 돌아와 훌륭한 결실을 맺게 해주었다.

정보위원회 민주당 상원의원의 한 고위 관계자는 "해리스와 어울리다 보니 그녀가 직원들을 상대할 때 매우 상냥하고 농담도 잘한다는 것을 알았어요.[4] 많은 상원의원이 참모를 약간 고압적으로 대하는데, 해리스 상원의원은 그렇지 않았죠"라고 말했다.

해리스는 와이든 상원의원과 특별한 유대감을 형성했다. 158센티미터인 해리스와 그보다 머리 하나는 더 큰 193센티미터의 와이든이 나란히 상원 복도를 걸으며 대화하는 모습이 자주 목격되었다. 해리스는 농구 장학금을 받고 대학에 진학한 와이든과 골든스테이트 워리어스나 포틀랜드 트레일 블레이저스 농구 팀 이야기를 하며 휴식 시간을 보냈다.

"카멀라 해리스는 매일 놀러 와요. 정말 하루도 빼놓지 않고요. 준비도 집중도 잘하고, 똑똑하고, 아주 효율적인 사람이에요. 과제를 잘해내죠"라고 와이든은 말했다.[5] "이런 건 상원 세계에서 정말 중요해요. 누가 과제를 하고 있는지, 누가 과제를 진지하게 여기지 않고 10초 만에 보도 자료를 휘갈겨 써내는지 바로 알 수 있죠."

몇 년 동안 와이든은 많은 중요한 이슈와 우려에 대해 의식을 고취하는 문제를 끈질기게 밀어붙였다. 예를 들어 그는 16년 넘게 정부가 감시, 고문, 드론 공격, 테러와의 전쟁을 기소하는 데서 발생하는 정보 및 사법 문제에 과도하게 대처해왔다고 비난했다. 하지만 대개 그의 제안은 13 대 2 또는 14 대 1의 득표로 부결되었다. 그는 위원회에서 해리스라는 동맹을 찾았다. 해리스는 자체적으로 조사를 벌이고 위원회에서 그와 함께 가장 중요한 이슈에 투표했다.

해리스의 표만으로는 대부분의 투표에서 균형을 맞추기 쉽지 않았지만 그녀의 지지는 큰 차이를 만들어냈다. 특히 미국인들의 인터넷 검색 기록을 수집하기 위한 패트리어트법 215조(미국 테러 방지법. 일명 애국법으로 215조는 국가안보국에 '특정 개인의 통신 및 그에 관련된 자료'를 법원 영장을 받아 수집할 수 있는 권한을 줌—옮긴이) 이용을 금지하는 개정안을 홍보할 때도 해리스가 많은 도움이 되었다. 그들은 한 표 차이로 졌다. 2017년 1월, 와이든이 4선 의원으로 선출된후, 그는 상원 본회의장에서 열리는 선서식에 그의 딸 스칼릿을 데려갔다. 상원의원들 앞에서 선서식을 진행하던 바이든에게 빨간 머리의 네 살배기는 이례적으로 회의적인 표정을 지어 웃음을 자아냈다.

와이든은 "상원의원 몇 분이 여쭤보기에 데리고 왔어요"라고 말했다. "사람들이 모두 '아이가 그 안에서 뭘 하고 있는 거지?'라고 물었어요. 그때 카멀라가 용기를 내서 말했죠. '스칼릿은 미국 부통령을 째려보고 있습니다, 여러분! 그런 거예요!'"

와이든은 나중에 그 일을 떠올리면서 해리스가 상원에 새 바람을 불어넣고 있다는 생각이 들었다고 했다. 그녀는 요리법을 공유하고 척 테일러 컨버스화를 신는다. 그리고 상원의원들을 간단한 저녁 식사에 초대한다. 그녀에게는 재미있는 가족이 있고 농구를 좋아한다.

"해리스는 그저 곁에 있기만 해도 무척 흥미로운 사람입니다."

30

해리스 대 캐버노

Harris v. Kavanaugh

2017년 10월 9일, 다이앤 파인스타인 상원의원은 2018년에 또 한 번 임기에 도전하겠다고 트위터에 발표했는데, 그녀의 팔로어는 7,557명밖에 되지 않았다. 더 이상 새로운 형태라고도 할 수 없는 이 의사소통 방식에 익숙한 카멀라 해리스의 팔로어는 690만 명이었다. 해리스에게 그건 꽤 쓸모 있었다.

캘리포니아주와 워싱턴의 많은 민주당원은 1992년부터 상원 활동을 해온 파인스타인이 물러나기를 바랐다. 다시 6년 임기를 채우면 그녀는 91세가 된다. 하지만 파인스타인은 아직 자신이 제공할 것이 많다고 생각했다. 상원 법사위원회에서 민주당 서열 1위인 그녀는 인준에 깊숙이 관여했고, 간혹 트럼프 대통령의 연방법원 종신직 지명자를 거부하기도 했다. 해리스는 파인스타인이 발표한 지 몇 분 만에 자신의 지지자들에게 파인스타인의 재선 운동에 기부할 것을 요청하는 후원금 모금 편지를 보냈다.

해리스는 "지난 1월 상원에 입성한 후, 도널드 트럼프의 급진적 의제를 저지하기 위한 싸움을 벌이면서 다이앤보다 더 나은 동맹은 별로 없었다. 그녀는 모든 중요한 싸움에서 우리와 함께한다"라고 썼다.

하지만 그 동맹은 곧 시험대에 올랐다.

◆———◆

2018년 9월, 카멀라 해리스가 브렛 캐버노의 대법관 인준을 막지 못한 것은 노력이 부족해서가 아니었다. 해리스는 그 청문회를 통해 보다 폭넓은 대중에게 자신이 힘을 가진 자들에게 두려움 없이 맞설 전사이며, 상처 입은 여성들을 위로해줘야 한다는 걸 아는 사람임을 보여주었다.

민주당 의원들은 수를 따질 줄 알았다. 공화당이 100석 중 51석을 차지한 가운데 미치 매코널 상원 원내대표가 캐버노 후보자를 확정 짓는 표를 행사했다. 하지만 민주당 의원들은 그 과정을 방해할 수 있었고 해리스가 거기에 도움을 주었다.

2018년 9월 4일 화요일, 인사청문회가 시작되었을 때 법사위원장이자 상원에서 두 번째로 나이가 많은 척 그래슬리 아이오와주 상원의원은 84세로, 위원회의 민주당 서열 1위인 파인스타인보다 한 살 아래였다. 그래슬리가 청문회를 열자 해리스를 포함한 민주당 의원들이 그를 방해했다. 물론 조직적으로 계획된 일이었다.

해리스는 그래슬리가 개회를 선언한 지 몇 초 만에 "우리는 이 청문회를 계속 진행할 수 없습니다"라고 말했다.[1] 해리스는 다른 민주당 의원들과 함께 자신들은 캐버노의 배경과 관련된 4만 2,000쪽의 자료를 불과 15시간 전에 받았고 충분히 검토할 시간이 없었다고 지적했다.

밖에서는 〈시녀 이야기〉에 나오는 진홍색 의상을 입은 사람들을 포함해 시위대가 시위를 벌이고 있었고, 민주당 코리 부커 뉴저지주 상원의원은 "위원장님, 왜 그렇게 서두르십니까? 서류에 숨길 내용이라도 있는 건가요?" 하고 소리쳤다.

그래슬리는 무심한 어조로 청문회 연기 요청은 규칙 위반이라며 그대로 진행했다. 상원의원과 법률 전문가, 후보자의 성격과 인품을 증언하는 증인은 지루하게 긴 개회사에 이어 캐버노에 대한 좋거나 나쁜 의견을 제시하는 데 거의 일곱 시간을 보냈다.

그 후 며칠 동안 민주당 의원들은 캐버노에게서 정보를 끌어내려 했고, 그는 답변을 회피했다. 격한 감정과 독설로 얼룩진 청문회에서 해리스는 위원회에서 아직 서열이 낮긴 했지만 중심에 서 있었다. 미네소타주의 코리 부커와 에이미 클로버샤를 포함해 대통령 선거 출마를 계획하고 있던 위원회 위원들과 마찬가지로 해리스도 전투원처럼 나섰다. 정치 전문가들은 이 3인방이 청문회를 더 높은 직책에 올라설 발판으로 삼는 데 대해 의견이 분분했다. 공화당 의원들은 상황이 역전되면 공화당도 얼마든지 그렇게 할 수 있음에도 민주당이 부당하게 자기 당과 유권자 입장에서만 캐버노를 평가한다고 비난하며 그 상황을 불쾌하게 받아들였다.

상원의원들이 후보자를 심문하는 첫날 하루가 거의 끝날 무렵에야 해리스에게 캐버노와 대면할 차례가 왔다. 첫 질문은 범위가 다소 모호했다. "판사님, 뮬러 특별검사나 그의 [트럼프-러시아] 조사에 대해 누구와 상의한 적이 있습니까?"[2]

"물론이죠."

그는 다른 판사들과 뮬러의 조사를 놓고 논의했다. 해리스는 이어 트럼프 대통령의 개인 변호사 마크 카소위츠의 법무법인 소속 변호사와 이 문제에 대해 논의한 적이 있는지 물었다. 캐버노는 정말로 기억이 나지 않거나 그런 척을 했다. 그가 모호하고 애매하게 얼버무리자 해리스는 "확실하게 답변하세요"라고 몰아붙였다.

그러자 공화당 상원의원들이 끼어들었다. 마이크 리 유타주 상원의원은 해리스의 질의에 끼어들어 로펌에는 워낙 많은 변호사가 일하고 있고, 수시로 바뀌기 때문에 캐버노가 기억해내기를 기대해서는 안 된다고 말했다.

"변호사들은 계속 로펌을 옮겨 다닙니다."리는 말했다. "회사를 그만두고 새 회사를 설립하기도 하고요. 토끼처럼요. 계속 새 회사를 만들어낸다고요. 그런 로펌을 들락날락하는 사람들을 증인이 다 알 거라고 기대할 수는 없습니다."

상원의원들은 누가, 언제 진행 중인 발언에 끼어들 수 있는지를 놓고 잠시 실랑이를 벌였다. 그 후 해리스는 캐버노가 트럼프 개인 변호사의 로펌에 있는 누군가와 이야기한 적이 있는지 다시 한번 질문을 던졌다.

해리스는 "제가 그 로펌 직원들 목록을 드리지 않아도 질문에 답하실 수 있을 것 같습니다"라고 캐버노에게 말했다.

결국 해리스는 캐버노가 로펌의 누군가와 이야기한 것을 부인하지 않았다고 결론짓고 넘어갔다. 전체 청문회 중 가장 큰 화제가 된 대화 내용이었다. 하지만 그래 봤자 결론은 나지 않았다. 카소위츠와 다른 사람들은 그런 대화는 한 적이 없다고 주장했다. 언론과 보수 세력은 해리스가 너무 극적인 연출을 했고 그 시도는 실패로 돌아갔다고 비난했다. 해리스의 보좌관들은 그녀가 구체적인 정보를 가지고 있다고 말했지만 그 정보는 공개되지 않았다. 해리스는 답변을 모르는 질문을 던진 것 같았고 숙련된 검사라면 하지 않을 일이었다. 그 질의는 실패로 돌아갔지만 해리스는 회복할 방법을 찾아냈다.

＋—◆—＋

해리스는 캐버노가 〈월스트리트 저널〉에 기고한 1999년 기사를 발견했는데, 그는 기사에서 모호한 법정 사건에 대해 '인종 전리품 제도'라는 용어를 두 번 사용했다. "그게 무슨 뜻입니까?" 해리스가 캐버노에게 물었다. 그는 답변을 회피했고, 해리스가 다시 질문하자 또다시 회피했다. 그렇게 네 번 더 반복되자 해리스는 결국 포기하면서 연방판사에게 설교했다.

"지명자님께서 논평 기사를 쓴 바로 그해에, (백인 우월주의 잡지라고 불리는) 그 잡지의 커버스토리에 소위 '인종 전리품 제도, 소수집단 우대 정책, 범죄의 이중적 잣대, 흑인 결핍에 대한 민감성'에 관한 내용이 실렸죠."[3] 또 해리스는 '인종 전리품'을 언급했던 '자칭 유럽 중심주의자'의 글을 인용했다.

해리스는 대법관이라면 특정 용어가 "특정 관점, 때로는 정치적 의제와 연관되어 있다"는 것을 알아야 한다고 지적했다.

캐버노가 대답했다. "그 의견에 동의합니다. 감사합니다."

이어 해리스는 연방대법원이 주정부가 기혼자나 미혼자의 피임을 금지할 수 없다고 판결한 의미 있는 사건으로 넘어갔다. 해리스는 캐버노에게 그 판결이 제대로 내려졌다고 생각하는지 여섯 가지 다른 방식으로 물었다. 캐버노가 그 질문들까지 전부 회피하자 해리스는 대법원장 존 로버츠와 새뮤얼 얼리토 대법관은 이 문제가 올바르게 결정되었다고 말했다며 그를 궁지로 몰아넣었다.

캐버노는 "그분들은 그렇게 말했죠"라고 답변했지만 피임 문제에 사생활권이 제대로 적용되었는지 여부에 있어서는 여전히 애매모호한 입장을 취했다.

해리스는 "사생활권이 임신 중지를 선택하는 여성을 보호한다고 생각하십니까?"라고 물었다.

캐버노는 당황했다. 해리스는 1993년 인준 청문회에서 나온 루스 베이더 긴즈버그의 말을 인용했다. "이것은 여성의 삶, 여성의 존엄성에서 가장 중요한 요소입니다. 여성들이 스스로 결정해야 할 문제죠. 정부가 여성의 그런 결정을 통제한다면 여성은 자신의 선택을 책임지는 온전한 성인으로 취급받지 못하는 셈입니다."

캐버노가 계속 답변을 회피한 이유는 해리스가 대화를 어디로 끌고 가려는지 안다고 생각했기 때문일 것이다. 하지만 해리스는 캐버노가 알지 못하는 길을 향해 가고 있었다.

해리스는 "판사님, 이 청문회와 관련된 질문에 계속 답변을 피하고 계시는군요. 계속 진행하죠"라고 말했다.

그러고는 바로 생각난 것처럼 물었다. "남성의 신체에 대해 결정을 내릴 권한을 정부에 부여하는 법을 떠올려보실 수 있나요?"라고 물었다.

캐버노는 모른 척하며 좀 더 구체적으로 질문해줄 수 있냐고 물었다.

"다시 질문하겠습니다." 해리스가 말했다. "남성의 신체에 대해 결정을 내릴 권한을 정부에 부여하는 법을 떠올려보실 수 있나요?"

침묵한 청중과 그의 얼굴을 클로즈업한 카메라 앞에서 궁지에 몰린 캐버노는 이렇게 대답했다. "아, 아뇨. 지금은 그런 법은 생각나지 않습니다, 의원님."

생각나지 않는 게 당연했다. 그런 법은 없으니까.

그 질의는 그날의 뉴스로 뽑혔다. 케이블 채널 전문가들은 그 내용을 가지고 토론을 벌였다. 전형적인 바이럴 홍보였다. 가족계획연맹과 여성의 신체 자기 결정권을 옹호하는 사람들은 그 내용을 자신의 페이지에 저장했다.

예일대학 학사, 석사 출신인 캐버노와 달리 해리스는 샌프란시스코 텐더로인 지구에 위치한 공립 로스쿨에 진학했고 반에서 1등도 하지 못했다. 하지만 해리스는 법에 대해 잘 알았고, 승패를 가르는 핵심 질문을 던지며 재판 검사의 면모를 제대로 보여주었다.

하지만 그 작은 승리만으로 캐버노의 인준을 무산시키기에는 역부족이었다. 다이앤 파인스타인을 제외한 상원의원들은 알지 못했던 또 다른 사건이 전개되면서 인준 과정에 영향을 미쳤다.

2018년 7월 5일, 캘리포니아주 팰로앨토 출신의 심리학 교수 크리스틴 블레이시 포드는 캐버노가 열일곱 살, 그녀가 열다섯 살 때 그가 그녀에게 저지른 행동을 알리려고 지역구 하원의원 애나 에슈의 비서에게 전화를 걸었다. 블레이시 포드는 캐버노가 연방 대법관에 지명될지 모른다는 우려를 어떻게든 불식시키고 싶었다. 또 그녀는 신분을 노출하고 싶어 하지 않았다. 나흘 뒤 트럼프 대통령은 블레이시 포드가 두려워하던 대로 캐버노를 대법관 후보로 지명했다.

포드는 7월 20일 에슈에게 자신의 이야기를 들려주었다. 에슈는 블레이시 포드의 이름은 밝히지 않은 채 파인스타인에게 전화를 걸어 이 사실을 알렸다. 파인스타인은 에슈에게 당사자에게 그 이야기를 편지로 써줄 것을 요청했다. 포드는 그렇게 했다. 파인스타인은 블레이시 포드의 비밀 유지 요청을 존중하며, 민주당 지도자들에게도 그 사실을 말하지 않은 채 편지를 봉인한 상태로 놔두었다. 시간은 점점 흘러갔다. 〈워싱턴 포스트〉의 루스 마커스는 캐버노의 인준에 관련된 저서 《대법원을 향한 야망Supreme Ambition》에서 9월 9일 캐버노의 인준이 확실해 보이는 가운데 에슈가 해리스에게 편지가 있다고 알리며 "그 혐의에 대해 아무 조치도 취하지 않은 것 같다"라고 말했다고 썼다.[4]

마커스에 따르면 해리스는 화가 나서 파인스타인에게 전화를 걸어 "이 비밀 편지에 대한 답변을 요구합니다"라고 말했다.[5] 민주당 상원의원들은 비공개 간부 회의를 소집해 파인스타인과 논쟁을 벌였다. 해리스는 파인스타인에게 분명 파장이 있을 것이고 "알아서 해결하셔야 합니다"라고 말했다.[6]

그로부터 며칠 동안 〈인터셉트〉와 〈뉴요커〉에서 이야기가 새어 나오기 시작했다. 9월 16일, 블레이시 포드는 〈워싱턴 포스트〉 단독 기사로 사건을 폭로했다.[7] 블레이시 포드는 40년 전 일이나 심지어 그해에 일어난 일도 자세히 기억하지는 못했다. 하지만 캐버노와 사립 고등학교에 재학할 당시 그의 친구인 마크 저지가 워싱턴 D.C.의 부유한 교외에서 열린 파티에서 자신을 2층 침실로 유인했고, 캐버노가 그녀를 꼼짝 못하게 누른 후 몸을 더듬으며 옷을 벗기려 했다고 주장했다. 그녀가 비명을 지르려 하자, 술에 취한 캐버노가 소리치지 못하게 손으로 입을 막았다고 했다.

〈워싱턴 포스터〉의 기사는 "잘못하다가는 죽을 수도 있겠다고 생각했다"라고 그녀의 말을 인용했다. 포드는 누군가가 그들 위로 뛰어올라 바닥으로 밀어낸 틈을 타 도망쳤다고 말했다.

이 의혹으로 블레이시 포드와 캐버노의 지지자들 간에 심한 비방이 오갔다. 법사위원회 소속 민주당과 공화당 의원들은 서로 다투며 비난을 퍼부었고 상원 외부에서도 파인스타인이 왜 블레이시 포드의 서한을 공개하지 않았는지 의문을 제기했다.

파인스타인은 성명을 통해 "그분이 문제를 제기하거나 언론에 보도되는 걸 거부하며 비밀에 부쳐줄 것을 강력히 요청했다. 나는 그 결정을 존중했을 뿐이다. 그러나 나는 이 문제를 연방 수사 당국에 의뢰했다"라고 말했다.[8]

9월 27일 캐버노는 블레이시 포드 의혹에 대응하기 위해 위원회에 출두할 수밖에 없었고, 두 사람은 증인석에 나란히 앉았다. 그리고 각자가 상반되지만 흥미로운 증언을 했다.

검사로서 성범죄 피해자들의 손을 잡아준 경험이 있는 해리스는 캐버노 인준에 위협 요소로 작용할 그녀의 행동을 무산시키려는 공화당 의원들의 처우에 대해 블레이시 포드에게 사과부터 건넸다.

"포드 박사님, 우선 짚고 넘어갈 것은, 박사님은 아시다시피 재판에 출석하신 게 아닙니다…. 박사님은 미국 연방 상원 법사위원회 위원들 앞에 앉아 계십니다. 박사님께서 나설 용기를 내주셨기 때문이죠. 박사님이 말씀하신 대로 그게 시민의 의무라고 믿고 계시기 때문이에요."[9] 그러고 나서 해리스는 일련의 질문을 통해 블레이시 포드를 성폭력 피해자가 된 순간으로 이끌어갔다.

해리스는 캐버노에게 백악관에 요청해 FBI에 추가 신원 조사를 지시하고 의혹의 진상을 규명하겠다는 약속을 받아내려 했다. 하지만 해리스의 시도는 성공하지 못했다. 다음 날 공화당이 장악한 법사위원회는 그의 인준안을 상원에 보내는 투표를 실시했고, 2018년 10월 6일 50 대 48의 역사상 가장 적은 표 차로 캐버노의 대법관 인준이 확정되었다.

◆————◆

카멀라 해리스가 오클랜드 지방검사로 재직하던 1991년 클래런스 토머스의 인준은 분명 캐버노 인준 청문회에도 영향을 미쳤다. 당시 용기를 내서 증인석에 선 인물은 법학 교수 애니타 힐이었다. 2018년 블레이시 포드 심리학 교수는 증언을 원하지 않았다. 1991년 다이앤 파인스타인은 히스로 공항에서 비행기를 기다리는 동안 애니타 힐이 증언하는 모습을 텔레비전 방송으로 지켜보았다. 남성 상원의원들이 힐을 대하는 모습에 반감을 가진 유권자들은 파인스타인이 1992년 '여성의 해'에 상원의원으로 당선되는 데 힘을 실어주었다. 26년 후 파인스타인은 상원의원으로서 블레이시 포드의 삶에 미칠 영향을 우려하고 기밀 유지 요청을 지키기 위해 그녀의 편지를 공개하지 않았다. 해리스 역시 블레이시 포드에게 미칠 영향은 우려했지만 핵심 의혹을 조사할 필요가 있다고 믿었다.

2019년 미국 시사 주간지 〈타임〉은 캐버노와 블레이시 포드를 전년도에 가장 영향력 있는 100인에 선정했다.[10] 미치 매코널은 캐버노의 사진 옆에 실릴 소개 글을 작성했다. 그는 훌륭한 상원의 자격 검증 과정을 '방해'하려는 '지나친 당파주의와 특수 이익'에 대해 언급했다. 해리스는 블레이시 포드의 사진 옆에 실린 소개 글을 작성했다.

눈물을 삼키며 들려준 그녀의 이야기는 워싱턴과 온 나라를 뒤흔들었다. 입을 다물게 하려는 사람들 앞에서 내보인 그녀의 용기는 미국인들을 들끓게 했다. 시민의 의무감을 넘어 그녀의 가늠할 수 없는 큰 희생은 성폭력 피해자를 대하는 우리의 방식을 돌아보게 해주었다. 크리스틴 블레이시 포드는 유명인이 되거나 그 대열에 끼려는 야망도 갖고 있지 않다. 그녀는 훌륭한 삶을 살아왔고 성공적인 경력을 일궈냈다. 그리고 모든 위험을 무릅쓰고 중대한 순간에 경고를 보냈다. 그녀의 중심점은 그녀가 선생님이라는 사실이다. 자신의 용기를 통해 그녀는 이 나라가 너무 자주 무시하고 암암리에 방치해온 문제를 돌아보게 만들었다.

파인스타인이 블레이시 포드의 편지를 별도로 처리한 것 때문에 마찰을 빚었지만 해리스는 파인스타인의 재선에서 지지 입장을 그대로 유지했다. 파인스타인은 2018년 11월에 새로운 6년 임기를 위한 선거에서 승리했다.

가족의
죽음

A Death in the Family

청문회에서 제프 세션스 법무부 장관을 당황하게 만든 이후로, 카멀라 해리스는 서맨사 비, 스티븐 콜베어, 그리고 다른 심야 토크쇼 진행자들이 즐겨 언급하는 인물이 되었다. 또 해리스는 갈수록 〈폭스 뉴스〉 해설가, 도널드 트럼프와 트럼프 세력의 표적이 되었다. 트럼프 대통령의 충신이자 〈CNN〉 대담 프로그램 사회자 제이슨 밀러는 해리스가 세션스에게 한 질의가 '히스테릭'했다고 비난하며 이는 고전적 성차별의 성격을 띠고 있다고 말했다.

콜베어는 토크쇼에서 해리스를 옹호하며 이렇게 말했다. "정말인가요? 히스테리를 부렸다고 말하는 사람이 있다면 나이 든 '꼰대'가 그녀의 질문이 두려워서 한 말일 겁니다."[1]

세션스 청문회 덕분에 해리스는 민주당 상원의원들 속에서 우뚝 올라섰다. 캐버노 인준 청문회에서 활약한 이후 그녀의 스타성은 더욱 빛을 발했다. 2018년 중간선거운동 막바지에는 해리스를 찾는 사람이 많았다. 대중이 알아차리지 못하는 일이라도 해리스는 가능하면 요구를 전부 들어주었다. 그즈음 해리스는 또다시 삶의 취약성에 직면하게 된다. 측근 보좌관 한 명이 암 투병 중이었는데 해리스는 그가 암을 이겨내지 못하리라는 것을 알았다.

카멀라 해리스, 차이를 넘어 가능성으로

겉으로 보기에 해리스는 계속 전진하는 듯했다. 대선 출마를 염두에 둔 해리스는 아이오와, 뉴햄프셔, 사우스캐롤라이나, 네바다 등 중요한 주를 전부 돌아다녔다. 선거일이 다가오자 해리스는 플로리다, 위스콘신, 펜실베이니아, 미시간, 아이오와, 뉴햄프셔, 사우스캐롤라이나, 그녀의 출신지인 캘리포니아주 오렌지 카운티 등지에서 민주당 상·하원 후보를 돕기 위해 선거 자금 중 최소 70만 9,500달러를 지출했고, 주 정당과 후보에게 기부했다.

2018년 10월 19일 해리스가 건강보험 개혁법을 폐기하려는 공화당과 익명의 세력을 비난하며 '증오와 분열'[2] 세력이라고 선포한 날, 사우스캐롤라이나주에는 기자들이 있었다. 관중은 해리스가 54세가 되기 하루 전날, 그녀에게 '생일 축하' 노래를 불러주었다. 힐러리 클린턴과 버락 오바마가 앞서 했던 것처럼, 조 바이든은 일주일 전, 민주당 대선 후보 지명자가 되는 데 추진력을 더해줄 사우스캐롤라이나주를 방문했다.

그동안 해리스는 소득이 10만 달러 이하인 사람들을 돕고 대형 은행 부과세를 높이기 위해 중산층 세금 감면을 제안했다. 트럼프 대통령과 공화당 의원들이 2017년 강행한 감세에 대응하기 위해서였다. 트럼프의 감세 조치로 기업과 부유층은 큰 혜택을 누렸지만 주세와 지방세에 대한 연방 공제는 제한적이어서 캘리포니아주와 뉴욕 등 부동산 가격이 비싸고 소득세를 많이 부과하는 주의 주민들은 손해를 보았다.

해리스는 사우스캐롤라이나주에서 아이오와주로 비행기를 타고 갔다. 〈CNN〉의 매브 레스턴은 10월 23일 시더래피즈에서 한 젊은 영어 교사가 해리스를 가리키며 "이 상원의원이 당시 브렛 캐버노 대법관 후보와 크리스틴 블레이시 포드에게 한 질문은 성폭력을 경험한 모든 여성들을 위한 발언이었다"라고 말했다고 보도했다.[3]

해리스는 그 여자를 가까이 불렀고 우는 그녀를 꼭 끌어안아주었다.

레스턴은 "2020년 대선 후보라는 광범위한 영역에서 해리스의 가능성을 평가하기는 너무 이르다. 하지만 캐버노 청문회에서 검찰 같은 방식과 굳건한 태도를 보여준 해리스가 출마를 결심했을 때 강력한 추진력이 되어줄 여성들과 특별한 관계를 맺은 것은 분명하다"라는 분석을 내놓았다.

〈디모인 레지스터〉의 칼럼니스트 레카 바수는 카멀라 해리스가 '트럼프에게 해독제가 될 수도 있을 것'이라는 헤드라인으로, 캐버노에 대한 상원 법사위원회 인사청문회에서의 활약에 이어 아이오와주에서 해리스가 받은 열광적인 환영에 대해 썼다.[4] "잔뜩 실망한 채 청문회장을 나서던 순간, 해리스는 같은 감정을 느끼고 있을 여성들을 위해 입을 열었다. '더 이상은 이곳에 앉아 있을 수 없고 이곳의 일부가 될 수 없다'는 그녀의 목소리가 복도에 울려 퍼졌다. '어거지로 밀어붙이는 모습이 정말 역겹다.'"

그 칼럼은 계속 이어졌다. "해리스는 똑똑하고, 따뜻하며, 열정적이다. 가장 중요하게는 모든 미국인들의 포부와 투쟁을 구현해내는 사람이라는 인상을 준다." 그리고 "아이오와주의 아시아-라틴 연합회에서 해리스의 연설을 듣던 사람들은 오직 하나의 미국만이 존재한다고 주장했던 미국 최초의 혼혈 대통령의 초월적인 힘을 떠올렸다. 최근에는 그의 말이 진실처럼 들리지 않았다. 하지만 버락 오바마의 다채로운 배경에 여성의 관점이 더해졌다고 상상해보라."

2018년 10월 26일 아이오와주에서 해리스의 뒤를 따르던 기자, 에드워드 아이작 도버는 〈애틀랜틱〉에 "해리스가 가는 곳 어디서나, 중간중간 공항에서도 연령대가 다르고 인종이 다른 여성들이 다가왔다. 그 여성들은 눈물을 흘리면서 고맙다고 말했다. 그리고 해리스에게 자신의 이야기를 들려주었다"라고 썼다.[5]

이어 그는 해리스의 말을 인용했다. "진단이 내려졌으니 이제 치료가 필요하겠죠? 이 진단은 진실을 말하는 것이기도 합니다. '암에 걸렸습니다' 하고 진단을 내리는 거죠. 그게 진실입니다. 그럼 이제 암을 해결해야겠죠. 어떤 치료가 필요할까요? 병을 부정하고 진실을 말하지 않으면 곪을 뿐입니다."

그 말은 은유이기도 했지만 말 그대로이기도 했다. 그 주에 해리스는 암이라는 짐승을 내내 마음에서 떨쳐낼 수 없었다.

◆━━━━◆

정계에서 일하는 많은 젊은이들처럼, 타이론 게일은 똑똑하고 근면하며, 현명한 이상주의자였다. 그는 멋진 미소와 유머를 갖춘 사람이었고, 때로는 짜증 나게 하는 기자에게 쏘아붙일 줄도 알았다. 2012년 그는 버지니아주의 팀 케인이 연방 상원의원 선거에 출마했을 때 함께 일했다. 2014년에는 민주당 의회 선거운동위원회 공보비서였다. 2016년 대선 때는 힐러리 클린턴의 공보 특보를 맡았다.

2016년 캠페인 동안, 게일은 대장암 진단을 받았지만 치료를 받은 후 암을 극복한 듯 보였다. 2017년 새로 선출된 카멀라 해리스 상원의원은 그를 첫 번째 공보 비서관으로 고용했다. 게일은 해리스의 워싱턴 활동과 삶에 꼭 필요한 존재였다. 그는 해리스의 미디어 전략을 짜고 그녀가 숙지해야 할 뉴스를 계속 전달해주었다. 또 두 사람은 공통의 유산을 물려받았다. 게일의 부모는 해리스의 아버지와 마찬가지로 자메이카 출신 이민자였다. 게일은 해리스가 스포티파이에서 음악 재생 목록을 설정하는 것도 도와주었다. 해리스의 취향은 밥 말리와 힙합이었는데, 게일은 보이즈 투 맨을 들어야 한다고 설득했다.

그러던 중 대장암이 재발했다. 해리스는 분명 2009년에 암 투병을 하던 어머니를 떠올렸을 것이다. 게일은 자주 결근할 수밖에 없었지만 해리스는 그를 여전히 자신의 영역에 두고 문자를 보내고, 전화를 걸고, 조언을 구했다. 그의 머리카락이 빠지고 살이 빠졌을 때도 잘생겨 보인다고 말해주었다. 2018년 5월 5일, 그가 일생의 사랑인 베스 포스터와 결혼했을 때 해리스는 행복을 기원해주었다. 앞서 4월에 해리스와 그녀의 남편 엠호프는 결혼을 앞두고 예비부부를 축하해주는 웨딩 샤워에서 게일에게 크리스털 꽃병을 선물해주었다. 2012년 베스와 게일이 만났을 때, 베스는 오바마 대통령의 재선 선거운동에 참여하고 있었고 게일은 케인 상원의원을 위해 일했다.

그로부터 6개월도 채 지나지 않은 2018년 10월 25일, 게일의 친구이자 해리스의 커뮤니케이션 디렉터인 릴리 애덤스는 베스 포스

카멀라 해리스, 차이를 넘어 가능성으로

터 게일의 전화를 받았다. 상황은 좋지 않았다. 애덤스는 차를 몰아 뉴욕으로 갔다. 그녀는 해리스에게도 소식을 전했다. 해리스는 중간선거를 13일 앞둔 그날 예정된 스케줄을 전부 취소하고 레이건 워싱턴 국립공항으로 향했고 뉴욕행 셔틀버스를 타고 맨해튼 어퍼 이스트사이드의 메모리얼 슬론 케터링 암센터로 갔다.

베스 포스터 게일은 〈CNN〉의 앤더슨 쿠퍼에게 말했다. "해리스는 눈에 띄지 않게 병실로 들어왔다. 그녀는 타이론의 손을 잡고 재미있는 이야기를 들려주었다. 그러고는 '잘 가요'라고 말했다."⁶

"해리스는 내 세상의 전부가 무너져 내릴 때 나를 꼭 끌어안아주었다. 그리고 내 눈을 깊숙이 들여다보며 언제까지나 날 보살펴주겠다고 말했다. 평생 잊지 못할 순간이었다."

◆——————◆

선거가 다가오면서 트럼프는 이민자를 공격하고 유권자의 공포를 부추기는 등 상투적인 각본을 다시 들고 나왔다. 그는 중앙아메리카에서 북쪽으로 이민자 행렬이 이어지고 있다고 경고했다. 그들이 마치 침략이라도 해오는 것처럼 궁휼하며 절망에 빠진 비무장 이민자들로부터 남쪽 국경을 방어해야 한다며 병사를 파견했다.

게일이 사망한 다음 날인 10월 26일, 트럼프의 호전성이 가뜩이나 흥분해 있는 사람들을 더욱 큰 혼란으로 몰아넣고 있다는 증거가 나왔다. 이날 플로리다주 플랜테이션에서 연방 당국은 한때 레슬링 선수이자 스트리퍼였던 세사르 세이옥 주니어를 체포했는데,

그는 친트럼프 성향임을 보여주는 표지판과 언론 및 민주당을 규탄하는 메시지로 도배된 밴에서 생활하고 있었다. 그는 해리스를 포함해 트럼프 대통령을 비판하는 민주당 유력 인사들에게 폭탄이 든 소포를 보낸 혐의로 기소되었다. 각 소포에는 수령인의 얼굴에 빨간색으로 × 표시를 한 사진이 들어 있었다. 폭탄은 터지지 않았지만 세이옥은 2019년에 징역 20년을 선고받았다.

해리스는 애틀랜타로 가서 미국 역사상 가장 오래된 흑인 여자 대학인 스펠먼 칼리지에서 연설하는 등 본격적인 활동에 나섰다.

"우리 조상들을 기리는 방법은 일찍 투표하는 것입니다. 그리고 앞으로 10일 안에 우리의 투표를 방해하려는 자가 있다면 우리는 투표로 그들을 공직에서 물러나게 할 수 있다는 메시지를 전해야 합니다. 그것이 가치 있는 싸움이기 때문입니다."[7]

그 후 며칠간 해리스는 플로리다주를 방문해 빌 넬슨 민주당 상원의원과 주지사 선거에 나선 앤드루 길럼 탤러해시 시장 지지 유세에 나섰다(둘 다 패배했다). 위스콘신주에서는 스콧 워커 공화당 주지사의 패배를 위해 유세를 벌였다(그 역시 낙선했다). 해리스는 아이오와, 애리조나, 그 밖에 여러 주를 돌아다녔다. 민주당은 2018년에 다시 하원을 장악했지만 상원은 아니었다. 해리스는 다시 소수당에 머물러야 했다.

해리스의 스타성은 상승했고, 그녀는 가장 큰 경주에서 우승하기 위해 출발할 준비를 하고 있었다. 하지만 우선은 들러야 할 곳이 있었다.

중간선거가 끝난 주말, 타이론 게일의 가족과 친구들은 해리스가

카멜라 해리스, 차이를 넘어 가능성으로

학사 학위를 받은 곳에서 멀지 않은 하워드 극장에 모여 추모 행사를 가졌다. 해리스는 추도사에서 게일을 '온화하고 친절한 전사'라고 불렀다.[8] "게일은 이 영향력 강한 사무실에 앉아 있는 우리가 그곳에 있지 않은 사람들을 위해 할 수 있는 모든 것을 해야 할 책임이 있음을 잘 알았다. 그는 나를 더 나은 공무원으로, 그리고 더 나은 사람으로 만들어주었다."

32 '국민을 위하여'

"For the People"

———— ◇ ————

2018년 7월 28일과 29일, 센트럴 파크가 내려다보이는 마야 해리스의 맨해튼 아파트 파크 하얏트 레지던스에 카멀라 해리스와 그녀의 가장 가까운 조언자, 가족이 한데 모였다.

그들이 모인 이유는 해리스의 컨설턴트(에이스 스미스, 숀 클레그, 후안 로드리게스, 댄 뉴먼)가 '그 일'이라고 부르는 것을 의논하기 위해서였다. 해리스가 '그 일'을 해야 할까? 만약 '그 일'을 한다면? 어떻게 '그 일'을 진행해야 하지? '그 일'이 그들의 일과 삶에 어떤 영향을 미칠까?

'그 일'은 해리스의 경력에서, 그리고 그들의 경력에서 가장 중요한 결정이 될 터였다. 그건 바로 '해리스가 미국 대통령 선거에 출마해야 하는가'였다. 마야 해리스, 토니 웨스트, 더그 엠호프, 스미스, 클레그, 로드리게스, 해리스의 상원 비서실장 네이선 배런킨, 그의 후임자 로히니 코소글루, 해리스의 커뮤니케이션 디렉터 릴리 애덤스, 그리고 다른 몇몇 사람들이 건물 회의실에 모여 분석에 열을 올렸다. 오바마의 여론조사원이었던 데이비드 바인더는 깊이 있는 조사를 진행했다. 거기 참석한 사람들은 신뢰할 수 없는 트럼프 대통령과는 대조적으로 해리스가 강하고 도덕적 권위를 지닌 인물이라고 평가했다.

민주당원들 간의 경쟁은 녹록하지 않겠지만 그녀의 인생 경험, 검사 경력, 이민자 편에 선 태도는 충분히 차별화가 가능해 보였다. 해리스의 모금 팀은 (민주당 대선 후보들의 현금 지급기로 불리는) 베이 지역과 로스앤젤레스와 연계하면 충분히 후원금을 모을 수 있으리라고 믿었다.

해리스는 대부분 듣고만 있었지만 한번은 그곳에 모인 사람들에게 만약 출마한다면 이기기 위해 하는 것이라고 분명히 말했다. 2위 자리에는 관심이 없었다. 무엇보다도 도널드 트럼프에게는 지고 싶지 않았다. 트럼프를 물리치는 것은 실존의 문제였다. 대통령 후보로 당의 지명을 받는 이는 극소수였고, 자신이 결선까지 갈 가능성은 기껏해야 10퍼센트라는 사실을 해리스도 잘 알았다. 우선 출마하고 싶은 마음이 들어야 했고 왜 출마하는지 알아야 했다. 해리스는 결선까지 가게 된다면 강력한 후보가 될 것이라는 확신을 갖고 싶었다.

2017년 캘리포니아주 의회는 투표를 거쳐 주 경선을 3월 첫 월요일 다음 날인 화요일로 앞당기기로 했는데, 해리스의 선거 전략 팀이 일을 진행하기에는 훨씬 더 유리했다. 해리스가 '그 일'을 하기로 결정한다면 그녀의 출신 주인 만큼 경쟁자들보다 유리할 것이라고 생각했다. 해리스는 아이오와주와 뉴햄프셔주에서 충분히 잘해야 했고, 네바다주에서는 더 잘해야 했고, 사우스캐롤라이나주에서는 우승해야 했다. 그러고 나면 선거인단이 많은 캘리포니아주에서 3월 3일 열리는 예비선거에 추진력이 생길 터였다. 캘리포니아주에서 이기면 해리스는 멈추기 어려울 것이다.

그중 치어리더는 아무도 없었다. 모두들 앞으로 나아갈 길을 냉정하게 바라보려고 애썼다. 마지막 날, 토니 웨스트가 반대 의견을 냈다. "감정적으로나 육체적으로나 큰 희생을 치를 겁니다. 선거운동으로 해리스와 가족은 발가벗겨지다시피 하고, 예전에 내뱉은 말 한마디 한마디가 도마 위에 오를 겁니다. 더그와 해리스의 자녀들을 포함해 사랑하는 사람들까지 큰 위험에 노출될 수 있어요. 모두가 흠집 내기의 대상이 될 겁니다. 해리스는 상원의원이 된 지 2년도 채 되지 않았습니다. 경력을 더 쌓아야 하지 않을까요? 행사를 개최했는데 아무도 오지 않으면요? 그러면 해리스의 입지에 타격을 입게 되고 경력도 망가질 수 있습니다."

때로는 지나치게 신중하다고 비난받던 정치인은 뛰어들기로 결심했다. 끝까지 쭉.

◆———————◆

해리스는 지나치게 서두르지 않기로 마음먹고 계획을 세웠지만 그 후 몇 달 동안은 맹렬히 질주했다. 선거 전략 팀원을 고용하고 조용히 볼티모어에 선거 본부 사무실을 임대했으며, 9월에는 브렛 캐버노 대법관 인사청문회를 주제로 유세를 펼쳤다. 2018년 중간선거 출마자를 위한 유세도 펼쳤는데, 중간선거 출마자 중 상당수는 민주당 대선 예비선거와 관련된 주에서 유세를 벌였다.

해리스는 그해 가을과 초겨울 열린 위원회 청문회에서 트럼프 행정부 관리들을 상대로 국경에서 억류 중인 난민 임산부들의 처우에 관해 질문했고, 국토안보부에 난민 아이들에게 헤어진 부모를 찾아주라고 요구했다. 또 국경 경비대와 이민관세집행국 요원들에게 보디 카메라를 의무적으로 착용하게 하는 법안을 제출했고, 린치 방지 법안의 작성자로 이름을 올렸다. 해리스는 산불로 86명이 사망하고 파괴된 캘리포니아주 북부 파라다이스 마을을 둘러보았다. 아직 끝나지 않은 캘리포니아주의 꺼림칙한 문제가 표면으로 드러난 셈이었다. 2018년 12월 초 〈새크라멘토 비〉는 2017년 해리스가 상원의원으로 취임한 후, 캘리포니아주 검찰총장 하비어 베세라가 법 집행부 국장을 괴롭혔다고 고소당한 해리스 문제를 40만 달러에 해결했다고 보도했다. 그는 해리스와 함께 상원에 직원으로 들어온 사람이었다. 그런 합의가 있었다는 사실은 관리자로서 해리스의 역할에 문제를 제기하는 것이어서 다양한 측면을 관리해야 하는 상원의원에게는 당혹스러울 수밖에 없었다. 해리스의 보좌관들은 그녀가 고소장이 접수된 사실을 몰랐다고 말했다. 하지만 캘리포니아주 법 집행부는 검찰청의 주요 부서이며 책임자는 검찰총장에게 보고하게 되어 있었다. 해리스는 〈새크라멘토 비〉 기사가 나온 이후 그 보좌관을 상원의원 보좌관직에서 사임하도록 강요했다. 그는 해리스가 2000년대 중반 샌프란시스코 검사장이었을 때부터 함께해온 사람이었다. 이제 다음 단계로 나아갈 때였다. 해리스는 12월 말에 아프가니스탄을 방문했다.

2017년 3월 상원의원으로 선서한 지 두 달 만에 해리스는 만일의 경우에 대비해 자신의 검찰총장 선거운동 통장에 남은 100만 달러가 넘는 금액을 '2026 해리스를 주지사로' 계좌에 이체했다. 해리스가 대통령 선거에 출마하기로 결정한 후인 2018년에 그 돈은 그대로 계좌에 남아 있었다. 그래서 해리스는 그 돈을 마음에 드는 자선단체에 기부하기로 했다. 저소득층 주민을 돕는 로스앤젤레스 형제 십자군에 10만 달러, 로스앤젤레스 이민자인권연합에 7만 1,000달러, 소방관 기금에 10만 달러, 상습범행퇴치연합에 5만 달러, 캘리포니아주 경찰기념관에 4만 1,000달러를 기부했다. 의사당 건너편에 있는 캘리포니아주 경찰기념관에는 임무 수행 중 사망한 모든 캘리포니아주 경찰관들이 잠들어 있었고, 그중에는 아이작 에스피노자도 있었다. 연합 농장 노동자들에게도 3만 7,500달러를 기부했다. 해리스는 여학생들의 과학 교육을 장려하는 단체, 가정 폭력 피해자 보호 단체, 가사 노동자에게 서비스를 제공하는 단체에도 돈을 기부했다. 기부는 관대한 일이지만 모두가 알고 있었다. 기부금을 받은 사람들은 2020년 3월 캘리포니아주 예비선거에 출마한 후보자에게 도움을 줄 수 있었다.

해리스가 공식적으로 출마를 선언하지는 않았지만 〈뉴욕 타임스〉와 〈워싱턴 포스트〉, 그 밖의 언론은 연말 기사에서 코리 부커 상원의원, 키어스틴 질리브랜드 상원의원, 엘리자베스 워런과 마찬가지로 해리스도 출마 준비를 하고 있다고 보도했다. 버니 샌더스도 출마했고, 조 바이든도 경선에 뛰어들 가능성이 높았다. 〈CNN〉은 캘리포니아주 출신 4명을 포함해 민주당 대선 후보로 나설 인물 29명을 꼽았다.

카멜라 해리스, 차이를 넘어 가능성으로

2019년 초, 해리스의 자서전 《우리가 가진 진실》이 출간되면서 약간의 화제와 많은 의문점을 불러일으켰다. 그 제목은 다분히 고의적이었다. 해리스는 책에 관련해 인터뷰하면서 아직은 자신의 계획을 발표할 준비가 되지 않았다고 말했지만, 그녀의 선거 캠페인 주제는 진실과 정의가 될 것이 분명했다.

2019년 1월 9일, ABC 아침 토크쇼 〈더 뷰〉에 출연했을 때, 공동 진행자인 우피 골드버그가 "이건 꼭 물어봐야 해요. 그래서 출마할 건가요?"라고 물었다.[1]

해리스는 웃으며 대답했다. "이 이야기를 〈더 뷰〉에서 하게 되어 정말 기쁘게 생각합니다. 저는 아직 출마 선언을 할 준비가 되지 않았습니다." 진행자들은 박장대소했다.

웃음이 가라앉자 해리스가 말했다. "정말 하고 싶어요. 하지만 아직 준비가 안 됐어요."

해리스는 더 기다렸다가 마틴 루서 킹 주니어를 기리는 1월 21일 ABC의 〈굿모닝 아메리카〉에서 출마를 발표했다. 해리스는 "미국 국민에게는 그들을 위해 싸워주고, 봐주고, 이야기를 들어주고, 돌봐주고, 겪은 일을 걱정해주고, 그들을 사리사욕보다 우선시할 사람이 반드시 필요하다"라고 말했다.[2]

킥오프 집회는 1월 27일 일요일 오클랜드에서 열렸다. 2007년 10월 힐러리 클린턴의 캘리포니아주 대통령 선거 유세를 관리하고 1만 4,000명을 오클랜드 시내로 끌어모은 경험이 있는 해리스의 선거 전략 팀은 오클랜드에서 행사를 개최하는 방법을 잘 알았다. 그들은 해리스의 군중이 좀 더 인상 깊게 느끼도록 열심히 준비했다. 오클랜드 시청은 미국 국기와 빨간색, 흰색, 파란색 깃발로 장식되었다. 눈부신 태양 아래 2만 명이 모여들었다. 해리스는 마틴 루서 킹 주니어에 대해 이야기하며 대통령 선거에 나선 첫 흑인 여성 셜리 치점이 40여 년 전에 출마 선언을 하던 역사적인 순간을 떠올렸다.

해리스의 연설은 민중적 주제와 아프리카계 미국인 영웅들의 이야기로 가득했다. 그녀는 군중에게 자신이 그곳에서 가까운 카이저 퍼머넌트 병원에서 태어났다고 말하며 앨러미다 카운티 지방검사로 오클랜드 법원에서 근무하며 법정에 섰던 모습을 자랑스럽게 떠올렸다. 그녀는 "카멀라 해리스, 국민을 위하여"라고 외쳤다.

그날 해리스의 주제는 '국민을 위하여'였다. 해리스가 출마한 이유를 드러내는 말이었다.

"저는 대통령 선거에 출마합니다. 국민의, 국민에 의해, 그리고 국민을 위해 출마할 것입니다."[3]

군중 중에는 오클랜드 콜 스쿨의 교장 재키 필립스도 있었다. 재키 필립스는 해리스가 10대 소녀처럼 항상 즐길 준비가 되어 있고 스스로 무언가를 만들어내고야 말겠다고 결심한 사람이라는 사실을 알고 있었다. 그녀는 "이루 말할 수 없을 만큼 자랑스러웠다"라고 말했다.

그 행사는 극찬을 받았다. 대규모 군중을 광적으로 좋아하는 트럼프 대통령조차 〈뉴욕 타임스〉 인터뷰에서 해리스의 오클랜드 행

사가 "현재까지는 최고의 오프닝"이었다고 인정했다.[4]

그것이 해리스의 방식이었다. 일찍 출마를 선언하고, 힘을 드러내고, 범위를 좁혀가는 것. 수많은 공약이 나왔고 멋지게 출발했다. 하지만 캘리포니아주 경선과 전국 캠페인은 완전히 별개였다.

33

타이밍이
전부다

Timing Is Everything

〈폭스 뉴스〉는 카멀라 해리스가 출마를 선언한 지 2주도 안 되어 선두를 달리고 있다고 보도했다. 하지만 그건 그때나 그 후로나 사실이 아니었다. 처음부터 끝까지 조 바이든이 선두 주자였다. 하지만 해리스는 선두권에 속했고, 그것은 그녀가 전에 없이 치밀하게 움직이고 있다는 뜻이었다.

기자와 논평가는 해리스가 본인의 주장대로 훌륭한 검사였는지 의문을 제기했다. 일부는 해리스가 매우 ˙잘해냈지만 강철 같고 엄격해서 오바마가 추구하던 서민적 호감이 부족했고, 그래서 미래의 배심원단이 될 국민들과 소통하지 못한 것은 아닌가 하는 의구심을 표했다. 〈로스앤젤레스 타임스〉는 파인스타인에게 해리스를 지지할지 물었다. 선임 상원의원은 칭찬 같지 않은 칭찬으로 해리스에게 한 방 먹였다. "저는 상원의원의 열렬한 팬입니다. 해리스와 함께 일하죠. 하지만 그녀는 이곳에 새로 들어왔고 누군가를 알아가는 데는 시간이 필요합니다."[1] 파인스타인이 선택한 후보는 바이든이었다.

해리스는 볼티모어와는 아무 연관도 없지만 볼티모어에 선거운동 본부를 꾸렸다. 그녀는 미국의 뉴스는 동부에서 서부로 이동하고, 제대로 하려면 동부에 있어야 한다는 사실을 잘 알았다. 마야 해리스는 동부에서 선거대책위원장을 맡았고 해리스의 측근 대부분은 샌프란시스코에 남아 있었다. 상원 선거운동을 관리했던 후안 로드리게스가 대선 선거운동도 관리했다. 그는 아직 35세도 되지 않았다. 버뱅크에서 태어난 로드리게스는 엘살바도르 출신 이민자의 아들로 조국의 폭력 사태에서 벗어나 더 나은 삶을 위해 19세 때 미국으로 건너왔다. 그의 어머니는 집 청소 일을 했고 아버지는 목수였다. 그는 UCLA에 진학한 뒤 말리부의 페퍼다인대학에서 경영학 석사 학위를 받았고, 해리스의 조직에 들어가기 전, 앤토니오 비어라고사 로스앤젤레스 시장의 인턴으로 일했다.

선거 캠페인은 곧 파벌 간의 경쟁 구도로 달아올랐다. 여러 걸림돌이 있었고 자초한 일 때문에 갈등이 생기기도 했다. 해리스는 기자들을 따돌리고 행사에 늦게 나타나는 습관이 있었고, 1인 의료 서비스에 대한 입장을 바꾸었으며, 마리화나의 상업 판매를 합법화하고, 동의에 의한 성인 간 성매매를 기소 대상에서 제외하기도 했다. 해리스가 2016년에 백페이지 소유주를 상대로 한 첫 소송건을 들고 왔을 때 해리스에게 박수를 보낸 사람들은 이런 모습을 보고 기겁했다.

해리스는 2월 〈브렉퍼스트 클럽〉 팟캐스트에 출연해 대학 시절 마리화나를 피운 적이 있다고 말했다. "농담하세요? 제 피의 절반은 자메이카에서 왔다고요."[2]

해리스의 아버지 도널드 해리스는 그 말을 듣고 전혀 즐거워하지 않았다. 돌아가신 할머니와 부모님이 "농담이든 아니든 가족의 이름과 명성, 자랑스러운 자메이카의 정체성이 어떤 식으로든 마리화나 흡연에 관한 잘못된 고정관념과 연관되어 언급된 사실을 알게 되면 당장 무덤에서 벌떡 일어날 것이다"라는 글을 블로그에 올렸다.[3] 그는 널리 퍼지기 전에 포스트를 삭제했다. 해리스에게 그 일은 어디까지나 본인의 실수였고, 대통령 선거운동에서는 후보들이 내뱉는 말 한마디 한마디가 중요하다는 교훈을 얻는 계기가 되었다.

캘리포니아주에서 온 해리스는 주 전체에서 세 번의 선거를 경험했기 때문에 후원금 모금에서 우위를 차지할 것 같았지만 그렇지 않았다. 오클랜드에서의 킥오프 행사는 인상적이었지만 2019년 1분기에 모금한 후원금은 1,200만 달러로 미미한 수준이었다. 반면에 버락 오바마는 상원의원 시절, 대선 출마를 선언한 첫 분기에만 2,500만 달러 이상을 모금했다. 그것도 12년 전인 2007년의 일이었다.

엘리자베스 워런, 에이미 클로버샤, 키어스틴 질리브랜드 등 강한 여성들을 포함해 폭넓은 후보군에서 보면 해리스는 그다지 눈에 띄지 않았다. 해리스는 워런이나 버니 샌더스만큼 진보 쪽으로 쏠리지 않았다. 또 그녀는 전 사우스벤드 시장 피트 부티지지를 향한 유권자들의 상상력도 사로잡지 못했다. 부티지지는 "경선에서 유일한 왼손잡이, 몰타계 미국인, 성공회교도, 동성애자, 아프간 전쟁 참전용사"로 두각을 나타냈다.[4] 그는 하버드대학에서 교육받았고 로즈 장학생이었으며 해리스가 기대를 걸고 있는 캘리포니아 주민들을 포함해 세대교체를 원하는 유권자들의 요구에 부응하는 인물이었다. 설상가상으로 해리스는 트럼프를 상대로 소송을 제기할 수

카멀라 해리스, 차이를 넘어 가능성으로

있는 인물이라는 점 이외에는 대선에 출마한 이유를 내세우기 어려웠고 조 바이든의 지지자들도 끌어들이지 못했다.

첫 번째 기회는 2019년 6월 27일 1차 경선 토론 때 찾아왔다. 한 시간 정도 토론이 진행된 후, 해리스는 잠시 멈추고, 숨을 들이마시고, 바이든을 향해 돌아서서 수십 년 전 상원에서 인종차별주의자였던 상원의원들과 함께 학교 인종 통합 노력을 제한한 바이든을 공격하고 나섰다.

"미국에서 인종 분리 쪽으로 평판과 경력을 쌓아온 두 상원의원에 대해 말씀하시는 것을 들으니 마음이 아팠습니다. 그뿐만 아니라 당신은 그들과 함께 강제 버스 통학에 반대했고요. 당시 캘리포니아주에는 통합 공립학교에 다니던 서민층 아이가 있었고 그 아이는 매일 버스를 타고 학교에 갔죠. 그 어린아이가 바로 저입니다."

해리스는 인종 문제로 선두 주자를 공격하겠다는 의지를 보여 선거에서 승리하기 위해 달리고 있음을 분명히 했다. 해리스의 후원금 모금은 급증했다. 여론조사 결과는 놀라웠다. 기자들은 해리스가 1차 토론의 확실한 승자라고 결론지었다. 하지만 토론회 승리 효과와 여론조사 급증세는 일시적이었다. 다음 날 실린 〈뉴욕 타임스〉 기사는 해리스의 반복되는 문제를 꼬집었다. 해리스의 대변인은 그녀가 학교를 통합하기 위한 방법으로 강제 버스 통학 제도를 지지했지만 "추가 정보를 제공하는 것은 거절했다"라고 말했다. 해리스는 문제를 제기한 후 회피하고 있었다. 〈뉴욕 타임스〉 기사는 다음과 같이 언급했다.

33. 타이밍이 전부다

해리스의 문제는 그녀가 목요일 이후 붙은 가속도를 그대로 유지할 수 있느냐 하는 점이다. 선거운동이 시작된 이후로 해리스는 잘 계획된 일을 진행할 때는 좋은 결과를 냈지만 즉흥적으로 나설 때는 자충수를 두는 발언을 일삼기도 했다. 한 후보가 다수 후보 중 한 후보를 공격하는 경우에 늘 그렇듯 그 공격이 과연 해리스에게 도움이 되었는지 혹은 바이든에게만 상처를 입혔는지는 두고 볼 일이다.[5]

바이든은 그 공격으로 놀랐고 개인적으로 마음에 상처를 입은 듯 보였다. 그는 이후 〈톰 조이너 모닝 쇼〉에 출연해 "나는 우리가 친구라고 생각했다. 앞으로도 그랬으면 좋겠다"라고 말했다.[6] 바이든은 그 인터뷰에서 2016년 새너제이에서 열린 캘리포니아주 민주당 전당대회를 회상하며 해리스가 캘리포니아주 민주당 전당대회에 와서 연방 상원의원 출마를 지지해달라는 부탁을 했다고 말했다. 바이든은 해리스를 위해 그렇게 해주었다. 그의 등장과 진심 어린 연설은 캘리포니아주 민주당원들이 로레타 샌체즈가 아닌 해리스를 지지하는 데 큰 역할을 했다.

과거는 과거고, 2019년에 해리스는 우승을 위해 필요하다고 생각하는 일을 하고 있었다.

◆————————◆

나쁜 행위를 한 사람들을 감옥에 보낸 검사 출신이라는 해리스의 배경은 총선에서 꽤 쓸모가 있었다. 하지만 예비선거에서 해리스는

카멜라 해리스, 차이를 넘어 가능성으로

그녀가 정말로 '진보적인' 검사인지 의문을 제기하는 사회정의 운동가들의 도전을 받았다.

샌프란시스코대학 로스쿨의 랄라 바젤론 부교수는 〈뉴욕 타임스〉 기고문에 다음과 같이 썼다. "검사장과 주 검찰총장으로서 형사 사법 개혁을 받아들이라고 진보 진영에서 촉구할 때 해리스는 몇 번이나 반대하거나 침묵을 지켰다. 가장 거슬리는 부분은 해리스가 증거 조작, 허위 증언, 검찰의 중대한 정보 탄압을 포함한 공식적인 위법행위를 통해 내려진 잘못된 유죄판결을 끝까지 고수하려고 필사적인 노력을 기울였다는 점이다."[7] 바젤론의 예리한 분석은 2019년 1월 17일 자 신문에 실렸다. 그 반향은 선거운동 내내 지속되었다.

7월 말 디트로이트에서 열린 제2차 민주당 대선 경선 토론회에서 털시 개버드 하와이주 하원의원은 그런 내용으로 인정사정없이 공격을 퍼부었다. 개버드는 해리스가 "대마초법 위반으로 1,500명 이상을 감옥에 집어넣었다"라며 "하지만 사형수의 무죄를 입증할 증거를 찾지 못했는데, 케빈 쿠퍼 사건이 대표적이다"라고 말했다.[8] 그 주장은 맥락이 맞지 않았다. 그러나 10명의 후보로 가득 찬 무대에서 해리스는 적절히 대응할 수 없었다. 그녀는 앤더슨 쿠퍼의 〈CNN〉 방송에 출연했을 때 상황을 더 악화시켰다. 해리스는 긍정적인 입장을 취하거나 기록을 바로잡기보다는 오만한 태도를 취했다. "잘난 척하는 것처럼 들릴지 모르겠지만 나는 분명히 선두권 후보이기 때문에 오늘 밤 무대에 올라 몇 번은 공격받을 거라고 생각했다. 0퍼센트나 1퍼센트 혹은 그 밖에 낮은 지지도를 기록 중인 사람들

이 있다면 오늘 밤 몇 번은 나를 공격할 거라고 생각했다."⁹

해리스는 검사장과 검찰총장이었을 때 취했던 몇 가지 입장을 철회했고, 특히 일부 카운티에서 상습적으로 무단결석한 아이들의 부모가 해리스가 옹호한 법 때문에 감옥에 가게 된 것을 후회한다고 말했다.¹⁰ 해리스는 2019년에 그들의 투옥은 "의도하지 않은 결과"라고 말했다. 하지만 불과 몇 년 전인 2015년 1월 검찰총장으로 두 번째 임기를 시작하며 선서한 해리스는 취임사에서 "이제 캘리포니아주에서 아이를 교육시키지 않는 것은 범죄라고 말할 때"라고 말했다. 그 일로 근본적인 문제가 제기될 수밖에 없었다. '카멀라 해리스는 어떤 원칙에 입각해서 입장을 취하는가?'

◆————◆

11월 초까지 선거 자금이 바닥나버렸고, 후안 로드리게스 선거 관리자를 해고해야 했으며, 선거 사무실을 나간 사람들의 독설이 날아들었다.

로드리게스는 고등학교에서 주니어와 시니어였을 때 풋볼 팀의 선발 쿼터백이었다. 쿼터백은 공을 빼앗겼을 때 대처하는 방법을 잘 알았다. 그는 무너져가는 해리스 선거 본부에 기습 공격을 펼쳤다. 〈뉴욕 타임스〉는 11월 29일, '카멀라 해리스의 선거운동이 어떻게 흐트러지고 있는가'라는 제목을 단 3,000단어에 달하는 글로 해리스의 휘청거리는 선거운동을 낱낱이 해부했다.¹¹

"2020년 민주당 후보자 일부는 급부상하고, 일부는 떨어져 나갔

카멀라 해리스, 차이를 넘어 가능성으로

으며, 이번 달에만 두 명이 더 선거판에 뛰어드는 등 격변을 겪고 있다. 하지만 1위로 급상승한 뒤 초반 여론조사에서 한 자릿수 아래로 곤두박질친 후보는 해리스뿐이다."

로드리게스는 볼을 쥐고 있었다. 하지만 쿼터백들은 주변 수비가 무너지지 않는 한 볼을 빼앗기지 않는다. 그에게 수비수는 해리스의 선거 전략 팀이었다. 선거 캠프의 분위기는 위에서부터 정해진다. 결과적으로 선거 전략가들이 해리스 자매 사이에 끼어드는 것이 어리석다는 생각을 갖게 만든 마야 해리스가 비난받았다. 그 때문에 무난한 메시지만 위로 전달되었고 내부적으로 사건이 너무 많았다. 자금이 바닥나 일자리를 잃은 선거 참모들이 자리를 뜨면서 비난을 퍼부어댔다.

민주당 의원들은 남부 주 경선에서 승리하지 않고는 당 대선 후보 지명을 받을 수 없었고, 해리스는 흑인 유권자들이 중요한 사우스캐롤라이나주에서 앞서가야 했다. 다른 민주당 의원들과 마찬가지로 해리스의 선거 캠프에서도 조 바이든이 흑인 유권자들 사이에서 얼마나 견고한 지지를 얻고 있는지 예상하지 못했다. 여론조사에서 해리스의 지지율이 더 이상 올라가지 못하면서 후원금 모금에 영향을 미쳤고, 돈 없이는 경선이 열리는 주에서 여론조사에 도움을 줄 광고를 내보낼 수 없었다. 악순환이었다. 2019년 말까지 해리스는 4,030만 달러를 모금했는데, 이 금액은 피트 부티지지가 2019년에 모금한 7,600만 달러의 절반을 약간 넘는 수준이었다. 해리스는 민주당 대선 후보들에게 많은 돈을 후원한 소액 기부자들을 사로잡지 못했다. 연방 선거관리위원회 통계에 따르면 해리스의 후원금 중 54퍼센트가 200달러 이하의 소액 기부였다. 엘리자베스 워런 매사추세츠주 상원의원이 1억 2,700만 달러 중 74퍼센트를 소액 기부로 받은 데 비하면 훨씬 낮은 수치였다. 여름에 산정한 해리스의 온라인 후원금은 겨우 4,000달러였다.

하지만 희망은 남아 있었다.

대선 후보들은 기부자당 후원금을 예비선거에서 2,800달러, 결선에서 2,800달러까지만 모금할 수 있도록 제한받는다. 선거운동 비용을 고려하면 후보들은 특히 경선 기간에 슈퍼 팩PAC에 의존할 수밖에 없다. 후보와 독립적으로 운영하게 되어 있는 슈퍼 팩에서는 무한대의 기부금을 후원받을 수 있다. 해리스의 캠페인이 실패하는 것을 보고 해리스의 부유한 지지자 한 명과 두 명의 전 선거 보좌관이 힘을 합쳐 '피플 스탠딩 스트롱'이라는 이름의 슈퍼 팩을 만들었다. 위원회는 120만 달러를 모금했다. 그중 100만 달러는 오클랜드 출신의 부유한 진보주의자 퀸 딜레이니가 후원한 것이었다. 그녀는 후보자와 선거운동에 자금을 대면서 인종 평등을 앞당길 수 있다고 믿었다. 딜레이니와 그녀의 남편인 부동산 개발업자 웨인 조던은 해리스의 가장 충실한 지지자 중 한 명이다.

정치에서 타이밍은 중요하다. 2019년 12월 3일 동부 시간으로 오전 11시 42분, 〈폴리티코〉의 크리스토퍼 카델라고는 해리스의 선거 전략 팀이 자원이 고갈되어 아이오와주에서 9월 이후 단 한 건도 광고를 내보내지 못했으나 슈퍼 팩의 지원을 받아 방송 광고를 예약했다는 소식을 전했다. '피플 스탠딩 스트롱'의 컨설턴트 댄 뉴먼과 브라이언 브로코는 아이오와주의 텔레비전 방송국에 50만

1,000달러를 송금해 해리스의 광고를 내보내기 시작했으며 50만 달러를 더 보낼 준비를 하고 있었다. 스스로 자금을 조달할 수 있는 억만장자가 아닌 후보자를 위해 대신 방송 광고를 구입한 사례로는 가장 큰 액수였다.

"해리스가 쓸 수 있는 총알은 우리뿐이었다. 우리는 방송 광고를 내보내야 했다"라고 2010년 해리스의 검찰총장 선거를 관리했던 브로코는 말했다.[12]

그 광고는 유권자들의 관심을 끌었고 해리스는 후보자 가운데 눈에 띄기 시작했다. 광고에는 해리스의 최고 히트작인 브렛 캐버노 대법관, 윌리엄 바 검찰총장, 제프 세션스 전 검찰총장의 청문회 모습이 등장했다. "단도직입적인 질문입니다. '예, 아니요'로 답변하세요."

"이렇게 빠른 속도로는 못해요." 세션스는 광고 영상에서 더듬거리며 말했다. "긴장하게 된다고요."

광고 내레이션: "카멀라 해리스는 공화당원들의 비리를 폭로합니다. 해리스는 공화당원들을 긴장하게 만듭니다. 거짓과 부패를 옹호하지 못하게 합니다. 도널드 트럼프에게도 똑같이 할 것입니다…. 카멀라 해리스는 도널드 트럼프가 가장 두려워하는 민주당 대통령 후보입니다."

12월 3일 카델라고는 1차 특종을 내보낸 후 3시간 6분 만에 또 다른 특종을 보도했다. "수개월 동안 바닥권을 벗어나지 못하던 카멀라 해리스가 대선 유세를 접고 있다. 캘리포니아주 상원의원은 한때 경선에서 선두권 후보로 꼽히기도 했다."[13]

브로코와 뉴먼은 기가 막혔다. 믿을 수 없었다. 어쨌든 아직은 중도 하차할 수 없었다. 하지만 해리스는 그렇게 했다. 브로코는 딜레이니에게 전화를 걸어 하차 소식을 전했고 돈을 돌려받도록 노력하겠다고 약속했다. 자금은 대부분 회수되었다.

해리스는 팀과 상의한 후 자금이 바닥났다는 것을 깨닫고 선거에서 물러났다. 조기 하차한 덕분에 아이오와주 전당대회와 자신의 고향 주에서 크게 패배하는 당혹감은 맛보지 않아도 되었다. 해리스의 이름은 캘리포니아주 3월 3일 예선 투표 명단에도 빠졌다. 여론조사에서 해리스는 캘리포니아주에서도 패배할 것으로 나왔기 때문에 그나마 다행이라면 다행이었다. 이 당혹스러운 패배로 앞으로 몇 년 동안 대선 후보로서 해리스의 가능성에 의문이 제기될 수도 있었다.

하지만 얼마 지나지 않아 또 다른 기회가 찾아온다.

34

빗속에서
춤을

Dancing in the Rain

카멀라 해리스는 대통령직을 향한 열망은 잠시 접어두고, 미국 상원의원으로서 캘리포니아주를 대표하는 일로 되돌아왔다. 맨주먹 싸움에 기진맥진해버린 선거를 뒤로하고 상원에서 기울인 해리스의 노력은 아마도 고향의 유권자들과 조 바이든과의 관계를 회복하고자 하는 의도에서 나온 행동이었을 것이다.

2020년 1월 16일 하원은 상원에 도널드 트럼프 대통령의 탄핵 소추안을 제출했다. 미치 매코널 상원 원내대표가 진행을 맡았기에 상원의 투표 결과는 불 보듯 뻔했다. 증인을 불러달라는 민주당의 요청을 매코널이 거절했기 때문에 해리스는 세션스 법무부 장관과 브렛 캐버노 대법관 후보자에게 질의했을 때처럼 전국적 스포트라이트를 받을 기회가 없었다.

해리스는 2월 탄핵 시도가 무산되고 전국 무대에 다시 발을 내디딘 8월 사이에 33개의 법안과 결의안을 제출했다. 트럼프의 고문 스티븐 밀러가 "편협과 증오, 분열된 정치적 미사여구 일색인 불법 거래"라고 비난한 것처럼[1] 일부 의원들은 결의안을 매우 당파적으로 받아들였다. 결의안은 밀러에게 사임을 촉구하는 내용이었는데, 그는 이를 받아들이지 않았다.

법안은 언론의 관심을 거의 혹은 전혀 받지 못했다. 북부 캘리포니아주의 사우스 포크 트리니티강-매드강을 포함한 공공 토지의 접근성 복원 및 강화 법안, 캘리포니아주-멕시코 국경의 남쪽 끝에 있는 오염된 티후아나강 청소 등 캘리포니아주만의 문제를 다루는 법안도 있었다.

해리스가 유세장에서 제기한 문제들을 반영한 법안도 있었다. 산업 발전으로 인한 환경오염의 영향으로부터 가난한 지역 주민들을 보호하고, 화장품을 포함한 소비재에 함유된 화학물질의 안전한 대안 연구를 후원하는 환경 정의 법안도 있었다. 후자는 미용 살롱에서 일하는 여성들을 보호하는 법안이지, 상원의 나이 든 남자들이 입법 계획의 일환으로 연설할 필요를 느낄 만한 문제는 아니었다.

해리스의 법안 중 하나는 자궁근종 연구에 필요한 기금을 모금하는 것이었다. 2020년 제정된 '흑인 모성 보건 맘니버스법'은 보건사회복지부가 흑인 여성의 높은 산모 및 유아 사망률을 다루고 연방교도소국이 교도소와 구치소에 보조금을 지급해 수감 중인 임산부들의 건강을 개선하도록 촉구하는 내용을 담았다.

해리스는 코로나19 전염병을 신속히 해결하기 위해, 주정부가 폐쇄 명령을 내리면서 직장에서 쫓겨난 개인에 대한 재정 지원을 늘리는 법안을 3월에 제출했다. 대유행이 확산되자 해리스는 임차인이 퇴거당하지 않도록 보호하고, 중소기업에 지원금을 제공하고, 대통령이 전염병 대비에 초점을 맞춘 특사를 임명하도록 하며, 우편 투표를 위한 각 주 자금 지원액을 늘리고, 코로나19에 걸린 소수민족 간의 인종 및 민족별 차이 연구를 진행하는 법안을 제출했다.

또 중소 음식점이 정부와 협력해 도움이 필요한 사람들에게 음식을 제공하는 법안도 제출했다. 그중에는 인디언 부족이 필요한 사람들에게 음식을 제공하는 내용도 포함되어 있었다.

해리스는 대선 후보로 출마하려고 했던 해에 공화당이 지배하는 상원의 민주당 의원이었다. 그건 해리스가 자신의 법안을 통과시킬 가능성이 전혀 없었다는 뜻이다. 하지만 그 법안들은 해리스가 기회를 얻으면 다루려 했던 문제였다.

◆———————◆

2020년 3월 15일 민주당 대선 후보 토론회에서 민주당 대선 지명자를 향해 한발 다가선 조 바이든은 부통령 후보로 여성을 뽑겠다고 선언했다. 해리스의 친구들은 돕고 싶어 했다.

마이클 텁스도 그중 한 명이었다. 시의회 의원으로 4년 임기를 마친 텁스는 2016년 스물여섯의 나이로 자신이 자란 도시 스톡턴의 시장으로 선출되었다. 그는 98킬로미터 떨어진 스탠퍼드대학에 다니면서 시장 자리를 지켰다. 10대 미혼모의 아들로 태어난 텁스는 오바마 행정부에서 백악관 인턴으로 일한 경험이 있었다. 텁스는 시장으로서 정말 열심히 일했다. 인구 30만 명의 도시가 파산에서 벗어나고 있었고, 그의 전임자는 공공 기금을 유용했다는 혐의에 대해 유죄를 인정했으며, 이와는 별도로 스트립 포커 게임에서 10대 캠프 카운슬러를 몰래 녹화하고 미성년자에게 술을 제공하기도 했다.

텁스는 2017년 〈새크라멘토 비〉의 기자 신시아 휴버트에게 "스톡턴의 문제에 대해 행동하지 않으면서 연구를 하고 에세이를 쓰는 것은 비겁한 일이라고 생각했다"라며 고향에 돌아온 이유를 설명했다.[2]

텁스 시장이 도시를 되살리기 위해 노력할 때, 해리스 상원의원은 전화를 걸어 조언을 해주고 워싱턴에서 자신이 할 수 있는 일이 있는지 알아보곤 했다. 대통령 선거에 출마한 해리스는 2019년 자신의 생일에 텁스에게 전화를 걸어 전날 생일이었던 텁스의 첫아들 마이클 말라카이 텁스 주니어를 축하해주었다.

해리스는 "카멀라 이모가 빨리 만나보고 싶어 한다고 전해줘요"라고 시장에게 말했다.[3]

텁스는 엘레니 쿠날라키스 캘리포니아 부지사에게 전화를 걸어 해리스를 위해 로비를 펼쳐달라고 요청했다. 쿠날라키스는 해리스를 대신해서 시작해보겠다고 말했다. 하지만 해리스는 거절했다. 해리스는 바이든의 부통령 후보가 되고 싶긴 했지만 자신이 어디에 있는지, 어떻게 연락하면 되는지 바이든도 잘 알고 있다는 생각이 들었다. 로비를 벌인다면 바이든이 해리스 쪽으로 더 기울게 할 수도 있을 것이다.

5월 25일 20달러짜리 위조지폐로 담배 한 갑을 산 조지 플로이드가 미니애폴리스 경찰관의 무릎에 8분 46초 동안 목이 눌려 숨을 거두었다. 그로부터 두 달 전, 켄터키주 루이빌의 경찰은 마약상의 집을 수색한다며 무장하지 않은 채 침대에 있던 26세의 응급구조사 브리오나 테일러를 사살했다. 해리스는 5월 30일 코로나19 방역 마스크를 쓰고 백악관으로 걸어가 시위에 참여했다.

일부 부통령 후보들은 적극적으로 로비를 벌였다. 해리스도 그렇게 하고 싶었지만 입장이 애매했다. 해리스도 자신이 부통령 지명자 후보 명단에 들어 있다는 것을 잘 알았다. 상원에서 해리스의 비서실장을 지냈고 나중에 대선 유세에 나섰던 로히니 코소글루는 바이든의 보좌진이 해리스에게 필요한 모든 조사를 진행할 수 있도록 도왔다. 코소글루는 또 인종과 형사 사법 문제에 대한 해리스의 오랜 견해가 그의 입장과 충돌하지 않을 것이라는 메시지를 바이든 측에 확실히 전달했다. 갈등이 있는 부분에 대해서는 풀어주려고 애썼다. 바이든이 고려 중인 흑인 여성 중 주 전역 선거에서 승리하고 전국 선거에 출마한 사람은 해리스뿐이었다.

수습책도 마련했다. 조 바이든의 아내 질 바이든 박사가 6월 27일 토론회에서 해리스가 인종 문제로 남편을 공격한 것에 대해 "복부에 날린 펀치"라고 말한 것[4]은 잘 알려진 사실이다. 6월 해리스는 〈스티븐 콜버트의 레이트 쇼〉에 출연해 바이든에게 인종 문제로 도전한 이유를 해명하려 했다. "그건 토론이었다. 이유는 그것뿐이다. 말 그대로 토론이었다. 토론이라는 게 그렇다."[5] 그리고 바이든의 부통령 후보로 선정될 가능성에 대해 "제게 의견을 물어온다면 영광이다. 대화를 나눌 수 있는 일원이 된다면 정말 영광이다. 내가 어디에 있든 조 바이든이 승리할 수 있도록 온 힘을 동원할 것이다"라고 말했다.

7월과 8월에는 다른 후보들이 등장했는데, 특히 로스앤젤레스 민주당 의원이자 의회 흑인 간부회의 의장인 캐런 배스 하원의원이

카멀라 해리스, 차이를 넘어 가능성으로

관심을 끌었다. 전국 정치에 야망을 갖고 있거나 바이든이 4년 혹은 8년 임기를 마친 후 해리스가 민주당 대선 후보 중 선두 주자가 될 것이라는 사실을 깨달은 정치인들은 배스를 지지했다. 배스는 대통령 후보로서는 덜 유력해 보였다. 가장 우려스러운 점은 크리스토퍼 도드 전 상원의원과 에드 렌델 전 펜실베이니아 주지사 등 바이든의 고문들이 한 말을 해리스의 캘리포니아주 지지자들이 믿었다는 점이다. 그들은 캘리포니아주 민주당원들이 해리스를 싫어하며 해리스가 그들의 지지를 잃었고 확실한 대안은 배스뿐이라고 바이든에게 조언했다. 해리스는 분명 민주당원들 가운데 적을 만들어냈다. 하지만 그녀에게는 핵심 지지층도 있었다. 배스는 전국 무대에서 온전히 검증받은 적이 없었고, 부정적인 이야기도 흘러나왔다. 그중에는 피델 카스트로에게 칭찬의 말을 쏟아냈다는 이야기도 있었는데, 이는 플로리다주에서 특히 문제가 될 수 있었다. 또 연설 도중 사이언톨로지교에 대해 우호적인 발언을 한 것은 온라인상에서도 쉽게 자료를 찾을 수 있었다.

쿠날라키스 부지사는 바빠졌다.

그는 "제가 허락을 구하지 않고 한 일입니다"라고 말했다.[6]

당시 샌프란시스코의 정치 세계는 그다지 넓지 않았고 해리스의 첫 선거 자금 위원장인 마크 부엘은 해리스 검사장에게 쿠날라키스를 소개해주었다. 쿠날라키스의 아버지는 앤절로 차코풀로스로, 1958년 15세의 나이에 무일푼으로 그리스에서 미국으로 건너왔다. 그는 새크라멘토 주립대학을 거쳐 새크라멘토 지역에서 가장 큰 규모의 부동산 개발업자가 되었다. 그는 부엘의 아내가 되는 수지 톰킨스가 빌 클린턴을 만나 정치에 관여하기 시작할 때 클린턴의 후원금 모금을 담당하고 있었다. 해리스와 쿠날라키스는 함께 점심 식사를 하며 관계를 이어갔다(해리스는 쿠날라키스의 생일에 전화를 걸어 '생일 축하' 노래를 불러줄 정도였다). 쿠날라키스는 2018년 부지사 선거에 출마하기 전까지 주요 선거의 후원자가 되었고 힐러리 클린턴을 지지했으며 오바마 행정부에서는 첫 헝가리 대사가 되었다. 쿠날라키스는 부엘과 마찬가지로 360도로 베이 지역 전망이 내려다보이는 샌프란시스코 아파트에 살고 있다. 쿠날라키스와 마크 부엘, 수지 부엘은 종종 모금 활동을 조율하며 그녀의 아파트에서 후원자들과 와인이나 칵테일을 마시고 엘리베이터를 타고 올라가 부엘 부부의 집에서 저녁 식사를 하기도 했다. 쿠날라키스가 부지사에 출마하기로 결정했을 때 해리스가 전화를 걸어 "내가 지지해줄 것이고 당신이 승리할 것"이라고 말했다.

2020년 7월 31일 쿠날라키스는 바이든 선거 전략 팀에 줌 미팅을 요청했다. 그 미팅은 사흘 후에 열렸다. 쿠날라키스는 인상적인 인물들로 해리스의 지지자 명단을 채웠다. 런던 브리드 샌프란시스코 시장, 리비 샤프 오클랜드 시장, 로버트 가르시아 롱비치 시장, 피오나 마 캘리포니아주 재무장관, 알렉스 파딜랴 캘리포니아주 국무장관, 텁스 시장, 그레이 데이비스 전 주지사 등이었다. 해리스를 선택해야 하는 이유에 대해 각자에게 2분 동안 발언권이 주어졌다. 몇 명은 직업적인 이야기, 몇 명은 개인적인 이야기를 들려주었다. 롱비치 시장 가르시아는 7월 26일 어머니가 코로나19로 사망했을 때 가장 먼저 전화를 걸어 조의를 표한 사람이 해리스였다고 말했다.

카멜라 해리스, 차이를 넘어 가능성으로

텁스는 해리스가 주 전체 선거에 세 차례 출마했고, 대선에도 출마해 "전투력 테스트를 치렀고 검증받았다"라며 "카멀라 해리스는 특이한 사람이다"라고 전했다.

쿠날라키스는 해리스가 미국 정치판에서 "변화할 줄 아는 여성"이라고 주장했다. "카멀라 해리스에게는 정형화된 이미지가 없습니다."

◆━━━◆

8월 11일 화요일, 바이든은 줌으로 해리스에게 전화를 걸었다. "일할 준비 됐나요?"[7]

바이든은 그의 최종 결정을 비밀로 해두었다. 바이든이 자신의 선택을 공개한 화요일 전 주 토요일만 해도, 해리스와 보좌관들은 해리스가 선택받으리라는 힌트를 전혀 얻지 못했다.

"어머, 세상에. 정말 일할 준비가 되어 있어요." 해리스가 대답했다.

2011년과 2012년 주 검찰총장들이 은행에 이의를 제기했을 때 해리스에 대한 바이든의 아들 보의 의견이 그 결정에 큰 무게를 실어주었다.

바이든은 부통령 후보를 선정한 후 "어느 누구보다 보가 했던 말을 가장 중요하게 생각했다. 카멀라와 함께 이번 선거를 치르게 되어 기쁘게 생각한다"라고 말했다.[8]

부통령 후보가 되는 것은 해리스가 2019년 대통령 선거운동을 시작할 때 상상했던 결과는 아니었다. 해리스는 승리하기 위해 대

381

통령 선거에 나섰고, 부통령이 될 생각은 없었다. 바이든의 입장에서 이 같은 선택은 충분히 납득이 가는 일이었다. 해리스는 샌프란시스코의 거칠고 험난한 정치판에서 성장해왔고 폭로성 보도를 일삼는 기자들과 양당 최고 경쟁 세력 조사원들의 조사도 견뎌왔다. 열심히 경주에 나서 이기기도 하고 지기도 했다. 바이든 팀도 해리스의 장단점을 모두 잘 파악하고 있었다. 그녀는 마이크 펜스 부통령과 맞서 토론을 잘해낼 것이고, 실수를 자주 하는 사람도 아니었다. 해리스는 또 역대 최고령 대통령 후보가 이끄는 무대에 흥을 돋우기도 하고 춤도 출 수 있는 사람이었다. 정치인들이 말하는 대로 가동할 준비가 완료된 인물이었다.

해리스에게는 독특하면서도 매우 미국적인 이야기가 많았다.

바이든의 선택을 받은 후, 해리스는 몬트리올에서 함께 고등학교를 다녔던 친구 완다 케이건에게 연락해 그녀의 이야기를 해도 되느냐고 허락을 구했다. 케이건은 조금도 망설이지 않았다. 해리스는 2020년 9월 23일 트위터에 올린 영상에서 케이건의 이름을 언급하지 않은 채 "고등학교 때 학교에 오면 슬픈 표정을 한 채 집에 가고 싶어 하지 않는 친구가 있었다"라고 회상했다.⁹ 친구가 집에서 학대당하고 있다고 털어놓자, 해리스는 그녀에게 "우리 집으로 가자"라고 말했다. 해리스는 비디오에서 "그 친구가 겪는 고통을 보며 검사가 되고 싶었다"라고 말했다.

2020년 11월 3일 선거 이틀 전, 케이건은 고등학교 시절과 가장 힘들었던 때 자신을 도와준 친구의 현재 모습을 떠올리며 말했다.

"해리스는 미국이 할 수 있는 최고의 선택이다. 지금도, 과거에도

카멜라 해리스, 차이를 넘어 가능성으로

그녀는 늘 최고였다." [10]

◆━━━━━◆

2020년 10월 19일, 민주당 부통령 후보인 카멀라 해리스는 플로리다주 잭슨빌 선거 유세에 참석했다. 비가 내리고 있었다. 해리스는 척 테일러 컨버스화를 신고 있었고, 스피커에서는 해리스의 퇴장곡인 메리 J. 블라이지의 〈워크 댓Work That〉이 쩌렁쩌렁 울려 퍼졌다.

그저 머리카락이 길지 않다는 이유로
피부색이 다르다는 이유로 그들은 널 비난하지
꼿꼿이 고개를 들어…

그냥 너답게 굴어

해리스는 우산을 뒤로 젖히고 박자에 맞춰 몸을 움직이며 그 순간을 즐기듯, 그동안 지나온 길을 즐기듯 활짝 미소 짓고, 크게 웃었다.

로널드 레이건의 대통령 연설문 작성자였던 페기 누넌은 나흘 뒤 〈월스트리트 저널〉 칼럼에서 부통령 후보가 춤추는 모습을 보니 거북스럽다며 해리스의 행동이 경박했다고 지적했다. [11]

'리카운트'에는 해리스가 잭슨빌에서 춤추는 모습이 담긴 15초짜리 동영상이 올라왔다. 조회 수는 230만 회를 기록했다.

◆━━━━◆━━━━◆

10월 25일 아침, 베스 포스터 게일은 워싱턴의 집에서 막 깨어나 하루를 준비하며 커피를 내리고 있었다. 그날은 해리스의 첫 상원 공보 비서였던 남편 타이론 게일의 사망 2주기였다.

그런 날이면 힘들고, 행복하고, 슬픈 기억이 떠올랐다. 그때 전화기가 메시지 도착을 알렸다. 민주당 부통령 후보가 유세장 어딘가에서 보내온 것이었다. 카멀라 해리스는 타이론의 고향인 잭슨빌에서 열린 집회에서 본 장면을 전하고 싶었다. 누군가가 '타이론을 위해서 하라'라는 팻말을 들고 있었다. 팻말을 들고 있는 사람은 너무 빨리 세상을 뜬 청년을 위해 해리스가 선거에서 승리하기를 바랐다. 해리스는 타이론을 기억하는 누군가가 있다는 사실을 베스에게 알려주고 싶었다.

베스는 해리스의 행동으로 힘겨운 기일을 밝게 시작할 수 있었다. 소수만 볼 수 있는 카멀라 해리스의 또 다른 모습이었다. 그런 주변 사람들이 함께하기에 해리스는 강해지고 또 강해질 수 있었다. 험한 산을 오르는 동안 해리스에게 이용당하고 버려진 듯한 느낌을 받은 사람들도 있었고, 중요한 직책에서 다른 직책으로 빠르게 이동하는 과정에서 해결하지 못한 채 남겨둔 업무도 있었다. 하지만 해리스는 관심을 기울이고 있음을 드러내고 늦었더라도 자질과 공감을 보여주는 데 시간을 들였다. 해리스는 그날이 한 사람에

384
카멀라 해리스, 차이를 넘어 가능성으로

게는 고통스러운 날이라는 사실을 알았고, 누군가는 그녀를 생각하고 있다고 알려주고 싶었다.

그것이 바로 카멀라 해리스의 방식이다.

감 사 의 글

카멀라 해리스와 그녀의 가족은 그럴 만한 사정 때문에 이 책《카멀라 해리스, 차이를 넘어 가능성으로》에 관련된 자료 조사를 위한 인터뷰를 허가하거나 도움을 주지 않았다. 내가 이 책을 쓰고 있던 9월과 10월에 해리스는 전국 캠페인에 집중했다.

나는 그들이 말하는 사건에 대해 직접 알고 있는 수십 명의 정보원에게 의존했다. 그중 많은 이들은 책에 이름을 언급했지만 익명으로 두어야 할 이유가 있을 때는 언급하지 않았다. 내게 정보를 알려준 그분들과《카멀라 해리스, 차이를 넘어 가능성으로》독자들에게 진심으로 감사드린다.

〈로스앤젤레스 타임스〉에 근무하던 시절에 만난 친구, 조시 마이어에게 특별한 감사를 표한다. 워싱턴에 대한 그의 보도와 견해가 없었다면 이 책을 쓸 수 없었을 것이다. 조시의 냉철한 보도는 누구에게도 뒤지지 않는다. 이 프로젝트에서 그는 워싱턴의 방식에 대한 그의 수십 년 경험을 활용해 상원에서 매우 바쁘게 보냈던 해리스의 시간과 바이든의 러닝메이트로 선정되기 위한 노력에 관한 기록과 집필에 귀중한 도움을 제공해주었다. 빠듯한 마감에도 모든 일을 제대로 마쳐주어 더욱 감사하게 생각한다.

내 절친한 친구이자 내가 아는 최고의 법원 기자였던 앤디 퍼릴로는 해리스가 샌프란시스코 검찰청에서 근무했던 당시의 보도와 견해를 제공하고 묘사하는 데 큰 도움을 주었다.

사샤 후프카는 이 책에 등장하는 중요 인물들에게 연락해 해리스의 버클리와 오클랜드에서의 시간을 연구하는 데 귀중한 도움을 주었다. 사샤는 꼼꼼한 기자이자 훌륭한 작가이며 저널리즘 분야에서 크게 될 사람이다. UC버클리대학에서 차세대 기자들을 가르치고 있는 유미 윌슨에게도 사샤를 추천한 것에 대해 감사를 표한다.

크리스티나 러벨로는 사실을 확인하는 데 탁월하며 대단한 편집자였다.

카리나 로빈슨은 훌륭한 역사 연구자이자 계보학자이며, 해리스의 뿌리에 대해 이해할 수 있도록 사실관계를 확인하며 도와주었다. 캘리포니아주 사서 그레그 루커스와 그의 훌륭한 직원들에게 감사한다. 캘리포니아 주립 도서관은 캘리포니아주의 진정한 보석이다.

《카멀라 해리스, 차이를 넘어 가능성으로》는 〈워싱턴 포스트〉의 오피니언 에디터 마이클 더피가 없었다면 나올 수 없었을 것이다. 그는 나에게 이 프로젝트를 제안했고, 내가 망설이자 다시 제안해주었다. 그는 나를 대신해 '사이먼 앤드 슈스터'의 훌륭한 편집자 프리실라 페인턴과 통화해주었다. 그분들의 꾸준한 작업, 통찰력, 사려 깊은 편집에 감사드리며 무엇보다 초보 작가에게 기회를 준 것에 감사드린다.

훌륭한 저널리스트이며 〈새크라멘토 비〉의 편집장이자 내 친구인

스콧 레바르에게도 감사의 말을 전한다. 그는 카멀라 해리스에 관한 책을 쓸 사람을 찾고 있는 에이전트에게 내 이름을 알려주었다. 애비타스 크리에이티브 매니지먼트의 캐런 브레일스퍼드에게도 출판의 세계를 항해할 수 있게 도와주고 기회를 준 것에 감사드린다.

나는 〈새크라멘토 비〉의 칼럼니스트와 사설란 편집자였을 때 카멀라 해리스를 알았다. 나를 고용해준 스튜어트 레번워스에게 감사한다. 〈새크라멘토 비〉에서 사설란 편집자가 되는 큰 영광을 얻게 해준 셰릴 델에게 큰 감사를 전한다.

숀 허블러, 조이스 테하르, 푼 리, 에리카 D. 스미스, 게리 리드, 진저 러틀랜드, 마리엘 가르자, 잭 오먼, 피아 로페즈, 고故 렉스 바빈, 〈새크라멘토 비〉의 편집위원회의 동료들에게 진심으로 감사드린다.

크리스토퍼 카델라고, 존 디아즈, 마이클 피네건, 레아 가치크, 조 가로폴리, 존 하워드, 카를라 마리누치, 멜라니 메이슨, 필 매티어, 매브 레스턴, 제리 로버츠, 앤디 로스, 필 트라운스틴, 캐런 튜멀티, 랜스 윌리엄스, 필 윌론의 사실에 근거한 기록과 이 책에 나온 정보를 알려준 이들에게 감사한다. 카멀라 해리스가 승승장구하는 것을 지켜볼 수 있는 자리에 앉혀준 CalMatters.org의 데이브 레셔에게도 감사드린다.

그리고 토니와 테스, 클라라와 켄, 리비와 그레이슨이 보여준 사랑과 지지에 감사드린다. 무엇보다 내 아내 클라우디아에게 감사를 표한다. 아내의 사랑과 지지, 이해가 있었기에 모든 일이 가능했다.

넥스트 여성 리더십의 담대한 도전

그간 미국을 상징하는 여성 정치가는 힐러리 전 국무장관이었다. 47년생인 그녀는 미국 민주화 운동인 68혁명 세대다. 가부장적인 백인 남성 중심 사회에 맞서 백인 여성의 능력을 증명하고 새 영역을 개척한 걸출한 정치가다. 하지만 힐러리는 9.11 테러와 신자유주의 시대라는 보수주의에 너무 쉽게 적응해버린 민주당의 어두운 유산을 고스란히 이어받았다. 결국 그녀는 이 그림자로부터 자유로운 오바마와 트럼프에게 연속 패배하고 말았다.

오늘날 미국을 상징하는 여성 정치가 중 가장 주목도가 높은 이는 단연 카멀라 해리스 현 부통령이다. 64년생인 그녀는 68혁명 세대의 딸이다. 좌파 운동권인 카멀라의 부모는 그녀를 유모차에 태우고 시위 현장을 누볐다. 여전히 가부장적이고 백인 중심인 워싱턴 정가에 맞서 인도계이자 자메이카계인 카멀라는 다원주의 미국의 현재와 미래를 만들어가고 있다. 힐러리의 시간은 성취와 한계를 가진 채 막을 내리고, 이제 카멀라 해리스 부통령, 그레천 휘트머 미시간주 주지사, 알렉산드리아 코르테스 하원의원 등 다양한 넥스트 리더의 시간이다. 우리가 알던 그 미국은 이제 없다.

이 책은 2020년 민주당 대선 후보 경선 토론에서 주류 후보 바이든에게 멋진 한 방을 먹이며 전 세계 주목을 받았던 카멀라의 숨겨진 진면모를 생생히 드러낸다. 그녀는 바이든이 전통적 주류 백인 민주당원으로서 과거 백인과 흑인 분리를 타파하는 강제 버스 통합 정책에 반대한 약점을 예리하게 건드렸다. 이 재치 있는 한 방으로 카멀라는 과거 백인 중심 사회의 어두운 유산을 간직한 바이든과 대조되는 미래의 리더십으로 순식간에 부상했다.

하지만 단지 카멀라의 토론 기술에만 주목하면 그녀의 진정한 강점과 오늘날 새롭게 재편되고 있는 미국의 정치 지형에 대한 시야를 놓치게 된다. 나는 이 책에서 자세히 드러나는 그녀의 삶의 여정을 파커 팔머의 표현을 빌어 '비통한 자들을 위한 정치학'이라고 정의한다. 이는 중산층 여성에 다소 기울어진 힐러리의 정치 모델을 좀 더 목소리가 들리지 않는 배제된 자들을 위한 정치 모델로 진화시켰다는 의미의 표현이다. 첫 대선 공식 연설에서 카멀라는 자신이 검사가 되기로 한 결심을 다음과 같이 밝혔다. "나는 우리 사회에서 목소리를 내지 못하는 약자들이 포식자의 가장 빈번한 표적이 된다는 것을 깨달았다."

흔히 검찰 출신으로서 상원의원을 거쳐 부통령이 되었다고 하면 정치검찰을 머리에 떠올릴지 모르겠다. 오직 권력 그 자체를 탐하다 결국 9.11 테러 시기의 영웅에서 트럼프가 저지른 온갖 불법행위의 공모자로 전락한 루돌프 줄리아니 검사는 정치검찰의 전형이다. 반면 카멀라는 정의를 추구하는 '공화주의 검사'의 길을 추구했다고 평가할 수 있다. 원래 법치란 흔한 오해와 달리 강한 자를 견제하기 위해 만들어졌다. 정의로운 검사로서 카멀라의 비전은 강자에 맞서 약자의 이익을 보호하며 공존의 공동체를 추구하는 것이다. 뇌종양에 걸리지만 않았다면 지금쯤 차기 리더로 부상했을 바이든의 아들 보(당시 델라웨어주 검찰총장)와 함께 탐욕스러운 금융 자본에 맞서 싸운 카멀라의 캘리포니아주 검찰총장 시절은 아직도 많은 사람들의 귀감이 되고 있다. 그녀는 월스트리트 은행들이 잔인하게 서민의 주택을 압류하는 관행과 맞서 싸웠고 주택 소유주 권리장전을 만드는 데 기여했다. 그리고 남부 국경 지대에 도착한 부모 미동반 미성년자들을 보호하는 데 힘썼다. 그래서인지 카멀라를 지켜본 그의 한 후원자는 "카멀라가 진짜라는 확신이 들었습니다"라고 증언한다. 이는 마치 과거 미국을 감동의 도가니로 몰아넣은 드라마 〈웨스트 윙The West Wing〉에서 '진짜 정치가real thing'를 찾는 보좌관의 말을 생각나게 한다.

우리가 공화주의 검사 모델과 함께 카멀라의 경력에서 주목해야 할 또 하나의 포인트는 문제 해결자 검사로서의 모델이다. 흔히 검사는 기소와 처벌 패러다임의 구현자로 간주된다. 하지만 카멀라는 샌프란시스코 검사장 시절 강함 대 유약함의 이분법을 넘어 검찰 패러다임을 '현명하게smart' 접근하는 새로운 길로 추구했다. 이는 미국 사법 체계에 만연한 '무조건 처벌'의 관점에서 '문제 해결'로 바꾸는 혁신적 패러다임의 실험 중 하나라고도 할 수 있다. 실제로 그녀는 폭력을 사용하지 않은 초범자가 정상 생활 복귀 프로그램을 성공적으로 이수하면 전과 기록을 삭제하는 등 당시로서는 논란이 큰 정책을 주도했다. 이념이 아니라 문제 해결에 대한 카멀라의 관심은 초등학교 무단결석을 실질적으로 줄이기 위해 부모들을 기소할 수 있는 조치로까지 이어졌다. 이는 이후 진보파에서 그녀를 민주당의 전통적 가치에서 이탈한 보수주의자로 공격하는 여러 소재 중 하나로 작용했다.

카멀라가 검사라는 험난한 권력투쟁 공간에서 26년간 증명한 송곳같이 질의하는 예민함과 문제 해결력은 결국 상원에서 빛을 발한다. 샌프란시스코라는 험한 권력투쟁의 도시는 강철처럼 단련된 전설적인 여성 리더들을 양산한 곳으로 유명하다. 철의 여인인 낸시 펠로시 하원의장과 다이앤 파인스타인 상원의원이 대표적이다. 카멀라는 샌프란시스코의 스타 계보를 이어가며 상원에서 일약 전국적 리더로 부상했다. 초선 의원임에도 탁월한 그녀의 능력에 주목한 척 슈머 상원 원내대표는 네 개의 중요 위원회(정보, 환경및공공사업, 예산, 국토안보및정부정책위원회)에 그녀를 배치하는 이례적 결정을 했다. 카멀라는 민주당 원내 지도부를 결코 실망시키지 않았다. 그녀는 과거 대학 시절 성폭력을 저지른 혐의를 받은 브렛 캐버노 대법관 지명자를 탁월한 솜씨로 몰아붙여 일약 스타로 등극했다. 여성의 몸을 통제하려는 욕망으로 보수주의자들은 과거 역사적인 낙태권 판결 '로 대 웨이드 사건'을 뒤집는 걸 사명으로 삼아왔다. 카멀라는 "남성의 신체에 대해 결정을 내릴 수 있는 권한을 정부에 부여하는 법에 대해 생각나는 게 있나요?"라고 전혀 예상하지 못한 질문을 던지며 캐버노를 무너뜨렸다. 물론 그녀가 검사 시절 익힌 공격적으로 압박하는 질문은 공화당 남성 의원들을 불편하게 해 많은 정적을 양산하기도 했다.

카멀라의 삶에서 최대의 고난은 언제일까? 나는 단연코 부통령

직위를 수행하는 현재라고 생각한다. 미국의 대통령이 불가능한 직무라면 부통령은 불확실한 직무다. 미국은 비유하자면 사우디아라비아에서 덴마크까지 너무 다른 성격의 국가들이 한 국가 내에 다 들어가 있다고 할 만한 예외적 세계국가다. 또 오늘날 흔들리는 자유주의 국제질서의 지휘자이자 지구 경찰청장이기도 하다. 따라서 백악관 테이블에서 논의되는 이슈는 거의 깔끔한 해결이 불가능한 것들로 가득 차 있다. 부통령은 때로는 대통령의 위임을 받아 이러한 이슈 중 몇 가지를 지휘한다. 이를 위해서는 대통령과의 관계, 워싱턴 정가의 우군, 시대의 운 등 모든 요소가 다 맞아떨어져야 한다. 대통령의 신임을 잃는 순간 졸지에 빛 좋은 개살구 신세로 전락한다.

오바마 대통령과 바이든 부통령은 역대급의 조합이다. 고정관념과 반대로 나이를 떠나 오바마는 신중한 현자 스타일이고 바이든은 격정적 청년 스타일이다. 처음엔 그들도 갈등을 겪었지만 오바마는 점차 자신과 기질이 다른 바이든의 장점을 깨달았고 무척 존중했다. 그리고 바이든에게는 워싱턴 내 수많은 초당적 우군이 넘쳐났고 그가 주도한 아프가니스탄 미군 철수, 불법 이민자 단속 조치 등의 이슈에서 운도 따라주었다. 바이든 1기를 심층 취재한 크리스 휘플Chris Whipple은《그의 인생에서 가장 중요한 투쟁 The Fight of His Life》이라는 신간에서 바이든 대통령과 카멀라 부통령의 관계를 상세히 다루고 있다. 그에 따르면 바이든-카멀라는 초기에는 마치 오바마-바이든 모델을 연상시키듯 기막히게 관계가 좋았다. 이는 사실 원래 예상했던 경로는 아니다. 왜냐하면 대선 토론에서 카멀라의 네거티브 공격에 대해 바이든의 부인 질 여사는 크게 격노한 바 있다. 하지만 카멀라의 능력과 상징성이 필요했던 바이든은 이를 과거의 일로 흘려보냈다. 그리고 카멀라가 새로운 세대이자 여성, 비백인이라는 경험자로서의 신선한 다원주의적 시각을 백악관 회의에 부가할 것을 기대했다. 하지만 아무리 샌프란시스코의 험한 정치판에서 성공한 경력을 가졌더라도 흑인이자 인도계 여성 카멀라는 워싱턴 정가에 전례 없는 이질적 존재였다. 카멀라의 한 선임 자문관은 그녀를 "유리 상자 속 유니콘"이라 불렀다. 강력하게 일에 드라이브를 걸며 성공해온 그녀의 스타일 때문에 주변 실무자들과 문제가 생길 때마다 다른 주류 남성들보다 더 많은 구설수와 비난에 시달리곤 했다. 더구나 워싱턴은 카멀라처럼 스타성이 높은 잠재적 대선 후보군에게는 피 냄새를 맡은 상어가 득실대는 곳이다. 결국 그녀는 미국에서 가장 해결하기 어렵고 민주당의 취약점이기도 한 이민 이슈 지휘를 맡았다가 곤경에 처하고 말았다. 그 과정에서 언론 대응에 능숙하지 못한 모습도 노출했다. 소위 노던 트라이앵글로 불리는 과테말라, 엘살바도르, 온두라스 지역에서 불법 이민자가 쏟아져 들어오지만 뾰족한 해법을 찾기 힘든 국경의 위기 상황은 공화당에는 행복한 호재가 아닐 수 없었다. 더구나 카멀라는 NBC 심야뉴스 앵커의 "언제 국경을 방문하실 건가요?"라는 평범한 질문에 마치 이슈에 별로 관심이 없는 듯 답변하는 실수로 공감 능력이 결여되고 무능하다는 이미지가 굳어져버렸다. 점차 바이든이 카멀라의 능력에 신뢰를 보이는 모습은 사라져갔다. 다행히 카멀라는 러시아의 우크라이나 침공을 규탄하고, 자유주의 동맹을

카멀라 해리스, 차이를 넘어 가능성으로

견고히 하는 등 외교 무대에서 활약하며 조금씩 이미지를 회복하고 있다.

과연 카멀라는 미숙한 부통령직 수행으로 훼손된 이미지를 극복해 '별의 순간'을 맞이할 수 있을까? 원래 바이든은 재선에 성공해도 82세의 고령으로 임기를 시작한다는 점이 치명적 결함으로 지적되곤 했다. 또 집권 정당의 예정된 무덤인 중간선거에서 패배한다면 곧장 레임덕이 시작되리라 예고되었다. 하지만 놀랍게도 바이든은 지금까지는 건강과 중간선거라는 높은 두 장애물을 거뜬히 돌파했다. 민주당이 중간선거에서 패배하리라 예상하며, 이후 본격적으로 도전장을 내려 한 넥스트 리더십들은 지금 곤혹스러워하며 바이든을 지켜보고 있다. 민주당 전략가들은 만에 하나 공화당 경선에서 젊은 피인 론 드샌티스 플로리다주 주지사가 상처투성이 트럼프를 이긴다면 본선은 해보나 마나라는 공포감에 떨고 있다.

바이든이 이후 예상하지 못한 새로운 변수가 생겨 재선에 도전하지 않는다 하더라도 자동으로 부통령인 카멀라에게 기회가 오는 건 아니다. 지금까지 부통령으로서 큰 성취나 이미지 제고를 보여주지 못한 카멀라는 성소수자인 피트 부티지지 교통부 장관 등 넥스트 리더십군과 매우 힘든 전투를 수행해야 한다. 어쩌면 카멀라는 바이든의 시간이 될 2024년이 아니라 2028년 대선을 자신의 별의 순간으로 생각하고 장기전을 준비해야 할지 모른다.

그럼에도 왜 우리는 카멀라 해리스를 계속 주목해야 하는가? 대선 경쟁 이면에서 우리가 아는 미국이 아닌 새로운 미국이 만들어지는 과정을 심층적으로 이해해야 하기 때문이다. 이를 이해하기 위한 키워드가 과거에는 힐러리 클린턴이었다면 오늘날에는 카멀라 해리스다. 공화주의자이자 문제 해결에 탁월한 카멀라를 비롯해 다음 세대가 지향하는 가치와 리더십을 가진 여성들의 '푸른 물결Blue Wave'을 이해하지 못한다면 그건 오늘의 미국을 전혀 모른다는 이야기다. 향후 그들이 만들어갈 새로운 미국을 들여다보는 최고의 프리즘 중 하나가 바로 카멀라. 이 책은 말미에서 카멀라가 2020년 대선 유세 중 춤추는 영상을 소개한다. 레이건 대통령의 전 연설문 작성자이자 전통적 보수주의자인 페기 누넌은 이 춤추는 영상을 보고 경박하다며 혀를 찼다. 하지만 카멀라의 춤추는 15초짜리 영상은 조회수 230만회를 기록하며 인기를 끌었다. 누넌 등이 기억하는 미국은 지금 사라지고 있다. 이제 유쾌하고 발랄한 넥스트 여성의 혁명이 미래를 만들고 있다.

카멀라 해리스, 차이를 넘어 가능성으로

1. 시아말라의 딸

1 Kamala Harris (kamalaharris), "My Mother, Shyamala Gopalan Harris, Was a Force of Nature...", Instagram, March 1, 2020, https://www.instagram.com/p/B9MndAdnoHs/?utm_source=ig_web_copy_link.

2 Kamala Harris, The Truths We Hold (New York: Penguin, 2019), 7.

3 Ellen Barry, "How Kamala Harris's Immigrant Parents Found a Home, and Each Other, in a Black Study Group", New York Times, September 13, 2020.

4 Scott Duke Harris, "In Search of Elusive Justice", Los Angeles Times, October 24, 2004.

5 Stephen Carter, "Harris Departure Stirs Turmoil: Econ Dept. Loses Radical Prof", Stanford Daily, January 25, 1974.

6 K. Harris, Truths We Hold, 6.

7 Donald J. Harris, "Reflections of a Jamaican Father", Jamaica Global, August 18, 2020.

8 Peter Byrne, "Kamala's Karma", SF Weekly, September 24, 2003.

9 "Kamala D. Harris, 32nd Attorney General", State of California Department of Justice, https://oag.ca.gov/history/32harris#:~:text=Born%20and%20raised%20in%20the,graduate%20studies%20at%20UC%20Berkeley.

10 D. Harris, "Reflections of a Jamaican Father."

11 Christer Petley, Slaveholders in Jamaica: Colonial Society and Culture during the Era of Abolition (London: Pickering & Chatto, 2009), 1.

12 앞의 책, 2.

13 앞의 책, 7.

14 앞의 책.

15 앞의 책, 117.

16 앞의 책, 159.

17 Maura Hohman, "Kamala Harris Details Being Raised by a Single Mom, Importance of Family in DNC Speech", Today, August 19, 2020, https://www.today.com/news/dnc-speech-kamala-harris-details-being-raised-single-mom-t189876.

18 "Flashback: Ronald Reagan and the Berkeley People's Park Riots", Rolling Stone, May 15, 2017.

19 Chuck McFadden, "Armed Black Panthers in the Capitol, 50 Years On", Capitol Weekly, April 26, 2017.

20 Henry Weinstein, "'Free Huey': A White Man's View: Nowhere to Run, Nowhere to Hide", Daily Californian, May 20, 1968.

21 Thomas Orloff (retired district attorney for Alameda County, California), in discussion with the author, October 2020.

22 Mark A. Stein and Valarie Basheda, "Black Panther Founder Huey Newton Is Killed", Los Angeles Times, August 23, 1989.

23 K. Harris, Truths We Hold, 10.

24 Kamala Harris (kamalaharris), "My Mother Was Very Intentional…", Instagram, February 9, 2020, https://www.instagram.com/p/B8WnPWzn-EN/?utm_source=ig_web_copy_link.

25 K. Harris, Truths We Hold, 19.

26 Dan Bilefsky, "In Canada, Kamala Harris, a Disco-Dancing Teenager, Yearned for Home", New York Times, October 5, 2020.

27	Wanda Kagan (lifelong friend) in discussion with the author's researcher, Sasha Hupka, November 1, 2020.

2. 바로 그 아이

1	Dan Morain and Paul Jacobs, "Worlds of Politics, Law Often Mix for Speaker", *Los Angeles Times*, April 1, 1991.

2	California Secretary of State, "Proposed Amendments to the Constitution: Propositions and Proposed Laws Together With Arguments", Sacramento: California Office of State Printing, 1964.

3	Proposed Amendments to the Constitution: Propositions and Proposed Laws Together with Arguments to Be Submitted to the Electors of the State of California at the General Election, Tuesday, Nov. 3, 1964, California State Archives, Secretary of State, September 1, 1964.

4	Conor Dougherty, "Overlooked No More: William Byron Rumford, a Civil Rights Champion in California", *New York Times*, August 7, 2019.

5	William Byron Rumford, "The Fair Housing Bill and Proposition 14, 1963 – 1964", interview by Edward France and Joyce Henderson, Legislator for Fair Employment, Fair Housing, and Public Health, Earl Warren Oral History Project, Online Archives of California, 1973, https://oac.cdlib.org/view?docId=hb8n39p2g3;NAAN=13030&doc. view=frames&chunk.id=div00040&toc.depth=1&toc.id=&brand=oac4.

6	Reitman v. Mulkey, 387 U.S. 369 (1967).

7	Neil V. Sullivan and Evelyn S. Stewart, Now Is the Time: Integration in the Berkeley Schools (Bloomington: Indiana University Press, 1970), 203.

8	앞의 책, x.

9	앞의 책, 7.

10	Sullivan and Stewart, Now Is the Time, 171.

11	Natalie Orenstein, "Did Kamala Harris' Berkeley Childhood Shape the

Presidential Hopeful?", Berkeleyside, January 24, 2019, https://www.berkeleyside.com/2019/01/24/did-kamala-harris-berkeley-childhood-shape-the-presidential-hopeful.

12   NBC News, "Democratic Presidential Debate—June 27", YouTube video, June 27, 2020, https://www.youtube.com/watch?v=cX7hni-zGD8.

13   Kamala Harris (@KamalaHarris), "There Was a Little Girl in California Who Was Bussed to School...", Twitter, June 27, 2019, https://twitter.com/KamalaHarris/status/1144427976609734658?s=20.

3. 교육, 인종차별, 학살

1   Kamala Harris (@KamalaHarris), "Being a Graduated of @HowardU...", Twitter, June 19, 2019, https://twitter.com/KamalaHarris/status/1141375083807748096?s=20.

2   K. Harris, Truths We Hold, 22.

3   Karen Gibbs (lifelong friend of Harris) in discussion with the author, October 2020.

4   Gene Kramer, Associated Press, November 7, 1984.

5   Willie L. Brown, Basic Brown: My Life and Our Times (New York: Simon & Schuster, 2019), 207.

6   Dan Morain, "How the 'Duke' Helped Mandela", Sacramento Bee, July 21, 2013.

7   앞의 글.

8   앞의 글.

9   Dan Morain, "Mandela Ends Tour by Promising to Return", Los Angeles Times, July 1, 1990.

10   Author interview with Willie Brown, 2013.

11   Matthew D. Davis (San Francisco attorney) in discussion with the author, October 2020.

12 Jane Gross, "California Becomes the First State to Vote Curbs on Assault Rifles", *New York Times*, March 13, 1989.

13 Joe Mathews, "It Was Guns, Not Race, That Affected Bradley", *Politico*, November 4, 2008.

14 Doug Willis, "Five Children Killed in Schoolyard Shooting Remembered at Memorial Service", Associated Press, January 23, 1989.

15 Carl Ingram, "Governor Signs Assault Weapon Legislation", *Los Angeles Times*, May 25, 1989.

4. 정치의 맛

1 Crime Trends in the City of Oakland: A 25Year Look (1987~2012), Chief Justice Earl Warren Institute on Law and Social Policy, University of California, Berkeley School of Law, February 2014, https://www.law. berkeley.edu/files/Crime_Trends_in_the_City_of_Oakland_-_A_25-Year_ Look.pdf.

2 Dan Morain, "Garish Oakland Funeral: 1,000 Witness Last Ride of Slain Drug Ring Kingpin", *Los Angeles Times*, August 30, 1986.

3 "Kamala Harris Officially Launches 2020 Presidential Campaign", CNN, January 28, 2019, https://lite.cnn.com/en/article/h_812f00af9ad82880d5 7b91b881207ccb.

4 Nancy O'Malley (Alameda County district attorney) in discussion with the author, September 2020.

5 Elise Viebeck, "Joe Biden Was in Charge of the Anita Hill Hearing. Even He Says It Wasn't Fair", *Washington Post*, April 26, 2019.

6 Dan Morain, "In His Own Image: Elihu Harris Vows to Improve Perceptions—and Reality—of Life in Oakland", *Los Angeles Times*, January 6, 1991.

7 Dan Morain, "State Audit Blasts Oakland School District", *Los Angeles*

Times, January 25, 1990.

8　Dean E. Murphy, "Boxer, Feinstein Rivalry Is Softened by Historic Election", *Los Angeles Times*, November 8, 1992.

9　Maureen Dowd, "The Thomas Nomination: The Senate and Sexism", *New York Times*, October 8, 1991.

10　"Supreme Court Nominee Brett Kavanaugh Confirmation Hearing, Day 2, Part 5", C-SPAN, September 4, 2018, https://www.c-span.org/video/?449705-15/supreme-court-nominee-brett-kavanaugh-confirmation-hearing-day-2-part-5.

11　Leah Garchik, "Friday Lunches at Le Central Were Legendary", *San Francisco Chronicle*, April 2, 2002.

12　Thomas B. Rosenstiel and Dan Morain, "Herb Caen's 50 Years: Prophet of 'The City' Sees Decline", *Los Angeles Times*, April 16, 1987.

13　Daniel M. Weintraub and Dan Morain, "Keene's Records Subpoenaed; Aide Investigated", *Los Angeles Times*, September 10, 1988.

14　Dan Morain, "Column One: California's Profusion of Prisons", *Los Angeles Times*, October 16, 1994.

15　Dan Morain, "2 More Brown Associates Get Well-Paid Posts", *Los Angeles Times*, November 29, 1994.

16　앞의 글.

17　Dan Morain and Carl Ingram, "Brown Blocks GOP Assembly Takeover as 1 Republican Bolts", *Los Angeles Times*, December 6, 1994.

18　Herb Caen, "Cut Along Dotted Lines", *San Francisco Chronicle*, December 14, 1995.

19　Herb Caen, "Twas the Day After", *San Francisco Chronicle*, December 26, 1995.

20　Willie Brown, interview by Susan Leigh Taylor, Stan Bunger, and Phil Matier, KCBS Radio Morning News, KCBS, February 1, 2019.

21 "San Francisco Mayoral Inauguration", C-SPAN, January 8, 1996, https://www.c-span.org/video/?69289-1/san-francisco-mayoral-inauguration.

22 Tom Orloff (retired district attorney for Alameda County, California) in discussion with author, October 2020.

23 Peter Fimrite, "Life Term for Fremont Man Who Scalped Girlfriend", *San Francisco Chronicle*, September 28, 1996.

5. 그녀를 겨냥하다

1 "Why Bill Fazio Is the Choice for D.A.", editorial, *San Francisco Chronicle*, November 26, 1995.

2 Carla Marinucci, "Hallinan Tells of Fling, Son, Paternity Suit", *San Francisco Examiner*, February 3, 2012.

3 Hallinan v. Committee of Bar Examiners, 65 Cal. 2d 447, December 15, 1966.

4 William Claiborne, "San Francisco Prosecutor Tries Something Different", *Washington Post*, February 20, 1996.

5 Maura Dolan, "A Liberal Lays Down the Law in S.F.", *Los Angeles Times*, April 5, 1997.

6 Phillip Matier and Andrew Ross, "Blow-by-Blow Description of DA's Tussle", *San Francisco Chronicle*, May 3, 1996.

7 Phillip Matier and Andrew Ross, "Matier & Ross—Brown's Creative Financing Underwrites Far-Flung Trade Jaunts", *San Francisco Chronicle*, February 2, 1998.

8 Andy Furillo (Kamala Harris researcher) in discussion with the author, October 2020.

9 Louise Renne (former San Francisco city attorney) in discussion with the author, September 2020.

10   Matthew D. Davis (San Francisco attorney) in discussion with the author, October 2020.

6. 굵직한 인물 되기

1   Brown, Basic Brown, 54.

2   Libby Schaaf (Oakland Mayor) in discussion with the author, October 2020.

3   Jackie Phillips (former Cole School principal) in discussion with the author's researcher, Sasha Hupka, October 2020.

4   Pat Steger, "Fairy-Tale Wedding for GettyJarman in Napa Valley", *San Francisco Chronicle*, June 21, 1999.

5   Stacy Finz, The Daily, *San Francisco Chronicle*, March 15, 2001.

6   Carolyne Zinko, "Moreno Lets It All Hang Out/All-Star 'Monologues' Draw High-Powered V-Day Supporters", *San Francisco Chronicle*, February 17, 2002.

7   Catherine Bigelow, "Elton John's 'Your Song' Is Their Song at Star-Studded Fund-Raiser", *San Francisco Chronicle*, October 18, 2002.

8   "Kamala Harris with Montel Williams and His Daughter, Ashley at the Eighth Annual Race to Erase MS in Los Angeles", YouTube video, May 18, 2001, https://www.youtube.com/watch?v=e8iZw2yWb7M.

9   Phil Matier and Andy Ross, "Costs of BART Talks Picking Up Speed of Runaway Train", *San Francisco Chronicle*, July 16, 2001.

10   "Bumbling into a Second Term", editorial, *San Francisco Chronicle*, August 23, 2000.

11   Evan Halper, "Meet One of Hillary Clinton's Biggest Donors in California. They Hardly Ever Talk Politics", *Los Angeles Times*, July 3, 2016.

12   Michael Kruse, "How San Francisco's Wealthiest Families Launched

카멀라 해리스, 차이를 넘어 가능성으로

Kamala Harris", Politico, August 10, 2019.

13 Mark Buell (friend of Harris and philanthropist) in discussion with the author, October 2020.

7. 힌두교 여신 칼리처럼 머리 자르기

1 Gary Cohn, Carla Hall, and Robert W. Welkos, "Women Say Schwar-zenegger Groped, Humiliated Them", *Los Angeles Times*, October 2, 2003.

2 Louise Renne (former San Francisco city attorney) in discussion with the author, October 2020.

3 Mark Buell (Harris friend and philanthropist) in discussion with the author, October 2020.

4 John Keker (top criminal defense attorney) in discussion with the author, October 2020.

5 Dan Morain, "Ready for Combat: The Man Who Would Prosecute Oliver North Is a Marine Veteran Known for His Tough Courtroom Stance", *Los Angeles Times*, January 12, 1989.

6 Debbie Mesloh (Harris friend and first campaign worker; campaign spokeswoman) in discussion with the author, October 2020.

7 Laura Talmus (Harris friend and fund-raiser) in discussion with the author, September 2020.

8 Jane Ganahl, "Finding Their Voices: Training Program Helps Women Shape Political Dreams", *San Francisco Chronicle*, February 23, 2003.

9 Byrne, "Kamala's Karma."

10 Phillip Matier and Andrew Ross, "Brains, Brio, Beauty—and Wounded Feelings", *San Francisco Chronicle*, November 10, 2003.

11 Phillip Matier and Andrew Ross, "Contract Reportedly Out on Life of Dog Case Prosecutor", *San Francisco Chronicle*, November 21, 2001.

12   Demian Bulwa, "Harris Defeats Hallinan after Bitter Campaign", *San Francisco Chronicle*, December 10, 2003.

8. 경찰 저격

1   People v. Hill, A117787, January 13, 2011.

2   Demian Bulwa and Jaxon Van Derbeken, "Suspect in Slaying of SFPD Officer in Custody", *San Francisco Chronicle*, April 12, 2004.

3   People v. Hill, A117787, January 13, 2011.

4   Demian Bulwa and Jaxon Van Derbeken, "Suspect in Slaying of SFPD Officer in Custody/Bayview 'War Zone' Site of Fatal Shooting Late Saturday Night", *San Francisco Chronicle*, April 12, 2004.

5   앞의 글.

6   Jaxon Van Derbeken, "Not Guilty Plea in Killing of Officer", *San Francisco Chronicle*, April 15, 2004.

7   Jaxon Van Derbeken, "S.F. Police Push Hard for Death Penalty", *San Francisco Chronicle*, April 21, 2004.

8   Matthew B. Stannard, "San Francisco D.A. Won't Pursue Death in Cop Slaying", *San Francisco Chronicle*, April 14, 2004.

9   Assembly Joint Resolution No. 82, California Legislature, 2003~2004 Regular Session (2004).

10   Matthew B. Stannard, "Police Mourn Hero Who Refused to Give Up", *San Francisco Chronicle*, April 17, 2004.

11   앞의 글.

12   Bill Lockyer (former California attorney general) in discussion with the author, September 2020.

13   John Balzar, "Feinstein Support of Death Penalty Draws Party Boos", *Los Angeles Times*, April 8, 1990.

14   Kamala Harris, "Justice for Officer Espinoza, Peace for the City", *San*

Francisco Chronicle, April 23, 2004.

9. '현명하게' 범죄 다루기

1 Leslie Fulbright, "Life at the Bottom: S.F.'s Sunnydale Project", *San Francisco Chronicle*, February 3, 2008.

2 Michael Finnegan, "San Francisco's D.A.'s Program Trained Illegal Immigrants for Jobs They Couldn't Legally Hold", *Los Angeles Times*, June 22, 2009.

3 Matthew D. Davis (classmate of Harris's from Hastings and a friend) in discussion with the author, October 2020.

4 Assembly Bill No. 3042 Sentencing, California State Legislature (2004).

5 Lee Romney, "Bill Would Fight Child Prostitution", *Los Angeles Times*, September 5, 2004.

6 Don Thompson, "Calif. Bill Could Jail Parents if Kids Miss School", Associated Press, May 13, 2020.

7 앞의 글.

10. 해리스와 오바마

1 Dan Morain, "Republicans Dismiss Harris at Their Peril", *Los Angeles Times*, February 8, 2019; Buffy Wicks (Obama's chief California organizer in 2007 who later joined his White House staff) in discussion with the author, February 2019.

2 Carla Marinucci, "Excitement Surrounds Obama's Visit to Oakland", *San Francisco Chronicle*, March 18, 2007

3 Dan Morain and Doug Smith, "Clinton and Obama in a Dead Heat", *Los Angeles Times*, April 16, 2007.

4 SanBenito.com, December 11, 2007, https://sanbenito.com/softball-pitch-for-2008.

5   Catherine Kim and Zack Stanton, "55 Things You Need to Know About Kamala Harris", Politico, August 11, 2020.

11. 미친 듯이 달리기

1   Dan Morain, "Kamala Harris, an Early Barack Obama Backer, Begins Her Ascent", *Los Angeles Times*, November 12, 2008.

2   Ace Smith (Harris's chief strategist, political consultant) in discussion with the author, October 2020.

3   Scott Martelle, "Top of the Ticket", *Los Angeles Times*, September 7, 2007.

4   Kamala Harris, "Everyone Gets Sick. And We Deserve Better", *New York Times*, December 29, 2018.

5   "LA Mayor Antonio Villaraigosa Endorses Kamala Harris for Attorney General", Facebook, April 16, 2010, https://www.facebook.com/notes/kamala-harris/la-mayor-antonio-villaraigosa-endorses-kamala-harris-for-attorney-general/417633530662/.

6   Peter Jamison, "A Lack of Conviction", SF Weekly, May 5, 2010.

7   Kate Chatfield (policy director of the Justice Collaborative; also affiliated with University of San Francisco law school) in discussion with the author, October 2020.

8   Bob Egelko, "SF Man Awarded $10 Million after Jury Finds Police Framed Him for Murder", *San Francisco Chronicle*, April 6, 2018.

9   Jaxon Van Derbeken, "Reality TV Figure's Courtroom Drama", *San Francisco Chronicle*, February 3, 2010.

10   Jaxon Van Derbeken, *San Francisco Chronicle*, February 10, 2010.

11   People v. Trulove, CA1/2, A130481A (Cal. Ct. App. 2014).

12   Jaxon Van Derbeken, "Ex-Reality TV Show Contestant Acquitted of Murder in S.F. Retrial", *San Francisco Chronicle*, March 11, 2015.

13   Paul Elias, "San Francisco Pays $13.1 Million to Man Framed for

Murder", *Associated Press*, March 19, 2019.

14   앞의 글.

15   Marc J. Zilversmit (San Francisco criminal defense attorney and appellate attorney) in discussion with the author, September 2020.

16   Ace Smith (Harris's chief strategist) in discussion with the author, October 2020.

17   Jeff Gottlieb and Ruben Vives, "Is a City Manager Worth $800,000?", *Los Angeles Times*, July 15, 2010.

12. 캘리포니아에 찾아온 변화의 물결

1   "Cooley Has Edge in Experience for Attorney General", editorial, *Sacramento Bee*, October 8, 2010.

2   Bridget Bowman, "When Kamala Harris Lost on Election Night, but Won Three Weeks Later", *RollCall*, July 16, 2019.

3   Jeff Gottlieb, Ruben Vives, and Jack Leonard, "Bell Leaders Hauled Off in Cuffs", *Los Angeles Times*, September 22, 2010.

4   Steve Cooley (Los Angeles County district attorney) in discussion with the author, October 2020.

5   Alexander Burns, "California's High-Stakes AG Race", *Politico*, November 18, 2010.

6   Marisa Lagos, "Corruption Fighter Accepted Many Gifts", *San Francisco Chronicle*, August 9, 2010.

7   Hollingsworth v Perry, 704 F. Supp. 2d 921 (2010) 123.

8   "State Attorney General Debate, Kamala Harris, Ken Cooley", October 5, 2010, ATS Video from webcast.ucdavis.edu on July 24, 2015, https://video.ucdavis.edu/media/State+Attorney+General+Debate+-+Kamala+Harris%2C+Ken+Cooley+10-05-2010/0_s5l4d8po.

13. 해리스 검찰총장

1 Edmund G. Brown Jr., Governor's Budget Summary, 2011~2012, State of California, January 10, 2011, 1.

2 Dane Gillette (former chief of Criminal Division, California Attorney General's Office) in discussion with the author, October 2020.

3 Brown v. Plata, 563 U.S. 493 (2011).

4 Howard Broadman (former Superior Court judge) in discussion with the author, October 2020.

14. 유물

1 Morales v. Hickman, 415 F. Supp. 2d 1037 (N.D. Cal. 2006).

2 Jim Herron Zamora et al., "Massie Executed for 1979 S.F. Murder", *San Francisco Chronicle*, March 27, 2001.

3 Jones v. Chappell, 31 F. Supp. 3d 1050 (C.D. Cal. 2014).

4 "Attorney General Kamala D. Harris Issues Statement on Appeal of Court Ruling on California's Death Penalty", press release, State of California Department of Justice, August 21, 2014, https://oag.ca.gov/ news/press-releases/attorney-general-kamala-d-harris-issues-statement-appeal-court-ruling-california.

5 Jones v. Davis, 806 F. 3d 538 (9th Cir., 2015).

6 "Senator Kamala Harris on California Death Penalty Moratorium", press release, Kamala D. Harris, March 13, 2019, https://www.harris.senate. gov/news/press-releases/senator-kamala-harris-on-california-death-penalty-moratorium.

7 "Kamala Harris Calls for Federal Moratorium on Executions", *Associated Press*, March 14, 2019.

8 "Condemned Inmate List (Secure)", California Department of Corrections and Rehabilitation, updated October 7, 2020, https://www.cdcr.ca.gov/

capital-punishment/condemned-inmate-list-secure-request.

9　"Coronavirus Prison Fatalities Surpass Two Decades of Executions", Death Penalty Information Center, August 31, 2020, https:// deathpenaltyinfo.org/news/coronavirus-prison-fatalities-surpass-two-decades-of-executions-covid-19-has-killed-more-california-death-row-prisoners-than-the-state-has-executed-in-27-years.

10　Aldrin Brown and David E. Hendrix, "Evidence on Trial: Kevin Cooper Is on Death Row for the 1983 Massacre of Four People in Chino Hills", Press-Enterprise, August 20, 2000.

11　Nicholas Kristof, "Was Kevin Cooper Framed for Murder?", *New York Times*, May 17, 2018.

15. 웨딩 벨

1　K. Harris, Truths We Hold, 111.

2　Dean Murphy, "Some Democrats Blame One of Their Own", *New York Times*, November 5, 2004.

3　"Court Challenges in Pipeline for San Francisco Gay Marriages", The Big Story with John Gibson, television newscast, John Gibson, Fox News Network, February 17, 2004.

4　Lockyer v. City and County of San Francisco, 17 Cal. Rptr. 3d 225(2004).

5　Adam Liptak, "California Supreme Court Overturns Gay Marriage Ban", *New York Times*, May 16, 2008.

6　"Supplement to the Statement of Vote: Statewide Summary by County for State Ballot Measures", General Election—Statement of Vote, November 4, 2008, California Secretary of State, https://elections.cdn. sos.ca.gov/sov/2008-general/ssov/10-ballot-measures-statewide-summary-by-county.pdf (accessed September 2020).

7　Jessica Garrison, Cara Mia Dimassa, and Richard C. Paddock, "Nation

Watches as State Weighs Ban", *Los Angeles Times*, November 5, 2008.

8   "Brief for the State of California as Amicus Curiae in Support of Respondents", Hollingsworth v. Perry, 12~144, U.S. (2013).

9   Ronald George, Induction Ceremony American Academy of Arts and Sciences, "The Perils of Direct Democracy: The California Experience", Remarks by Chief Justice Ronald M. George, Cambridge, Massachusetts, October 10, 2009.

10 "Brief for the State of California as Amicus Curiae in Support of Respondents", Hollingsworth v. Perry, 12~144, U.S. (2013).

11 Maura Dolan, "Prop 8: Gay Marriages Can Resume in California, Court Rules", *Los Angeles Times*, June 28, 2013.

12 Kamala Harris (@KamalaHarris), "On My Way to S.F. City Hall...", Twitter, June 28, 2013, https://twitter.com/KamalaHarris/status/350744403272413185?s=20.

13 KRON 4, "Raw Video Wedding of Kris Perry and Sandy Stier", YouTube, https://www.youtube.com/watch?v=_RcpgACc6JY.

16. 빌어먹을 사진

1   John Myers, "Even Rivals Say Mark Leno is One of Sacramento's Most Accomplished Lawmakers. Now, His Time is Up", *Los Angeles Times*, August 29, 2016.

2   Attorney General Harris testimony, California Senate Public Safety Committee, California State Senate Session 2011~2012(2011). Audio recording. California State Senate Media Archive.

3   Dan Morain, "When Confiscating Guns in California Make Sense", *Sacramento Bee*, January 22, 2013.

4   Erin Lehane (Harris friend) in discussion with the author, October 2020.

17. 모기지 붕괴

1   Kamala Harris (@KamalaHarris), "As Attorney General of California...", Twitter, February 23, 2019, https://twitter.com/KamalaHarris/status/1099498399454384128?s=20; Facebook, February 23, 2019, https://www.facebook.com/KamalaHarris/posts/10157501079732923?comment_id=10157501137007923.

2   K. Harris, Truths We Hold, 97.

3   Brady Dennis, "N.Y. Bumped from 50State Foreclosure Committee", Washington Post, August 23, 2011.

4   Alejandro Lazo, "Kamala Harris Pressured to Reject Bank Foreclosure Settlement", *Los Angeles Times*, September 30, 2011.

5   California attorney general Kamala Harris, letter to U.S. associate attorney general Thomas Perrelli and Iowa attorney general Tom Miller, September 30, 2011.

6   K. Harris, Truths We Hold, 94.

7   앞의 책, 100.

8   Nelson D. Schwartz and Shaila Dewan, "Political Push Moves a Deal on Mortgages Inches Closer", *New York Times*, January 23, 2012.

9   Dan Morain, "A Shallow Promise of Justice in Housing Scandal", *Sacramento Bee*, January 26, 2012.

10   Edward-Isaac Dovere, "The Battle That Changed Kamala Harris", *Atlantic*, August 20, 2020.

11   "Attorney General Kamala D. Harris Secures $18 Billion California Commitment for Struggling Homeowners", press release, State of California Department of Justice, February 9, 2012, https://oag.ca.gov/news/press-releases/attorney-general-kamala-d-harris-secures-18-billion-california-commitment.

12   "Kamala Harris Among the Rising Dem Stars at DNC", All Things

Considered, radio newscast, Richard Gonzales, NPR, September 3, 2012.

13 Phil Willon, "$25-Billion Foreclosure Settlement Was a Victory for Kamala Harris in California, but It Wasn't Perfect", *Los Angeles Times*, October 16, 2016.

14 David Dayen, "Kamala Harris Celebrates Her Role in the Mortgage Crisis Settlement. The Reality Is Quite Different", Intercept, March 13, 2019, https://theintercept.com/2019/03/13/kamala-harris-mortage-crisis/.

15 Dayen, "Kamala Harris Celebrates Her Role."

16 Matt Levin, "Big Investment Firms Have Stopped Gobbling Up California Homes", CalMatters, *Los Angeles Daily News*, April 5, 2018.

17 Author interview with Mark Leno, October 2020.

18. 경이로운 여성들

1 Joe Garofoli, "Kamala Harris Gets Key Convention Slot", *San Francisco Chronicle*, September 4, 2012.

2 Kamala Harris, draft of a speech provided to author, September 2012.

3 Burgess Everett and Elana Schor, "Kamala Harris Keeps 'Em Guessing", *Politico*, March 8, 2018.

19. '그냥 평범한 녀석'

1 Jukin Media, Inc. v. QWorldstar, Inc., 2:16-cv-06800 (C.D. Calif. 2017).

2 Chasten Buttigieg, "Chasten Chats with Douglas Emhoff and Sen. Kamala Harris (w/Special Appearance from Pete Buttigieg!)", YouTube, April 21, 2020, https://www.youtube.com/watch?v=D7xyMtJSi0U.

3 K. Harris, Truths We Hold, 126.

4 C. Buttigieg, "Chasten Chats with Douglas Emhoff."

5 Ronald Wood (Los Angeles attorney) in discussion with the author,

October 2020.

6   Mark Buell (friend of Harris and philanthropist) in discussion with the author, October 2020.

7   Erin Lehane (Harris friend) in discussion with the author, October 2020.

8   Doug Emhoff (@DouglasEmhoff), "If I Can Do These Dad Moves...", Twitter, June 30, 2019, https://twitter.com/DouglasEmhoff/status/11454 58269298630661?s=20.

9   Manuel Roig-Franzia, "Doug Emhoff Paused His Career for His Wife Kamala Harris's Aspirations—and Became the Campaign's 'Secret Weapon'", Washington Post, October 28, 2020.

20. 서두르는 여자

1   Dan Morain, "Kamala Harris Stays on Message, Which Means She Bobs and Weaves", *Sacramento Bee*, August 9, 2014.

2   Debra J. Saunders, "Will California's Next Top Cop Support Legal Pot?", *San Francisco Chronicle*, October 10, 2014.

3   Jennifer Medina, "Judge Rejects Teacher Tenure for California", TEACHERWISE (blog), June 10, 2014, https://teacherwise.wordpress. com/2014/06/10/judge-rejects-teacher-tenure-for-california.

4   "Statement of Vote: November 4, 2014, General Election", California Secretary of State, https://elections.cdn.sos.ca.gov/sov/2014-general/ pdf/2014-complete-sov.pdf, 34-36.

5   Dan Morain, "Chief Justice of the California Supreme Court Leaves the Republican Party, Citing Kavanaugh", CalMatters, December 13, 2018, https://calmatters.org/politics/2018/12/chief-justice-of-the-california- supreme-court-leaves-the-republican-party-citing-kavanaugh.

6   "Attorney General Kamala D. Harris Sworn In, Delivers Inaugural Address", press release, State of California Department of Justice,

January 5, 2015.

21. 해리스를 도와준 조 바이든

1　Rory Carroll, "Kamala Harris: The 'Female Obama' Plots Her Course on the Road to Washington", *Guardian* (UK edition), January 14, 2015.

2　Elizabeth Warren, "I'm Supporting Kamala", Elizabeth Warren for Senate, January 14, 2015, https://elizabethforma.com/im-supporting-kamala.

3　Dan Morain, "Harris' Senate Ambitions Now Are More Sizzle than Substance", *Sacramento Bee*, January 17, 2015.

4　Christopher Cadelago, "Willie Brown: Villaraigosa Should Sit Out U.S. Senate Race", *Sacramento Bee*, January 23, 2015.

5　"Willie Brown's Guide to Losing Friends and Alienating Voters", editorial, *Sacramento Bee*, January 27, 2015.

6　Michael Finnegan, "Loretta Sanchez's Public Image a Factor in Senate Race", *Los Angeles Times*, May 14, 2015.

7　Dan Morain, "Dan Morain: Loretta Sanchez Runs Against Kamala Harris and Herself", *Sacramento Bee*, January 22, 2016.

8　Kenny Ducey, "A History of Cam Newton and the 'Dab'", Sports Illustrated, February 7, 2016, https://www.si.com/extra-mustard/2016/02/07/nfl-super-bowl-cam-newton-dab-dance-celebration#:~:text=Back%20in%20October%2C%20Cam%20Newton,for%20making%20the%20dance%20popular.

9　Carla Marinucci, "Kamala Harris' 'Bizarre' Move: No Press at Kickoff Event", *San Francisco Chronicle*, April 3, 2015.

10　Christopher Cadelago, "Kamala Harris Spending Big Chunk of Money Raised for Senate Race", *Sacramento Bee*, October 29, 2015.

11　Phil Willon, "Kamala Harris Shakes Up Senate Campaign Staff", *Los*

Angeles Times, November 17, 2015.

12   Alex Roarty, "Posh Hotels and Pricey Airfare: Meet the Senate Candidate Driving Democrats Crazy", *Atlantic*, December 6, 2015.

13   Dan Morain, "Harris' Senate Ambitions Now Are More Sizzle Than Substance", *Sacramento Bee*, January 17, 2015.

14   Dan Morain, "Joe Biden Calls for Some Political Civility in Uncivil Times", *Sacramento Bee*, March 5, 2016.

15   Phil Willon and Jazmine Ulloa, "Rep. Loretta Sanchez Implies Obama Endorsed Senate Rival because They Are Both Black", *Los Angeles Times*, July 22, 2016.

22. 저격은 최대한 신중하게

1   Christopher Cadelago, "Loretta Sanchez, Kamala Harris Wrangle Over Trump University", *Sacramento Bee*, September 14, 2016.

2   Floyd Norris, "Corinthian Colleges Faltering as Flow of Federal Money Slows", *New York Times*, June 26, 2014.

3   Chris Kirkham, "Corinthian Closing Its Last Schools: 10,000 California Students Displaced", *Los Angeles Times*, April 26, 2015.

4   "Twelve Senators Urge Education Department to Protect Students while Continuing Oversight of Other For-Profit Colleges", U. S. Senate Committee on Heath, Education, Labor & Pensions, June 26, 2014, https://www.help.senate.gov/ranking/newsroom/press/twelve-senators-urge-education-department-to-protect-students-while-continuing-oversight-of-other-for-profit-colleges.

23. 끝없는 전쟁

1   "9 Reasons to Love Kamala Harris", Planned Parenthood, https://www.plannedparenthoodaction.org/elections/kamala-harris (accessed October

27, 2020).

2   Paige St. John, "Kamala Harris' Support for Planned Parenthood Draws Fire after Raid on Anti-Abortion Activist", *Los Angeles Times*, April 7, 2016.

3   Julie Turkewitz and Jack Healy, "3 Are Dead in Colorado Springs Shootout at Planned Parenthood Center", *New York Times*, November 27, 2015.

4   Christopher Cadelago, "Kamala Harris to Review Group behind Planned Parenthood Abortion Videos", *Sacramento Bee*, July 24, 2015.

5   Kathy Kneer (president and CEO of Planned Parenthood Affiliates of California) in discussion with the author, October 2020.

6   Jill E. Habig, email message provided to the author by source, April 5, 2016.

7   St. John, "Kamala Harris' Support for Planned Parenthood."

8   Kathy Kneer (president and CEO of Planned Parenthood Affiliates of California) in discussion with the author, October 2020.

9   Reproductive FACT Act, AB-775, California State Assembly (2015).

10   "About NIFLA", NIFLA, https://nifla.org/about-nifla/ (accessed October 27, 2020).

11   National Institute of Family and Life Advocates, letter to California Assembly Committee, Bill Analysis of Assembly Bill 775, April 14, 2015.

12   Dan Morain, "How an Abortion Rights Law Ended Up Bankrolling Anti-Abortion Forces in CA", CalMatters, November 4, 2019, https://calmatters.org/politics/2019/11/abortion-law-california-settlement-nifla-becerra-daleiden-sekulow.

13   "Attorney General Kamala D. Harris Issues Statement on Governor Brown Signing Reproductive FACT Act into Law", press release, State of California Department of Justice, October 9, 2015, https://oag.ca.gov/

news/press-releases/attorney-general-kamala-d-harris-issues-statement-governor-brown-signing.

14   Adam Liptak, "Supreme Court Backs Anti-Abortion Pregnancy Centers in Free Speech Case", *New York Times*, June 26, 2018.

15   Morain, "How an Abortion Rights Law Ended Up Bankrolling Anti-Abortion Forces."

16   The People of the State of California v. David Robert Daleiden and Sandra Susan Merritt, San Francisco Superior Court (2017).

17   "NEW VIDEO: Planned Parenthood and Kamala Harris Colluded to Weaponize CA Video Recording Law against Disfavored Speech", Center for Medical Progress, October 6, 2020, https://www.centerformedicalprogress.org/2020/10/new-video-planned-parenthood-and-kamala-harris-colluded-to-weaponize-ca-video-recording-law-against-disfavored-speech.

24. "가서 잡아요"

1   The State of Human Trafficking in California, Human Trafficking Work Group, California Department of Justice, 2012.

2   Claire Cain Miller, "Craigslist Says It Has Shut Its Section for Sex Ads", *New York Times*, September 15, 2010.

3   National Association of Attorneys General letter to Samuel Fifer, August 31, 2011.

4   National Association of Attorneys General letter to Senators John Rockefeller IV and John Thune and Representatives Frederick Upton and Henry Waxman, July 23, 2013.

5   Maggy Krell (former California Department of Justice; special counsel to Planned Parenthood Affiliates of California) in discussion with the author, October 2020.

6   "Attorney General Kamala D. Harris Announces Criminal Charges against Senior Corporate Officers of Backpage.com for Profiting from Prostitution and Arrest of Carl Ferrer, CEO", press release, State of California Department of Justice, October 6, 2016, https://oag.ca.gov/ news/press-releases/attorney-general-kamala-d-harris-announces-criminal-charges-against-senior.

7   Carissa Phelps (advocate for children; author and attorney) in discussion with the author, October 2020.

8   Mike Masnick, "Merry Christmas: Kamala Harris Files Brand New Criminal Charges against Backpage Execs after Last Ones Were Tossed Out", Techdirt (blog), December 23, 2016, https://www.techdirt.com/ articles/20161223/15495736339/merry-christmas-kamala-harris-files-brand-new-criminal-charges-against-backpage-execs-after-last-ones-were-tossed-out.shtml.

9   Don Thompson, "Judge Allows Money Laundering Charges against Backpage Execs", Associated Press, August 23, 2017.

10   Tom Jackman and Mark Berman, "Top Officials at Backpage.com Indicted after Classifieds Site Taken Offline", *Washington Post*, April 9, 2018.

11   United States of America v. Michael Lacey, CR-18-00422-PHX-SPL (BSB) (D. Ariz. 2018).

25. "저는 싸우겠습니다"

1   George Skelton, "Capitol Journal: Few Are Paying Attention to California's Senate Contest—because It May Be Putting Them to Sleep", *Los Angeles Times*, October 10, 2016.

2   Julie Tamaki and Dan Morain, "Baffling Portrait of S.F. Gunman Emerges", *Los Angeles Times*, July 3, 1993.

3   Erin Lehane (Harris friend) in discussion with the author, October 2020.

4   Phillip Matier and Andrew Ross, "How Kamala Harris Turned U.S. Senate Contest into a Cakewalk", *San Francisco Chronicle*, November 6, 2016.

5   K. Harris, Truths We Hold, ii.

6   KCRA-Sacramento, "Kamala Harris Election Night Speech, 2016", YouTube video, May 1, 2016, http://bit.ly/1kjRAAn.

7   Phil Willon, "Newly Elected Kamala Harris Vows to Defy Trump on Immigration", *Los Angeles Times*, November 10, 2016.

26. 전국 무대로 뛰어들다

1   Katharine Q. Seelye, "A New Senator, Known Nationally and Sometimes Feared", *New York Times*, November 10, 2012.

2   Amber Phillips, "One Election Bright Spot for Democrats: Women of Color", *Washington Post*, November 10, 2016.

3   Ron Wyden (senior U.S. Senator for Oregon) in discussion with the author's researcher, Josh Meyer, October 2020.

4   "Schumer Announces Senate Democratic Committee Memberships for the 115th Congress", press release, December 20, 2016, http://static.politico.com/be/b6/1ba2e7f1465fadebe406e448aaad/senate-democratic-committee-assign ments.pdf.

5   "Harris Appoints Community Leader, Veteran Organizer and Champion of Immigrant Communities to Lead State Operation", press release, Kamala D. Harris, December 18, 2016, https://www.harris.senate.gov/news/press-releases/harris-appoints-community-leader-veteran-organizer-and-champion-of-immigrant-communities-to-lead-state-operation.

27. 저항

1   Nomination of John F. Kelly, Hearing before the Committee on Homeland Security and Governmental Affairs, U.S. Senate, 115th Cong., 1st Sess., January 10, 2017.

2   Hans Johnson and Sergio Sanchez, "Just the Facts: Immigrants in California", Public Policy Institute of California, May 2019, https://www.ppic.org/publication/immigrants-in-california.

3   Ron Wyden (senior U.S. Senator for Oregon) in discussion with the author's researcher, Josh Meyer, October 2020.

4   Background to "Assessing Russian Activities and Intentions in Recent US Elections": The Analytic Process and Cyber Incident Attribution, Office of the Director of National Intelligence, January 6, 2017, https://www.dni.gov/files/documents/ICA_2017_01.pdf.

5   Greg Miller and Adam Entous, "Declassified Report Says Putin 'Ordered' Effort to Undermine Faith in U.S. Election and Help Trump", *Washington Post*, January 6, 2017.

6   앞의 글.

7   Open Hearing on the Intelligence Community's Assessment on Russian Activities and Intentions in the 2016 U.S. Elections, Hearing before the Select Committee on Intelligence of the United States Senate, 115th Cong., 1st Sess., January 10, 2017.

8   Open Hearing to Consider the Nomination of Hon. Mike Pompeo to Be Director of the Central Intelligence Agency, Hearing before the Select Committee on Intelligence of the United States Senate. 115th Cong., 1st Sess., January 12, 2017.

9   "Senator Kamala D. Harris Presses Pompeo on Russian Interference in the Election & National Security Impact of Global Climate Change", press release, Kamala D. Harris, January 12, 2017, https://www.harris.

senate.gov/news/press-releases/senator-kamala-d-harris-presses-pompeo-on-russian-interference-in-the-election-and-national-security-impact-of-global-cli mate-change.

28. "저는 질문하고 있어요"

1 Nicholas Fandos, "Growing Number of G.O.P. Lawmakers Criticize Trump's Refugee Policy", *New York Times*, January 29, 2017.

2 K. Harris, Truths We Hold, 157.

3 Ian Schwartz, "Let Me at Least Finish Once Before You Interrupt Me", *RealClear Politics*, June 6, 2017.

4 Jeremy Herb, "Senators Try to Quiet Harris, but She Doesn't Back Down", CNN, June 7, 2017.

5 Kamala Harris (@KamalaHarris), "RT This If You've Ordered...", Twitter, June 10, 2017, https://twitter.com/KamalaHarris/status/873678 921841201152?s=20.

6 Jim Spears a.k.a. QuaranTweeting (@QuaereNon), "Smoke the Hell Out of Jeff Sessions Tuesday...", Twitter, June 10, 2017, https://twitter.com/ QuaereNon/status/873679800552103936?s=20.

7 Jim Spears (Louisiana college professor) in interview with the author's researcher, Josh Meyer, October 2020.

8 "Attorney General Testimony on Russian Investigation", C-SPAN, June 13, 2017, https://www.c-span.org/video/?429875-1/attorney-general-calls-collusion-accusations-detestable-lie.

9 앞의 영상.

29. "'예, 아니요'로 답변하세요"

1 "Senator Harris Returns from Trip to the Middle East", press release, Kamala D. Harris, April 17, 2017, https://www.harris.senate.gov/news/

press-releases/senator-harris-returns-from-trip-to-the-middle-east.

2   Elaine Duke (American civil servant and former U.S. Deputy Secretary of Homeland Security) in discussion with the author's researcher, Josh Meyer, October 2020.

3   "James Comey: Lordy, I Hope There Are Tapes", C-SPAN, June 8, 2017, https://www.c-span.org/video/?c4672714/james-comey-lordy-hope-tapes.

4   Ron Wyden (senior U.S. Senator for Oregon) in discussion with the author's researcher, Josh Meyer, October 2020.

5   앞과 동일.

30. 해리스 대 캐버노

1   "Supreme Court Nominee Brett Kavanaugh Confirmation Hearing, Day 1, Part 1", C-SPAN, September 4, 2018, https://www.c-span.org/video/?449704-1/brett-kavanaugh-confirmation-hearing-begins-amid-democratic-objections-public-protests.

2   "Supreme Court Nominee Brett Kavanaugh Confirmation Hearing, Day 2, Part 5", C-SPAN, September 4, 2018, https://www.c-span.org/video/?449705-15/supreme-court-nominee-brett-kavanaugh-confirmation-hearing-day-2-part-5.

3   앞의 영상.

4   Ruth Marcus, Supreme Ambition: Brett Kavanaugh and the Conservative Takeover (New York: Simon & Schuster, 2019), 240.

5   앞의 책, 241.

6   앞의 책, 246.

7   Emma Brown, "California Professor, Writer of Confidential Brett Kavanaugh Letter, Speaks Out about Her Allegation of Sexual Assault", Washington Post, September 16, 2018.

8   앞의 글.

9   "Supreme Court Nominee Brett Kavanaugh Sexual Assault Hearing, Professor Blasey Ford Testimony", C-SPAN, September 27, 2018, https://www.c-span.org/video/?451895-1/professor-blasey-ford-testifies-sexual-assault-allegations-part-1.

10   "Time 100 Most Influential People, 2019", Time, https://time.com/collection/100-most-influential-people-2019.

31. 가족의 죽음

1   Lorena O'Neil, "Samantha Bee, Stephen Colbert Criticize Jason Miller Calling Kamala Harris 'Hysterical'", Hollywood Reporter, June 15, 2017.

2   Bill Barrow and Meg Kinnard, "Kamala Harris: Midterms a Fight for 'the Best of Who We Are'", *Associated Press*, October 19, 2018.

3   Maeve Reston, "Kamala Harris Receives a Hero's Welcome from Women in Iowa", CNN, October 25, 2018, https://www.cnn.com/2018/10/25/politics/kamala-harris-iowa-women/index.html.

4   Rekha Basu, "Kamala Harris' Passion, Optimism, Warmth May Be the Antidote to Trump's Snide Divisiveness", *Des Moines Register*, October 23, 2018.

5   Edward-Isaac Dovere, "Kamala Harris's Anti-Trump Tour", *Atlantic*, October 26, 2018.

6   Beth Foster Gayle, interview by Anderson Cooper, Anderson Cooper 360, CNN, August 12, 2020.

7   "Harris at Spelman College: 'Go Forward Unburdened, Unwavering, and Undaunted by the Fight'", press release, Kamala D. Harris, October 26, 2018, https://www.harris.senate.gov/news/press-releases/harris-at-spelman-college-go-forward-unburdened-unwavering-and-undaunted-by-the-fight.

8   KCRA-Sacramento, "Tyrone Gayle Memorial Service", YouTube video, November 10, 2018, https://www.youtube.com/watch?v=DId5FtJ_N48.

32. '국민을 위하여'

1   "Sen. Kamala Harris Says She's 'Not Yet Ready' to Announce if She'll Run for President", The View, season 22, episode 77, ABC, January 8, 2019, https://abcnews.go.com/theview/video/sen-kamala-harris-shes-ready-announce-shell-run-60236162.

2   "Sen. Kamala Harris Announces 2020 Presidential Run", Good Morning America, ABC, January 21, 2019, https://www.goodmorningamerica.com/news/video/sen-kamala-harris-announces-2020-presidential-run-60518540.

3   Kamala Harris, "I'm Running to Be President of the People…", Facebook, January 28, 2019, https://www.facebook.com/KamalaHarris/posts/im-running-to-be-president-of-the-people-by-the-people-and-for-all-people-im-run/10157431129232923.

4   Peter Baker and Maggie Haberman, "Trump, in Interview, Calls Wall Talks 'Waste of Time' and Dismisses Investigations", *New York Times*, January 31, 2019.

33. 타이밍이 전부다

1   Jennifer Haberkorn, "Feinstein Says She Supports Joe Biden for 2020, and Notes That Sen. Kamala Harris Is 'Brand-New Here'", *Los Angeles Times*, January 3, 2019.

2   Breakfast Club Power 105.1 FM, "Kamala Harris Talks Gender Pay Gap, Climate Control, Russian Interference + More", YouTube, July 12, 2019, https://youtu.be/QPwlZxBVoeA.

3   Sinéad Baker, "Kamala Harris' Father Said She Disgraced Her Jamaican

Family by Using a 'Fraudulent Stereotype' to Joke About Smoking Weed", *Business Insider*, February 21, 2019.

4   Chelsea Janes and Amy B. Wang, "Pete Buttigieg Is Ending His Presidential Bid", *Washington Post*, March 1, 2020.

5   Julie Bosman and Katie Glueck, "Civil Rights Discussion 'Shouldn't Be about the Past,' Biden Says", *New York Times*, June 28, 2019.

6   Arlette Saenz, Jessica Dean, and Eric Bradner, "Joe Biden Previews More Aggressive Approach Ahead of Next Democratic Debate", CNN Politics, July 28, 2019.

7   Lara Bazelon, "Kamala Harris Was Not a 'Progressive Prosecutor'", *New York Times*, January 17, 2019. See also Phil Willon, "Kamala Harris Should Take Bolder Action on Police Shootings, Civil Rights Advocates Say", *Los Angeles Times*, January 18, 2016; and Kate Kelly, "How Does Harris View Big Business? Her Time as California's Top Lawyer Offers Clues", *New York Times*, October 30, 2020.

8   Chris Cillizza, "How You Know Tulsi Gabbard Really Got Under Kamala Harris' Skin", CNN, August 1, 2019.

9   앞의 글.

10 Melanie Mason and Michael Finnegan, "Kamala Harris Regrets California Truancy Law That Led to Arrest of Some Parents", *Los Angeles Times*, April 17, 2019.

11 Jonathan Martin, Astead W. Herndon, and Alexander Burns, "How Kamala Harris's Campaign Unraveled", *New York Times*, November 29, 2019.

12 Brian Brokaw (managed Harris's 2010 run for attorney general) in discussion with the author, October 2020.

13 Christopher Cadelago and Caitlin Oprysko, "'One of the Hardest Decisions of My Life': Kamala Harris Ends Once-Promising Campaign",

Politico, December 3, 2019.

34. 빗속에서 춤을

1   H. Res. 858, 116th Congress, 2nd Sess. (2019~2020).

2   Cynthia Hubert, "Michael Tubbs, One of America's Youngest Mayors, Aims to Lift His Hometown of Stockton", *Sacramento Bee*, April 12, 2017.

3   Michael Tubbs (Stockton, California, mayor) in discussion with the author, October 2020.

4   Alexander Burns and Katie Glueck, "Kamala Harris Is Biden's Choice for Vice President", *New York Times*, August 11, 2020.

5   The Late Show with Stephen Colbert, "Sen. Kamala Harris on Joining the Biden Ticket: I'd be Honored", YouTube, June 18, 2020, https://youtu.be/jkTOpWzC9Rc.

6   Eleni Kounalakis (lieutenant governor of California) in discussion with the author, October 2020.

7   Joey Garrison, et. al, "Inside a Grueling Search for VP: How Joe Biden Came to Choose Kamala Harris", *USA Today*, August 14, 2020.

8   Joe Biden (@JoeBiden), "I First Met @KamalaHarris...", Twitter, August 13, 2020, https://twitter.com/JoeBiden/status/1293970573559599105?s=20.

9   Kamala Harris (@KamalaHarris), "In High School, I Found Out My Best Friend...", Twitter, September 23, 2020, https://twitter.com/KamalaHarris/status/1308779071204192256?s=20.

10 Wanda Kagan (longtime friend from high school in Montreal) in discussion with the author's researcher, Sasha Hupka, November 2020.

11 Peggy Noonan, "A Good Debate, and It's Not Quite Over", Wall Street Journal, October 23, 2020.